¡A que sí!

THIRD EDITION

Cuaderno

Mª Victoria García-Serrano
University of Pennsylvania

Annette Grant Cash
Georgia State University

Cristina de la Torre
Emory University

THOMSON
HEINLE

Australia • Canada • Mexico • Singapore • Spain • United Kingdom • United States

THOMSON

———————————— ✦ ™ ————————————

HEINLE

¡A que sí!, Cuaderno, Third Edition
García-Serrano, Grant Cash, de la Torre

Publisher: *Janet Dracksdorf*
Acquisitions Editor: *Helen Richardson*
Development Editor: *Heather Bradley*
Production Project Managers: *Esther Marshall, Annette Pagliaro*
Marketing Manager: *Lindsey Richardson*
Manufacturing Manager: *Marcia Locke*
Compositor: *Pre-Press Company, Inc.*
Production Service: *Pre-Press Company, Inc.*
Illustrator: *Scott MacNeill*
Cover Designer: *Ha D. Nguyen*
Printer: *Darby Printing Company*

Printed in the United States of America
1 2 3 4 5 6 — 06 05 04

For more information contact Thomson Heinle, 25 Thomson Place,
Boston, MA 02210 USA, or you can visit our Internet site at
http://www.thomson.com

ISBN: 1413003869

Contenido

Práctica escrita

Audio

UNIDAD I

Cultura popular: Creencias y vivencias

Preliminares

PRÁCTICA
ESCRITA
página 87

La concordancia

A. En español los sustantivos son de género masculino o femenino, y pueden ir en singular o en plural.

B. Los artículos y adjetivos deben ser del mismo género y número que los sustantivos a los que acompañan. Es decir, si el sustantivo que queremos usar es masculino y plural, el artículo y el adjetivo (o adjetivos) que lo acompañen también tendrán que ser masculinos y plurales.

artículo (m., pl.)	sustantivo (m., pl.)	adjetivos (m., pl.)
los, unos	animales	feroces, enormes, hambrientos

C. El adjetivo no siempre aparece al lado del sustantivo al cual se refiere, sino alejado de él. Por eso no podemos olvidar el género del sustantivo que hemos usado previamente.

<u>Unas leonas</u> salieron de detrás de unos arbustos. Parecían <u>hambrientas</u>.

D. Aunque la concordancia gramatical en español es un punto gramatical fácil de comprender, es sin embargo uno de los más difíciles de dominar *(to master)*.

El género y el número de los sustantivos

A. Generalmente los sustantivos terminados en **-o** son masculinos y los terminados en **-a**, femeninos:

el mundo	el dinero	el trabajo	el libro
la ventana	la cafetería	la luna	la naturaleza

B. Excepciones a la regla anterior son algunos masculinos que terminan en **-a, -ma, -pa, -ta:**

el día	el idioma	el mapa	el poeta
el clima	el problema	el programa	el sistema
el drama	el planeta	el poema	el tema

C. Los sustantivos terminados en **-d, -dad** y **-umbre** son siempre femeninos:

la sed *(thirst)*	la verdad	la universidad	la costumbre

D. Casi todos los sustantivos terminados en **-ión** son femeninos. Observe que el plural no lleva acento.

la conversación	la tensión	la reunión	la diversión
las conversaciones	las tensiones	las reuniones	las diversiones

¡Ojo! El avión y el camión son sustantivos masculinos.

E. También existen algunos femeninos que terminan en **-o:**

la foto(grafía)	la mano	la moto(cicleta)

F. Los sustantivos terminados en **-e** pueden ser masculinos o femeninos:

MASCULINO		FEMENINO	
el diente	el vientre	la gente	la calle
el coche	el rifle	la noche	la muerte

G. Los sustantivos terminados en **-ista** tienen la misma forma para el género masculino y el femenino. Es decir, la terminación no cambia en el masculino. Observe en los ejemplos siguientes que el artículo definido es el que indica el género de la palabra.

el novelista   **el** artista   **la** novelista   **la** artista

H. El plural de los sustantivos se forma añadiendo **-s** a los que terminan en vocal, y **-es** a los que terminan en consonante. Si el sustantivo termina en **-s** y tiene dos sílabas o más, no cambia pero el artículo indica el número.

la nub**e**	las nub**es**	el luga**r**	los lugar**es**
el dio**s**	los dios**es**	el lune**s**	los lune**s**

I. Los sustantivos terminados en **-z** cambian la ortografía en el plural, pues en español no se usa **z** antes de **-e** o **-i**.

el lápi**z**	los lápi**ces**	el pe**z**	los pe**ces**

El género y el número de los adjetivos

A. Los adjetivos que terminan en **-o** tienen cuatro formas diferentes.

	MASCULINO	FEMENINO
SINGULAR	fresc-**o**	fresc-**a**
PLURAL	fresc-**os**	fresc-**as**

B. Los adjetivos que terminan en **-dor, -án** y **-ón** forman el femenino añadiendo una **-a**.

	MASCULINO	FEMENINO	MASCULINO	FEMENINO
SINGULAR	trabajador *(hardworking)*	trabajadora	juguetón *(playful, frisky)*	juguetona
PLURAL	trabajadores	trabajadoras	juguetones	juguetonas
SINGULAR	jugador	jugadora	holgazán *(lazy)*	holgazana
PLURAL	jugadores	jugadoras	holgazanes	holgazanas

C. Los adjetivos que terminan en **-e, -l, -s** y **-z** sólo tienen dos formas: singular y plural. Los terminados en **-z** cambian la ortografía en el plural. Observe que la misma forma sirve para el masculino y el femenino.

	M/F	M/F	M/F	M/F	M/F
SINGULAR	breve	fácil	cortés	feroz	veloz
PLURAL	breves	fáci**les**	corte**ses**	fero**ces**	velo**ces**

D. Los adjetivos **superior, inferior, posterior, anterior, mayor, menor, mejor** y **peor** también tienen sólo dos formas: singular y plural.

	MASCULINO	FEMENINO
SINGULAR	el mejor actor	la mejor actriz
PLURAL	los mejores actores	las mejores actrices

E. Lo mismo ocurre con los adjetivos que terminan en **-ista**.

	MASCULINO	FEMENINO
SINGULAR	(un escritor) realista	(una historia) realista
PLURAL	(unos escritores) realistas	(unas historias) realistas

F. Todos los adjetivos de nacionalidad cambian en el femenino, excepto los terminados en **-nse** y en **-a** (canadiense, azteca, maya, inca).

	MASCULINO	FEMENINO	MASCULINO	FEMENINO
SINGULAR	peruano	peruana	uruguayo	uruguaya
PLURAL	peruanos	peruanas	uruguayos	uruguayas
SINGULAR	azteca	azteca	canadiense	canadiense
PLURAL	aztecas	aztecas	canadienses	canadienses

G. Preste atención al uso del acento gráfico (o tilde) sólo en el masculino singular de los adjetivos de nacionalidad terminados en **-és.**

	MASCULINO	FEMENINO	MASCULINO	FEMENINO
SINGULAR	francés	francesa	japonés	japonesa
PLURAL	franceses	francesas	japoneses	japonesas

Las preposiciones

A. Algunas de las preposiciones en español son, en orden alfabético, las siguientes:

a *(to)*	**en** *(at, in, on)*	**para** *(for, by + time, in order to)*
ante *(before)*	**entre*** *(between, among)*	**por** *(because of, for, by + place)*
bajo *(under)*	**excepto*** *(except)*	**salvo*** *(except)*
con *(with)*	**hacia** *(towards)*	**según*** *(according to)*
contra *(against)*	**hasta** *(until, even)*	**sin** *(without)*
de *(of, from)*	**incluso*** *(including)*	**sobre** *(on, about)*
desde *(from, since)*	**menos*** *(except)*	**tras** *(after)*

*Las preposiciones que llevan un asterisco van seguidas de pronombres personales y no preposicionales. (Vea los Preliminares del Repaso gramatical, página 4.)

B. Una preposición no puede aparecer sola. Siempre va seguida de un sustantivo, un infinitivo, un pronombre o un adverbio.

PREP. + SUST.	PREP. + INF.	PREP. + PRON.	PREP. + ADV.
para mis hijos	sin hablar	hacia mí	por aquí

C. Detrás de una preposición sólo puede ir un infinitivo y **nunca** un gerundio *(-ing).*

Gracias **por venir.** *Thank you for coming.*

D. Se añade la conjunción **que** a una preposición si le sigue un verbo conjugado.

Me doy cuenta **del** problema. Me doy cuenta **de que** el problema **es** serio.

E. Una preposición **nunca** puede aparecer al final de una oración o cláusula. En las cláusulas de relativo **(que, quien, el cual...)** que requieren el uso de una preposición, ésta debe colocarse al principio de la cláusula, esto es, delante del relativo.

Esa es la mujer **de quien** está enamorado Ramón.
This is the woman that Ramón is in love with.
This is the woman with whom Ramón is in love.

F. Detrás de una preposición se emplean los pronombres: **mí, ti, él/ella, Ud., nosotros/as, vosotros/as, ellos/as, Uds.,** pero con **entre, excepto, incluso, menos, salvo** y **según** se usan **yo, tú** en lugar de **mí, ti.**

Para ti es muy fácil esquiar, pero **para mí** no lo es.
Según tú, ¿quién es el mejor actor actualmente? **Según yo,** es Javier Bardem.

G. Muchos adverbios o expresiones adverbiales funcionan como preposiciones al añadirles la preposición **de**.

delante → delante de   cerca → cerca de   enfrente → enfrente de

Compare:

ADVERBIO	PREPOSICIÓN
Los invitados vendrán después.	Los invitados vendrán **después de** las siete.
Vivimos muy cerca.	Vivimos **cerca de** ellos.

H. Muchos verbos van acompañados de una preposición. **¡Ojo!** Esta preposición puede corresponder con la que se usa en inglés o no.

depender **de** *(to depend on)*   enamorarse **de** *(to fall in love with)*   soñar **con** *(to dream about)*
consistir **en** *(to consist of)*   jactarse **de** *(to boast about)*   quejarse **de** *(to complain about)*

A veces el verbo en inglés no lleva ninguna preposición y, en cambio, el verbo en español sí, o viceversa.

ayudar **a** *(to help)*   acordarse **de** *(to remember)*
buscar *(to look **for**)*   pedir *(to ask **for**)*

Los pronombres preposicionales

A. Los pronombres que aparecen después de una preposición (**a, de, por, para...**) son iguales a los pronombres personales (los que aparecen como sujetos de los verbos), excepto en la primera y la segunda persona del singular. Compare las dos columnas siguientes:

pronombres personales		pronombres preposicionales	
yo	*I*	(a) mí	*(to) me*
tú	*you*	(a) ti	*(to) you*
él / ella / Ud.	*he / she / you*	(a) él / ella / Ud.	*(to) him / her / you*
nosotros/as	*we*	(a) nosotros/as	*(to) us*
vosotros/as	*you*	(a) vosotros/as	*(to) you*
ellos/as / Uds.	*they / you*	(a) ellos/as / Uds.	*(to) them / you*

B. Con verbos que llevan preposición (**pensar en, hablar de, despedirse de, acordarse de, casarse con, enamorarse de**, etc.) se emplean los pronombres preposicionales en lugar de los de objeto directo e indirecto (**me, te, lo, la, le...**).

Nadie piensa **en ti.**   *Nobody thinks about you.*
Nos acordamos mucho **de vosotros.**   *We remember you a lot.*
Todas nosotras estamos enamoradas **de él.**   *All of us are in love with him.*

C. Los pronombres preposicionales se emplean también para marcar el contraste entre dos personas, dar énfasis o eliminar una ambigüedad.

A vosotras os gustan mucho los bombones.   *You like bonbons very much.*
Me van a peinar **a mí** primero.   *They are going to do my hair first.*
A ella le interesa la astronomía y   *She is interested in astronomy and*
    a él, la arqueología.   *   he is interested in archaeology.*

D. Los pronombres preposicionales aparecen también en estructuras reflexivas, pero la tercera persona del singular y del plural es **sí.** Note que tiene acento gráfico.

mí	nosotros/as
ti	vosotros/as
sí	**sí**

Todavía no puede levantarse de la cama **por sí misma.**
She is not able to get out of bed by herself yet.

No han sabido defenderse **a sí mismos.**
They have not known how to defend themselves.

E. Observe que **mismo/a/os/as** acompaña a estos pronombres cuando aparecen en estructuras reflexivas. **Mismo/a** concuerda en género y número con el sujeto de la oración.

Ese chico sólo se preocupa de **sí mismo.**   *That kid only cares about himself.*
A veces dudamos de **nosotras mismas.**   *Sometimes we have doubts about ourselves.*

F. Con la preposición **con** la primera y la segunda persona tienen la siguiente forma: **conmigo, contigo. Con + sí** (pronombre reflexivo) es **consigo** *(with himself, herself, themselves).*

Cuando Esperanza se mudó a Paraguay, se llevó **consigo** todos los muebles.
When Esperanza moved to Paraguay, she took all her furniture with her.

G. Recuerde que con las preposiciones **entre** *(between, among)*, **excepto, incluso, menos** *(except)*, **salvo** *(except)* y **según** *(according to)* se utilizan los pronombres personales (**yo, tú**...) en lugar de los preposicionales (**mí, ti**...).

Menos yo, todos mintieron.   *Everybody lied except me.*
Entre tú y yo podemos decorar   *Between you and me, we can decorate the*
    el nuevo apartamento.   *new apartment.*

Los artículos: definidos e indefinidos

I. Definidos

A. Los artículos definidos son **el, la, los** y **las.** Se usan:

1. con personas, animales o cosas que representan una categoría o clase, esto es, con sustantivos usados en sentido general

   Los niños tienen derechos también.   *Children have rights, too.*

2. con conceptos

   La libertad es un derecho fundamental.   *Freedom is a basic right.*

3. delante de partes del cuerpo o prendas de vestir en vez de los posesivos

   Lilián se lavó **las manos** antes de ponerse **la blusa** nueva.
   Lillian washed her hands before putting on her new blouse.

4. cuando se habla <u>de</u> una persona con su título y apellido, pero no cuando se está hablando directamente con la persona

   El señor Martínez es mi profesor favorito. ¿Lo conoce, señora Avila?
   Mr. Martinez is my favorite professor. Do you know him, Mrs. Avila?

Con **don, doña, san, santo/a** se usa el nombre y no el apellido, así que no se usa el artículo definido con estos títulos.

> Doña Elena mató al soldado.
> *Doña Elena killed the soldier.*

5. con días de la semana, excepto después de **ser** cuando indica qué día de la semana es

> Hoy es viernes y tenemos el examen el lunes que viene.
> *Today is Friday and we are having the exam next Monday.*

6. en las nominalizaciones, es decir, cuando se ha omitido el sustantivo

> El suéter amarillo es mucho más bonito que el verde.
> *The yellow sweater is much prettier than the green one.*

7. con **a, de** y **en** si el sustantivo se refiere a un lugar específico.

> Estamos en la casa de al lado, por si nos necesitas.
> *We are at the house next door, in case you need us.*

B. No se usa el artículo definido en español delante de los números de reyes, papas u otros soberanos.

> Enrique VIII de Inglaterra tuvo muchas esposas.
> *Henry (the) VIII had many wives.*

II. Indefinidos

A. Los artículos indefinidos son **un, una, unos, unas.** En plural **unos, unas** equivale al inglés *some, a few, several.*

B. Se usa el artículo indefinido mucho menos en español que en inglés.

<u>No</u> se usa el artículo indefinido en español:

1. después del verbo **ser** cuando se refiere a <u>profesiones</u>, <u>religiones</u>, <u>afiliación política</u>, <u>nacionalidad</u>, <u>oficios</u> *(trades)* y si estas palabras no van modificadas

Mi hermano es ingeniero.	*My brother is an engineer.*
Nuestra tía es una científica famosa.	*Our aunt is a famous scientist.*

2. antes de <u>otro/a</u>, <u>cien</u>, <u>ciento</u>, <u>mil</u>, <u>cierto/a</u> y después de <u>medio/a</u> y <u>tal</u>, ni en exclamaciones

> Otro muchacho me dijo que tenía mil discos compactos.
> *Another boy told me that he had one thousand CDs.*

> Nunca he oído tal cosa.
> *I have never heard such a thing.*

> ¡Qué día tan maravilloso!
> *What a marvelous day!*

3. con sustantivos no modificados después de <u>tener</u>, <u>llevar</u>, <u>poseer</u> y <u>usar</u>, ni después de <u>sin</u> ni <u>con</u>

> Don Gonzalo tiene fiebre, está enfermo y salió sin abrigo.
> *Don Gonzalo has a fever, he is sick, and he went out without a coat.*

4. cuando se expresa una cantidad indeterminada o la parte de una totalidad *(some, any).*

> Tengo dinero pero no tengo tiempo.
> *I have (some) money but no time.*

El gerundio

A. El gerundio de los verbos se forma sustituyendo las terminaciones del infinitivo **-ar** por **-ando** y **-er/-ir** por **-iendo**.

-ar → -ando	-er → -iendo	-ir → -iendo
averigu**ar**	volv**er**	compart**ir**
averigu**ando**	volv**iendo**	compart**iendo**

B. Los verbos irregulares en **-ir** (**dormir, servir, venir, decir...**) y **poder** tienen la misma vocal en el gerundio (en la raíz del verbo) que en la tercera persona del pretérito.

INFINITIVO	PRETÉRITO	GERUNDIO
d**o**rmir	d**u**rmió	d**u**rmiendo
p**e**dir	p**i**dió	p**i**diendo
p**o**der	p**u**do	p**u**diendo
decir	dijo	diciendo

C. Los verbos cuyos infinitivos terminan en **-aer, -eer, -uir, -oír** (**traer, leer, construir, desoír...**) transforman la **i** de **-iendo** en **y**.

i → y	i → y	i → y	i → y
traer	leer	huir	desoír
tra**yendo**	le**yendo**	hu**yendo**	deso**yendo**

D. El gerundio no se usa **nunca**:

1. después de una preposición

    Nos castigaron **por ser** desobedientes.   *We were punished for being disobedient.*

2. ni como sujeto o complemento (atributo) de una oración.

    Ver es **creer.**   *Seeing is believing.*

En ambos casos, 1 y 2, se usa el infinitivo.

3. ni como adjetivo.

    El niño **que llora,** la vaca **que ríe...**   *The crying baby, the laughing cow . . .*

En este caso se emplea una cláusula de relativo.

Capítulo 1

El tiempo libre

PRÁCTICA ESCRITA
página 91

El presente de indicativo de los verbos regulares

El presente de indicativo de los verbos regulares se forma añadiendo a la raíz verbal las terminaciones siguientes:

-ar		-er		-ir	
-o	-amos	-o	-emos	-o	-imos
-as	-áis	-es	-éis	-es	-ís
-a	-an	-e	-en	-e	-en

enseñ-ar		beb-er		viv-ir	
enseño	enseñ**amos**	bebo	beb**emos**	vivo	viv**imos**
enseñas	enseñ**áis**	bebes	beb**éis**	vives	viv**ís**
enseña	enseñ**an**	bebe	beb**en**	vive	viv**en**

El verbo ser

A. El presente de indicativo de **ser** es:

soy	somos
eres	sois
es	son

B. Se usa con sustantivos como complemento (o atributo) para identificar o definir:

Aquel **es** mi **padre**.

El ave del paraíso **es** una **planta** tropical.

C. Se emplea en las expresiones impersonales:

Es obvio, cierto, evidente, posible, importante, necesario, imposible, bueno, probable...

D. Se usa **ser** para expresar:

Origen	Este café **es** de Brasil.
Nacionalidad	Antonio y yo **somos** salvadoreños.
Posesión	Ese refresco **es** de Martín.
Profesión	Yo **soy** electricista.
Religión	¿**Sois** vosotros protestantes?
Política	Mi familia **es** socialista.
Materia	El vaso **es** de plástico.
Estación	Por fin **es** verano.

Hora	**Son** las dos de la tarde.
Día	Mañana **es** jueves.

E. Cuando el sujeto gramatical es una **actividad, ceremonia o espectáculo** *(an ongoing event, not a physical, tangible thing)*, se utiliza el verbo **ser.** En este caso significa *to take place.*

La reunión (fiesta, entrega de premios...) **es** en este edificio.

El verbo estar

A. El presente de indicativo de **estar** es:

estoy	estamos
estás	estáis
está	están

B. **Estar** se usa principalmente para indicar la posición o situación de una cosa o persona.

Aurora **está** en la oficina. La oficina **está** en Bilbao.

C. Con **estar** + el gerundio* (**-ando**, **-iendo**) se forman los tiempos progresivos *(to be + -ing).*

Estamos buscando trabajo. **Está escribiendo** en su diario.

*Para la formación del gerundio, vea los Preliminares del Repaso gramatical, página 7.

D. Se emplea en las siguientes expresiones:

estar de acuerdo con *(to agree with)*   **estar** de moda *(to be in style)*

estar de fiesta *(to celebrate a holiday)*   **estar** de viaje *(to be on a trip)*

estar de vacaciones *(to be on vacation)*   **estar** de buen/mal humor *(to be in a good/ bad mood)*

E. Muchas veces se puede traducir **estar** con los verbos *to seem, to look, to taste.*

Jaime, hoy **estás** muy guapo. *Jaime, you look very handsome today.*

El flan **está** muy rico. *The custard tastes very good.*

Contraste: ser y estar + adjetivo

A. *To be + adjective* puede traducirse al español con **ser** o **estar,** pero esto no significa que los dos verbos sean intercambiables. La elección de un verbo u otro dependerá del significado que tenga la oración. Por eso hay que prestar atención a todos los elementos presentes.

Ice is cold. → El hielo **es frío.**

This coffee is cold. → Este café **está frío.**

B. Se emplea el verbo **ser** si deseamos expresar una cualidad esencial o inherente al sujeto.

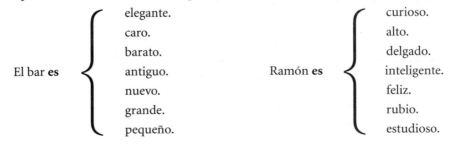

El bar **es**
- elegante.
- caro.
- barato.
- antiguo.
- nuevo.
- grande.
- pequeño.

Ramón **es**
- curioso.
- alto.
- delgado.
- inteligente.
- feliz.
- rubio.
- estudioso.

C. Se emplea el verbo **estar** cuando queremos expresar una cualidad transitoria o el resultado de un cambio.

El bar **está** { sucio. / limpio. / vacío. / lleno. / tranquilo.

Ramón **está** { enfermo. / triste. / hambriento. / de mal humor. / dormido.

D. Con los adjetivos **contento/a, cansado/a** y **muerto/a** se emplea siempre **estar** porque indican el resultado de un cambio.

> **Estaba contento** (vivo), pero ahora **está triste** (muerto).
>
> ¡Qué barbaridad! Todavía **están cansadas.** No sé por qué.

E. Hay una serie de adjetivos que cambian de significado según se usen con el verbo **ser** o **estar.**

	SER	ESTAR
aburrido/a	*boring*	*bored*
alto/a	*tall*	*high*
despierto/a	*alert, quick-witted*	*awake*
listo/a	*smart*	*ready*
libre	*free*	*unoccupied, out of prison*
malo/a	*bad*	*sick*
verde	*green in color*	*unripe*
vivo/a	*lively, witty*	*alive*

F. Recuerde que cuando el complemento (atributo) es un sustantivo sólo se puede emplear **ser.**

> Este **es** un **lugar** ideal para descansar.   *This is an ideal place to rest.*

Haber

A. **Hay** es la forma impersonal del verbo **haber.** Equivale al inglés *there is, there are.* Observe que en español se usa la misma forma para el singular y el plural.

> Aquí **hay** un restaurante italiano.   *Here is an Italian restaurant.*
>
> Sobre la mesa **hay** dos tazas de café.   *On the table, there are two cups of coffee.*

B. **Hay que + infinitivo** es una expresión impersonal y significa *one (you, people) must + inf., one has to + inf.*

> No **hay que ir** a algo; simplemente **hay que ir.**
>
> ¿Qué **hay que hacer** esta tarde?

PICAR A LA ESPAÑOLA

El presente de indicativo de los verbos irregulares

A. La raíz verbal de algunos verbos cambia en el presente de indicativo. Los tres cambios principales son: **e → ie, o → ue, e → i.** Estos cambios vocálicos ocurren en todas las formas verbales, excepto en las de **nosotros** y **vosotros.** La vocal de la raíz verbal cambia porque sobre ella recae el acento. Las formas verbales de **nosotros** y **vosotros** no cambian porque el acento recae sobre la terminación *(ending)* y no sobre la raíz verbal. Observe:

	RAÍZ VERBAL + TERMINACIÓN			RAÍZ VERBAL + TERMINACIÓN	
	acento			**acento**	
pensar	**pi**ens-	o, as, a, an	pens-		**a**mos, **á**is

Los verbos siguientes presentan un cambio vocálico en la raíz verbal. Observe que las terminaciones de los verbos son todas regulares.

-ar

e → ie	o → ue
comenzar	**almorzar**
comienzo	almuerzo
comienzas	almuerzas
comienza	almuerza
comenzamos	almorzamos
comenzáis	almorzáis
comienzan	almuerzan

-er

e → ie	o → ue
entender	**soler**
entiendo	suelo
entiendes	sueles
entiende	suele
entendemos	solemos
entendéis	soléis
entienden	suelen

-ir

o → ue		e → ie		e → i	
dormir		**preferir**		**servir**	
duermo	dormimos	prefiero	preferimos	sirvo	servimos
duermes	dormís	prefieres	preferís	sirves	servís
duerme	duermen	prefiere	prefieren	sirve	sirven

B. Algunos verbos tienen irregular sólo la primera persona del singular: **yo.**

caer	**caigo**	conocer	**conozco**	estar	**estoy**	saber	**sé**
hacer	**hago**	ofrecer	**ofrezco**	dar	**doy**		
poner	**pongo**	nacer	**nazco**				
salir	**salgo**	traducir	**traduzco**				
traer	**traigo**						

C. Otros verbos tienen irregular la primera persona y presentan además un cambio vocálico en la raíz verbal:

e → i

decir	
digo	decimos
dices	decís
dice	dicen

e → ie

tener	
tengo	tenemos
tienes	tenéis
tiene	tienen

e → ie

venir	
vengo	venimos
vienes	venís
viene	vienen

D. Los verbos terminados en **-ger** (**coger, escoger, recoger**) presentan un cambio ortográfico en la primera persona: **g → j.**

escoger

escojo	escogemos
escoges	escogéis
escoge	escogen

E. Los verbos terminados en **-egir** (**elegir, corregir**) y **-eguir** (**seguir, perseguir**) tienen en el presente un cambio vocálico (**e → i**) y un cambio ortográfico (**-egir: g → j; -eguir: gu → g**).

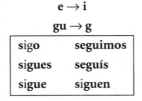

e → i			**e → i**	
g → j			**gu → g**	
elijo	**elegimos**		**sigo**	**seguimos**
eliges	**elegís**		**sigues**	**seguís**
elige	**eligen**		**sigue**	**siguen**

F. Los verbos terminados en **-uir** (**construir, destruir**) tienen una **-y-** entre la **-u-** y la terminación en todas las personas del presente, excepto en nosotros y vosotros.

huir

huyo	huimos
huyes	huís
huye	huyen

G. El verbo **oír** tiene una **-y-** entre la **-o-** y la terminación en todas las personas del presente, excepto en nosotros y vosotros, como los verbos anteriores, pero también tiene la primera persona del singular irregular.

oír

oigo	oímos
oyes	oís
oye	oyen

H. El presente del verbo **ir** tiene como raíz verbal **v-**, utiliza las terminaciones de los verbos en **-ar,** y la primera persona del singular es irregular.

ir

voy	vamos
vas	vais
va	van

Gustar y verbos afines

A. **Gustar** significa en inglés *to like*, pero tiene una estructura gramatical diferente.

(A mí) me	**gustan**	**las películas de terror.**
objeto indirecto	verbo	sujeto

Observe que el sujeto gramatical de la oración en español es un objeto (las películas de terror) y que el verbo **gustar** concuerda en número con él. La persona (a mí, me) tiene la función de objeto indirecto. El objeto indirecto aparece generalmente delante del verbo y el sujeto gramatical, detrás.

I	*like*	*horror movies.*
sujeto	verbo	objeto directo

En inglés, en cambio, el sujeto gramatical de la oración es la persona *(I)* y la cosa *(horror movies)* tiene la función de objeto directo. Sin embargo, *to be pleasing to* sí coincide con la estructura en español: *Horror movies are pleasing to me, you, etc.*

A	+ PRON. PREP.	+ OBJETO INDIRECTO	+ VERBO	+ SUJETO
A	mí	me	gusta(n)	la(s) película(s) de terror.
A	ti	te	gusta(n)	la(s) película(s) de terror.
A	él / ella / Ud.	le	gusta(n)	la(s) película(s) de terror.
A	nosotros/as	nos	gusta(n)	la(s) película(s) de terror.
A	vosotros/as	os	gusta(n)	la(s) película(s) de terror.
A	ellos / ellas / Uds.	les	gusta(n)	la(s) película(s) de terror.

B. En las oraciones con **gustar,** el empleo de **a mí, a ti, a él,** etc. no es necesario, excepto cuando se quiere mostrar el contraste entre dos personas, dar énfasis o eliminar alguna ambigüedad. Acuérdese siempre de decir o escribir la preposición **a.**

> **A nosotros nos** encanta el chocolate, pero **a ellos** no.
> *We love chocolate, but they don't.*

> **A él le** faltan cinco monedas de su colección y **a vosotras,** tres.
> *He is missing five coins from his collection and you are missing three.*

¡Ojo! El pronombre de objeto indirecto (**me, te, le...**) **nunca** se puede omitir.

C. Otros verbos que siguen el modelo de **gustar** son:

apetecer	*to feel like, crave*
encantar	*to love, be delighted by*
faltar	*to be lacking, be missing*
fascinar	*to fascinate*
importar	*to matter*
interesar	*to interest, be interested in*
quedar	*to be left (over)*
sobrar	*to be in excess*

D. Recuerde la estructura de estos verbos cuando conteste una pregunta o reaccione a lo que ha dicho alguien.

A mí también.	*Me, too.*	**A mí tampoco.**	*Me, neither.*
A ti también.	*You, too.*	**A ti tampoco.**	*You, neither.*

La posición de los adjetivos

A. Los adjetivos demostrativos (**este, ese…**), los posesivos (**mi, su…**), los indefinidos (**algún…**) y los de cantidad (**mucho, varios…**) van delante del sustantivo. A estos adjetivos se los denomina determinativos.

> **Este** mes hace calor y yo tengo **mucho** trabajo.

B. **Cualquiera** pierde la -**a** final delante de un sustantivo en singular. El plural (**cualesquiera**) no se usa en la lengua cotidiana.

> **cualquier** día
>
> **cualquier** persona

C. También los adjetivos numerales (**dos, cien…**) se anteponen al sustantivo, excepto los números ordinales como **primero**, **segundo**, **tercero**, que pueden ir delante o detrás. **Primero** y **tercero** son los únicos números ordinales que pierden la última vocal cuando van delante de un sustantivo masculino singular.

> la conmemoración del **quinto** aniversario
>
> en el **tercer** piso o en el piso **tercero**

D. Hay otros adjetivos que indican una cualidad del sustantivo (color, tamaño, textura, nacionalidad…) y se los llama calificativos. Estos siguen al sustantivo y lo describen.

> las condiciones **sociales** de las tribus **indígenas**
>
> una raza **explotada**

E. Cuando hay dos adjetivos, uno determinativo (o bien un epíteto) y el otro calificativo, se coloca el primero delante del sustantivo y el segundo, detrás.

> la **Segunda** Guerra **mundial**   *the Second World War*
>
> una **sacrificada** mujercita **mexicana**   *a self-sacrificing Mexican woman*

F. Cuando hay más de un adjetivo calificativo y uno de ellos está más íntimamente unido al sustantivo, este adjetivo aparece primero y el otro, a continuación.

> la imagen **femenina occidental**   *the western feminine image*
>
> la literatura **indigenista moderna**   *modern indigenous literature*

Note que "occidental" califica al conjunto "imagen femenina" y no sólo a "imagen".

G. Cuando hay más de un adjetivo calificativo, pero ninguno está más unido que el otro al sustantivo, se unen los adjetivos con la conjunción **y**.

> de una manera **correcta y graciosa**   *in a proper and graceful way*
>
> una mujer **respetuosa, amable y sumisa**   *a respectful, kind, submissive woman*

Note que "correcta" y "graciosa" califican independientemente al sustantivo "manera" y "respetuosa, amable y sumisa" a "mujer".

H. Los siguientes adjetivos calificativos pueden ir delante o detrás del sustantivo, pero cambian de significado según su posición.

	delante	detrás
antiguo/a	*former*	*old, antique*
gran(de)*	*great, famous, important*	*big, large*
mismo/a	*same*	*-self*
nuevo/a	*new to the person*	*brand new*
pobre	*unfortunate*	*poor*
único/a	*only*	*unique*
viejo/a	*long-time*	*old*

Mi hermana y mi madre tienen el **mismo** nombre.   *My sister and my mother have the same name.*

Mi hermana **misma** lo va a hacer.   *My sister is going to do it herself.*

En esa tienda de ropa usada compró un **nuevo** sombrero.   *In that used clothing store he/she bought a new hat.*

Su sombrero **nuevo** es para ocasiones especiales.   *His/Her (brand) new hat is for special occasions.*

¡Pobre niña! No tiene familia.   *Poor girl! She doesn't have any family.*

Esa organización quiere que ayudemos a los niños **pobres.**   *That organization wants us to help indigent (poor) children.*

---

* Recuerde que **grande** pierde la última sílaba delante de un sustantivo masculino o femenino singular.

    un **gran** día   una **gran** persona   las **grandes** ocasiones

I. Los adjetivos calificativos **bueno** y **malo** pueden ir delante o detrás del sustantivo, pero no cambian de significado. Si aparecen delante de un sustantivo masculino singular, pierden la vocal final.

    Es un **buen/mal** amigo.   Es un amigo **bueno/malo.**

Las expresiones de comparación

A. Para comparar dos elementos se emplean las siguientes expresiones:

superioridad +	**más... que** *(more than)*	Ana lleva aquí **más** meses **que** yo. Inés es **más** alta **que** Ud.
inferioridad −	**menos... que** *(less, fewer than)*	Saben **menos** cuentos **que** Uds. Beben **menos** café **que** antes.
igualdad =	a. **tanto/a/os/as** + sustantivo + **como** *(as many, much . . . as)*	Tengo **tantas** ganas de terminar **como** tú.
	b. **tan** + adjetivo, adverbio + **como** *(as . . . as)*	Están **tan** débiles **como** siempre. Corre **tan** rápidamente **como** su hermano.
	c. verbo + **tanto como** *(as much as)*	No sales **tanto como** quieres. Han vendido hoy **tanto como** ayer.

¡Ojo! La expresión **tanto** (invariable)... **como** significa *both . . . and.*

    Tanto Beethoven **como** Bach son compositores de fama internacional.

B. En español algunos adjetivos tienen una forma diferente en las comparaciones de superioridad:

    bueno/a/os/as   →   **mejor/es**   *(better)*

    malo/a/os/as   →   **peor/es**   *(worse)*

Las naranjas de mis abuelos son **mejores/peores** que las de nuestros vecinos.

C. **Grande** y **pequeño** tienen dos comparativos diferentes.

grande/s   →   **más grande/s**   *(bigger, larger)*

                →   **mayor/es**   *(older, bigger, larger, greater)*

pequeño/a/os/as   →   **más pequeño/a/os/as**   *(smaller)*

                →   **menor/es**   *(younger, smaller, less)*

Cuando se comparan personas, **más grande** y **más pequeño** se emplean preferentemente para indicar la diferencia de tamaño *(size)* y **mayor** y **menor,** para indicar la diferencia de edad *(age).*

Una de sus hijas es **más grande** que la otra. *(bigger)*

Tiene dos hermanos **menores** que ella. *(younger)*

Cuando se comparan cosas que se pueden ver y medir *(measure)*, como lugares y objetos, es preferible usar **más grande** y **más pequeño.**

Buenos Aires es **más grande** que Lima. *(bigger, larger)*

Esa cama va a caber *(fit)* muy bien aquí porque es **más pequeña** que la otra. *(smaller)*

Para conceptos o abstracciones se emplean preferentemente **mayor** y **menor.**

El interés por la música folklórica es **menor que** en el pasado. *(less than)*

Tu entusiasmo era **mayor que** el de ellos. *(greater, more than)*

Con números se dice **más/menos de** en lugar de **más/menos que** en las oraciones afirmativas.

Tengo más de 2000 pesos conmigo.

El superlativo absoluto y relativo

A. Para expresar que un sustantivo posee una cualidad en su máximo grado se pueden emplear dos estructuras diferentes:

Este escritor me parece **importantísimo** o **muy importante.**

Este escritor me parece **el más importante de mi país (del siglo XV, de la historia...).**

En la primera oración se ha utilizado el superlativo **absoluto** y en la segunda, el superlativo **relativo.** Observe que en la primera oración no se compara el elemento "el escritor" con ningún otro mientras que con **el relativo** se lo compara con todos los de su clase o grupo. **Relativo** quiere decir aquí "en relación con una clase o grupo".

Si en lugar de comparar un elemento con todos los de su clase, queremos comparar sólo un elemento con otro, entonces usamos las expresiones de comparación.

Este escritor me parece **más importante que** aquél.

B. El superlativo **absoluto** se puede formar de dos maneras:

1. añadiendo a la raíz de los adjetivos las terminaciones **-ísimo, -a, -os, -as**

2. poniendo delante del adjetivo **muy** o **sumamente, extraordinariamente,** etc.

tranquila   tranquil**ísima**   **muy** tranquila

interesante   interesant**ísimo**   **sumamente** interesante

C. El superlativo **relativo** se forma según el modelo siguiente:

artículo + sustantivo + **más** (o **menos**) + adjetivo $\begin{cases} + \textbf{de} + \text{grupo} \\ + \textbf{que} + \text{oración} \end{cases}$

Manuel de Falla es el compositor **menos** conocido **de** aquella época.

¿Dónde está la tienda de discos **más** completa **de** la ciudad?

Estos son los cancioneros **más** antiguos **que** se conservan.

D. Al formar una oración con el superlativo **relativo,** recuerde que *más + bueno* es **mejor,** *más + malo* es **peor.**

    Bestia, bestia es la **peor** canción que he oído en mi vida.

E. Cuando el sustantivo ha sido mencionado en la misma oración, no hace falta repetirlo.

    De todos **los tipos** de música, la cumbia y el flamenco son los (tipos) más rítmicos.

F. Los adjetivos como **extraordinario/a, excelente, horroroso/a, terrible** ya indican una cualidad en su máximo grado y no necesitan llevar delante **muy** o **más.**

Capítulo 2

Ritos, ceremonias y celebraciones

EL MEXICANO Y LAS FIESTAS

Los verbos reflexivos

A. Los verbos reflexivos son aquellos que requieren, como indica su nombre, el uso de pronombres reflexivos: **me, te, se, nos, os, se.**

divertirse

(yo) **me** divierto	(nosotros/as) **nos** divertimos
(tú) **te** diviertes	(vosotros/as) **os** divertís
(él/ella/Ud.) **se** divierte	(ellos/ellas/Uds.) **se** divierten

B. Un verbo requiere el uso de un pronombre reflexivo cuando el sujeto gramatical realiza la acción y la recibe.

Nos despertamos de muy mal humor.	*We wake up in a very bad mood.*
Me baño todos los días.	*I take a bath every day.*
¿Por qué no **te quitas** los zapatos?	*Why don't you take your shoes off?*

Si el sujeto gramatical realiza la acción pero no la recibe, entonces **no** se emplea el pronombre reflexivo al conjugar el verbo.

¿**Despertamos** ya a papá?	*Do we wake daddy up?*
La **baño** todos los días.	*I bathe her every day.*
¿Por qué no le **quitas** los zapatos a Aurora?	*Why don't you take Aurora´s shoes off?*

¡Ojo! Como muestran las oraciones anteriores, el español y el inglés no coinciden siempre en el uso de los reflexivos.

C. Algunos verbos siempre van acompañados de un pronombre reflexivo.

atreverse (a) *to dare (to)*	César no **se atreve a** pedirle dinero a su padre.
burlarse (de) *to make fun (of)*	Los niños **se burlan de** Fina porque lleva gafas.
quejarse (de) *to complain (about)*	Nunca **se quejan de** la comida de Wendy's.

Observe que las oraciones anteriores no tienen un significado reflexivo, aunque se han utilizado pronombres reflexivos.

D. Los verbos siguientes tienen un significado diferente cuando se usan como reflexivos:

acostar	*to put to bed*	**acostarse**	*to go to bed*
dormir	*to sleep*	**dormirse**	*to fall asleep*
llamar	*to call*	**llamarse**	*to be named*
parecer	*to seem*	**parecerse a**	*to resemble*
poner	*to put, turn on*	**ponerse**	*to put on, become*
volver	*to return from a place*	**volverse**	*to turn around, become*

E. Algunos verbos reflexivos en español se traducen al inglés con los verbos *to be, become, get + adjective*.

alegrarse	*to be glad*	**enfadarse**	*to get angry*
aburrirse	*to get bored*	**enfermarse**	*to get sick*
animarse	*to get excited*	**enojarse**	*to get angry*
cansarse	*to get tired*	**entristecerse**	*to become sad*
emborracharse	*to get drunk*	**sorprenderse**	*to be surprised*

Pero, sino (que), no sólo... sino también

A. **Pero** se puede usar después de una oración afirmativa o negativa. Después de una oración negativa **pero** significa *however*.

Se gastaron una fortuna durante las fiestas patronales, **pero** no les importó.
They spent a fortune during the patron saint's celebrations, but they did not care.

No hemos leído ese libro de Octavio Paz, **pero** nos gustaría.
We have not read that book by Octavio Paz, but (however) we would like to.

B. **Sino** sólo puede emplearse detrás de una oración negativa y significa *but rather*.

Mis primos no quieren asistir a la procesión **sino** quedarse en casa jugando.
My cousins do not want to go to the procession, but (they would) rather stay home and play.

Sino que se emplea en lugar de **sino** cuando hay un verbo conjugado a continuación.

Los desfiles no nos entretienen **sino que** nos aburren un montón.
Parades do not entertain us but rather they bore us to death.

C. *Not only . . . but also* se expresa en español como **no sólo... sino también.**

No sólo hay fuegos artificiales esta noche **sino también** mañana.
Not only are there fireworks tonight but also tomorrow.

Palabras afirmativas y negativas

A. Algunas palabras o expresiones afirmativas y sus respectivas formas negativas son las siguientes.

AFIRMATIVAS	NEGATIVAS	AFIRMATIVAS	NEGATIVAS
algo *something*	nada *nothing*	o *or*	ni *nor*
alguien *someone*	nadie *no one, nobody*	o... o *or . . . or*	ni... ni *neither . . . nor*
alguno, algunos, alguna, algunas *(pron.) someone*	ninguno, ningunos, ninguna, ningunas *(pron.) none, no one, nobody*	siempre *always*	nunca, jamás *never*
algún, algunos, alguna, algunas *(adj.) some*	ningún, ningunos, ninguna, ningunas *(adj.) no + noun*	también *also*	tampoco *not . . . either*
incluso, hasta *even*	ni siquiera *not even*	todavía *still*	ya no *not anymore*
		ya *already*	todavía no *not yet*

B. Para la formación de oraciones negativas existen dos posibilidades:

1. poner el elemento negativo **delante** del verbo

   Nunca voy a los toros.

   Nadie viene conmigo.

2. poner el elemento negativo **detrás** del verbo y el adverbio **no** delante del verbo.

   No voy **nunca** a los toros.

   No viene **nadie** conmigo.

C. Aunque en inglés no es correcto tener dos palabras negativas en la misma oración, en español lo correcto es lo contrario.

   No había **ninguna** pintura de Goya en **ninguno** de los museos que visitamos.
   There were no paintings by Goya in any of the museums we visited.

D. **Alguien** y **nadie** se emplean en sentido general. **Alguno** y **ninguno** presuponen un grupo conocido o mencionado de personas o cosas.

   Alguien vive aquí.

   Alguno (de mis amigos, parientes,...) vive aquí.

E. **Alguno** y **ninguno** son pronombres y **no** se usan delante de un sustantivo. Con los sustantivos se usan los adjetivos **algún, ningún.**

   Alguno lo sabe.   **Algún estudiante** lo sabe.

   Ninguno lo sabe.   **Ningún estudiante** lo sabe.

F. **Algunos/as + de** y **ninguno/a + de** concuerdan en género con la palabra que les sigue. Observe que en la oración negativa hay que emplear el singular, no el plural.

MASCULINO	FEMENINO
algunos de mis **amigos**	**algunas** de mis **amigas**
ninguno de mis **hermanos**	**ninguna** de mis **hermanas**

G. Con la forma negativa de los adjetivos **algunos/as** también se emplea el singular. **Ningún** y **ninguna** significan literalmente **ni uno/a,** esto es, *not even one.*

> Hay **algunos** carteles aquí. → **No** hay **ningún** cartel aquí.
> *There are some posters here.* → *There are no posters here.*

Al reescribir la oración en forma negativa, si **algunos/as** es parte del sujeto gramatical, el verbo tiene que ir en singular.

PLURAL **Algunos** periodistas **están** entrevistando al torero.
　　　　　sujeto　　　　　　　verbo

SINGULAR **Ningún** periodista **está** entrevistando al torero.
　　　　　　sujeto　　　　　　verbo

H. Los plurales **ningunos/as** *(pron. y adj.)* se utilizan sólo cuando sustituyen o acompañan a un sustantivo que se usa en plural en español, como *las vacaciones* y *las elecciones*,* o que se utiliza indistintamente en singular o en plural, como *la(s) gana(s), el (los) pantalón (pantalones)* y *la(s) tijera(s).*

> No tengo **ningunas** ganas de ir de compras.
> *I have no desire to go shopping.*
>
> ¿Tijeras? Lo siento pero no he traído **ningunas.**
> *Scissors? I am sorry, but I did not bring any.*

───────────

***Elección** en singular significa *choice* y en plural, *(political) election.*

I. Si los elementos **ni… ni** aparecen detrás del verbo, es necesario poner el adverbio **no** delante del verbo.

> **No** tengo **ni** hambre **ni** sed.

Cuando **o... o** y **ni... ni** unen dos sujetos singulares (**o** él **o** ella), el verbo puede ir en singular o en plural.

> **O** Marta **o** María **limpian** la casa.　　　No **limpia** la casa **ni** Marta **ni** María.

J. Observe que en las expresiones siguientes del español se utilizan palabras negativas, pero en inglés, afirmativas.

más que nada	**más que nadie**	**más que nunca**
more than anything	*more than anybody*	*more than ever*

La formación del adverbio en -mente

A. Para formar el adverbio en **-mente** se añade esta terminación a la forma femenina del adjetivo. Recuerde que los adjetivos terminados en **-e** (triste, alegre) son iguales en masculino y en femenino. Los adjetivos que terminan en consonante (difícil, feliz) también lo son, excepto los terminados en **-dor, -án** y **-ón,** que forman el femenino añadiendo una **-a.** (Vea los Preliminares del Repaso gramatical, página 2.)

> lento → **lentamente**　　　firme → **firmemente**　　　natural → **naturalmente**

B. Si se usan dos adverbios en **-mente** seguidos, el primero **no** debe llevar esta terminación, pero sí debe mantener la forma femenina del adjetivo.

> Nos habló tier**na** y dulce**mente.**

C. En muchos casos se puede sustituir el adverbio en **-mente** por la estructura **con + sustantivo.**

> lentamente　　→　**con lentitud**　　　espontáneamente　→　**con espontaneidad**
> firmemente　　→　**con firmeza**　　　dulcemente　　　→　**con dulzura**

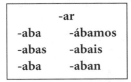
LA SANTERÍA: UNA RELIGIÓN SINCRÉTICA

El imperfecto de indicativo

A. El imperfecto de indicativo se forma añadiendo a la raíz verbal las terminaciones correspondientes.

-ar	
-aba	-ábamos
-abas	-abais
-aba	-aban

-er, -ir	
-ía	-íamos
-ías	-íais
-ía	-ían

entregar

entreg**aba**	entreg**ábamos**
entreg**abas**	entreg**abais**
entreg**aba**	entreg**aban**

encender

encend**ía**	encend**íamos**
encend**ías**	encend**íais**
encend**ía**	encend**ían**

pedir

ped**ía**	ped**íamos**
ped**ías**	ped**íais**
ped**ía**	ped**ían**

B. Los únicos verbos que tienen el imperfecto irregular son: **ir**, **ser** y **ver**.

ir

iba	íbamos
ibas	ibais
iba	iban

ser

era	éramos
eras	erais
era	eran

ver

veía	veíamos
veías	veíais
veía	veían

C. Los verbos que tienen un cambio vocálico en el presente de indicativo (**e → ie, o → ue, e → i**) **no** lo tienen en el imperfecto. Recuerde que en el presente la vocal de la raíz verbal cambia cuando sobre ella recae el acento. Las formas verbales de **nosotros** y **vosotros** no cambian porque el acento recae sobre la terminación y no sobre la raíz verbal. (Vea el Repaso gramatical, página 11.) En el imperfecto la vocal acentuada es siempre parte de la terminación.

INFINITIVO	PRESENTE DE INDICATIVO		IMPERFECTO	
	RAÍZ VERBAL + TERMINACIÓN		RAÍZ VERBAL + TERMINACIÓN	
	acento			**acento**
empezar	emp**ie**z-	o	empez-	**a**ba
poder	p**ue**d-	o	pod-	**í**a
pedir	p**i**d-	o	ped-	**í**a

El pretérito de indicativo

A. El pretérito se forma añadiendo a la raíz verbal las terminaciones correspondientes.

-ar	
-é	-amos
-aste	-asteis
-ó	-aron

-er, -ir	
-í	-imos
-iste	-isteis
-ió	-ieron

ganar

gan**é**	gan**amos**
gan**aste**	gan**asteis**
gan**ó**	gan**aron**

entender

entend**í**	entend**imos**
entend**iste**	entend**isteis**
entend**ió**	entend**ieron**

recibir

recib**í**	recib**imos**
recib**iste**	recib**isteis**
recib**ió**	recib**ieron**

B. Los verbos terminados en **-gar, -car** y **-zar** tienen una ortografía diferente en la primera persona del singular.

$$g \rightarrow gu \qquad \text{llegar} \quad \rightarrow \quad \text{yo lle}gu\text{é}$$

$$c \rightarrow qu \qquad \text{buscar} \quad \rightarrow \quad \text{yo bus}qu\text{é}$$

$$z \rightarrow c \qquad \text{empezar} \rightarrow \quad \text{yo empe}c\text{é}$$

C. Los verbos terminados en **-aer, -eer, -oír** (**caer, leer, oír**) cambian la **-i-** de la terminación en **-y-** en la tercera persona del singular y en la tercera del plural, es decir, entre vocales. Las otras personas son regulares.

caer		leer		oír	
caí	caímos	leí	leímos	oí	oímos
caíste	caísteis	leíste	leísteis	oíste	oísteis
cayó	cayeron	leyó	leyeron	oyó	oyeron

D. Los verbos terminados en **-uir** (**construir, destruir, huir**) cambian la **-i-** en **-y-** como los anteriores, pero sólo llevan acento gráfico la primera y tercera persona del singular.

construir

construí	construimos
construiste	construisteis
construyó	construyeron

E. Una serie de verbos irregulares tiene sus propias terminaciones. Observe que ni la primera ni la tercera persona del singular tienen acento. En segundo lugar, los verbos que utilizan estas terminaciones **no** emplean la raíz verbal del infinitivo para formar el pretérito.

-e	-imos
-iste	-isteis
-o	-ieron

hacer

hice	hic**imos**
hic**iste**	hic**isteis**
hiz**o**	hic**ieron**

andar:	**anduv-**	poder:	**pud-**	saber:	**sup-**
estar:	**estuv-**	poner:	**pus-**	tener:	**tuv-**
hacer:	**hic-/hiz-**	querer:	**quis-**	venir:	**vin-**

F. Los verbos terminados en **-cir** (**decir, producir, traducir, conducir**) y el verbo **traer** emplean en su conjugación las terminaciones irregulares y además tienen una **-j-** en todas las personas del pretérito. Observe que la tercera persona del plural es **-jeron.**

decir

dije	dij**imos**
dij**iste**	dij**isteis**
dij**o**	dij**eron**

G. Los verbos terminados en **-ir** que tienen un cambio vocálico en el presente de indicativo (**dormir, morir, sentir, seguir, pedir, preferir**) presentan un cambio vocálico (**o → u, e → i**) en la tercera persona del singular y del plural del pretérito.

dormir	
dormí	dormimos
dormiste	dormisteis
durmió	durmieron

preferir	
preferí	preferimos
preferiste	preferisteis
prefirió	prefirieron

H. **Dar, ir** y **ser** tienen pretéritos irregulares. Observe que no tienen acento. **Dar** tiene las terminaciones de los verbos terminados en **-er, -ir.** Las formas del pretérito de **ir** y las de **ser** son iguales.

dar	
di	dimos
diste	disteis
dio	dieron

ir / ser	
fui	fuimos
fuiste	fuisteis
fue	fueron

Usos del pretérito y del imperfecto

A. El imperfecto

1. Presenta una acción o una condición en el pasado sin indicar cuándo comenzó o cuándo terminó.

   Llovía sin parar.

   Éramos inseparables.

   Zoilo **tenía** ganas de conocer un país africano.

2. Expresa una acción habitual o repetida en el pasado. Equivale en inglés a *I used to + inf.*

   Pasaban las vacaciones en algunas de las islas del Caribe.

   Julia **estudiaba** espiritismo todos los veranos.

3. Se usa para la descripción de una persona o una cosa.

   La santera **llevaba** un vestido blanco.

   El altar **estaba** en su habitación.

   La habitación **olía** a incienso.

4. Presenta una acción en progreso.

   Estaban bailando/**Bailaban** con mucho ímpetu.

5. Se usa para expresar la hora.

   Era la una y media.

B. El pretérito

1. Presenta una acción, indicando su principio o su final.

   La misa **duró** una hora y media.

   No **salimos** hasta las doce de la noche.

2. Presenta una acción o serie de acciones terminadas en el pasado.

   Llegaron a América buscando trabajo y lo **encontraron.**

3. Si la misma acción se repite en el pasado, pero se indica el número específico de veces, se usa el pretérito.

   Fuimos a confesarnos tres veces ese mes.

C. El pretérito e imperfecto de los verbos siguientes se traducen al inglés con un verbo diferente.

INFINITIVO	PRETÉRITO		IMPERFECTO	
conocer	**conocí**	*I met*	**conocía**	*I knew*
poder	**pude**	*I managed to, could*	**podía**	*I was able to*
no poder	**no pude**	*I failed to, could not*	**no podía**	*I was not able to*
querer	**quise**	*I tried to*	**quería**	*I wanted*
no querer	**no quise**	*I refused to*	**no quería**	*I did not want to*
saber	**supe**	*I found out*	**sabía**	*I knew*
tener que + inf.	**tuve que**	*I had to*	**tenía que**	*I was supposed to*

Intentaste hablar varias veces, pero **no pudiste** porque no te lo permitieron.
You tried to talk several times, but you could not because they did not allow you to.

No podías hablar porque estabas comiendo.
You were not able to speak because you were eating.

Nosotros **tuvimos que** llegar al aeropuerto a las diez y lo hicimos.
We had to arrive at the airport at ten and we did.

Nosotros **teníamos que** llegar al aeropuerto a las diez, pero **no pudimos** por el atasco.
We were supposed to arrive at the airport at ten, but we couldn't because of the traffic jam.

No quiso sentarse en la hierba porque estaba prohibido.
He refused to sit on the grass because it was prohibited.

No quería sentarse en la hierba porque estaba húmeda.
He did not want to sit on the grass because it was wet.

No supieron que ella era ciega hasta ayer.
They did not find out that she was blind until yesterday.

Ya **sabíais** que ella era ciega.
You already knew that she was blind.

Capítulo 3

Espacios de vida

El futuro simple

A. El futuro simple se forma añadiendo al infinitivo las terminaciones siguientes.

-é	-emos
-ás	-éis
-á	-án

fumar

fumar**é**	fumar**emos**
fumar**ás**	fumar**éis**
fumar**á**	fumar**án**

consumir

consumir**é**	consumir**emos**
consumir**ás**	consumir**éis**
consumir**á**	consumir**án**

B. Algunos verbos son irregulares porque no usan la raíz del infinitivo para formar el futuro simple. Observe que las terminaciones son siempre regulares.

decir	**diré**	poner	**pondré**	tener	**tendré**
haber	**habré**	querer	**querré**	valer	**valdré**
hacer	**haré**	saber	**sabré**	venir	**vendré**
poder	**podré**	salir	**saldré**		

El participio pasado

A. El participio pasado de los verbos se forma sustituyendo las terminaciones **-ar, -er, -ir** del infinitivo por **-ado, -ido, -ido**, respectivamente.

-ar → -ado	-er → -ido	-ir → -ido
saludar → salud**ado**	saber → sab**ido**	despedir → desped**ido**

B. Hay pocos participios irregulares. Algunos de los más comunes son los siguientes:

abrir	**abierto**	hacer	**hecho**	romper	**roto**
cubrir	**cubierto**	morir	**muerto**	ver	**visto**
decir	**dicho**	poner	**puesto**	volver	**vuelto**
escribir	**escrito**	resolver	**resuelto**		

C. Los verbos formados con un prefijo y cualquiera de los verbos anteriores también conservan esta irregularidad.

des-cubrir → des-cubierto   de-volver → de-vuelto   im-poner → im-puesto

El futuro perfecto

El futuro perfecto se forma con el futuro simple del verbo **haber** y el participio pasado del verbo correspondiente. Se traduce al inglés como *I will have + past participle.*

pagar

habré pagado	habremos pagado
habrás pagado	habréis pagado
habrá pagado	habrán pagado

Usos del futuro simple y perfecto

A. El futuro simple se utiliza en español para referirse a una acción que va a ocurrir. También se puede utilizar la estructura **ir a** + infinitivo, pero sólo para un futuro inmediato.

Me imagino que en el año 2200 no **fumará** nadie.
I imagine that in 2200 no one will smoke.

Van a prohibir la venta de cigarrillos a menores de dieciséis años dentro de poco.
They are going to prohibit the sale of cigarettes to those under the age of sixteen very soon.

B. El futuro perfecto expresa una acción que tendrá lugar antes de otro momento en el futuro.

Para el 2008 Belén y Mario ya **habrán comprado** una casa.
By the year 2008, Belén and Mario will already have bought a house.

Yo **habré salido** del trabajo para las cinco de la tarde.
I will have left work by 5:00 P.M.

C. El futuro simple y el perfecto se emplean también para expresar probabilidad en el presente.

La industria del tabaco **ganará** billones anualmente.
The tobacco industry must make billions annually.

¿Qué efectos **tendrá** la nicotina en el cuerpo humano?
I wonder what effects nicotine may have on the human body?

¿Por qué nos **habrán mandado** un telegrama?
I wonder why they have sent us a telegram.

Habrá pasado algo.
Something must have happened.

LAS PLAZAS MAYORES: AYER Y HOY

El condicional simple

A. El condicional simple se forma con el infinitivo del verbo más las terminaciones del imperfecto de los verbos terminados en **-er, -ir.** Se traduce al inglés como *I would + infinitive.*

apoyar

apoyar**ía**	apoyar**íamos**
apoyar**ías**	apoyar**íais**
apoyar**ía**	apoyar**ían**

B. Algunos verbos no forman el condicional simple con la forma del infinitivo sino con la raíz verbal que se emplea en la formación del futuro simple. Así pues, los verbos que tengan el futuro simple irregular tendrán también irregular el condicional simple.

decir	**diría**	poner	**pondría**	tener	**tendría**
haber	**habría**	querer	**querría**	valer	**valdría**
hacer	**haría**	saber	**sabría**	venir	**vendría**
poder	**podría**	salir	**saldría**		

El condicional perfecto

El condicional perfecto se forma con el condicional del verbo **haber** y el participio pasado del verbo correspondiente. Se traduce al inglés como *I would have + past participle.*

prohibir

habría prohibido	habríamos prohibido
habrías prohibido	habríais prohibido
habría prohibido	habrían prohibido

Usos del condicional simple y perfecto

A. El condicional simple se utiliza para indicar una acción hipotética en el presente y el condicional perfecto, en el pasado.

Yo no **aceptaría** una misión tan peligrosa.
I would not accept such a dangerous mission.

Isabelita **habría acabado** ya la tarea.
Isabelita must have already finished her homework.

B. **¡Ojo!** Recuerde que *I would + infinitive* tiene también en inglés el significado de *I used to + infinitive* y en ese caso se utiliza el imperfecto en español.

Íbamos al teatro todos los sábados.
We would (= used to) go to the theater every Saturday.

Iríamos al teatro si pusieran una obra buena.
We would go the theater if they had a good play.

C. Al igual que el futuro, el condicional puede emplearse para expresar probabilidad, pero mientras que el futuro expresa probabilidad en el presente, el condicional expresa probabilidad en el pasado. Compare las siguientes oraciones.

> La hija de María **tendrá** tres años.
> *María's daughter is probably (must be) three years old.*

> Yo **tendría** tres años cuando aprendí a leer.
> *I was probably three years old when I learned to read.*

> No nos **llamaron** porque no **se habrían enterado** de las buenas noticias.
> *They did not call us because they probably had not heard the good news.*

D. El condicional se usa también como expresión de cortesía.

> ¿**Podría** darme la dirección de Carmen?
> *Could you give me Carmen's address?*

EL BARRIO

El presente perfecto

El presente perfecto se forma con el presente del verbo **haber** y el participio pasado. Se traduce al inglés como *I have + past participle*. (Para la formación del participio pasado, vea el Repaso gramatical, *Unidad I, Capítulo 3, página 26.*)

guardar

he guardado	hemos guardado
has guardado	habéis guardado
ha guardado	han guardado

El pluscuamperfecto

El pluscuamperfecto se forma con el imperfecto del verbo **haber** y el participio pasado del verbo correspondiente. Se traduce al inglés como *I had + past participle.*

ahorrar

había ahorrado	habíamos ahorrado
habías ahorrado	habíais ahorrado
había ahorrado	habían ahorrado

A diferencia de los otros tiempos del pasado (pretérito, imperfecto y presente perfecto), el pluscuamperfecto indica que la acción expresada por el verbo es anterior a otra acción también pasada.

PRETÉRITO	PLUSCUAMPERFECTO
Se acostaron a las once y yo llegué a las doce.	Ya **se habían acostado** cuando llegué.

Los números

A. Los números cardinales son:

1	uno/a	**2**	dos	**3**	tres	**4**	cuatro
5	cinco	**6**	seis	**7**	siete	**8**	ocho
9	nueve	**10**	diez	**11**	once	**12**	doce
13	trece	**14**	catorce	**15**	quince	**16**	dieciséis
17	diecisiete	**18**	dieciocho	**19**	diecinueve	**20**	veinte
21	veintiuno/a	**22**	veintidós	**23**	veintitrés	**30**	treinta
31	treinta y uno/a	**40**	cuarenta	**50**	cincuenta	**60**	sesenta
70	setenta	**80**	ochenta	**90**	noventa	**100**	cien
200	doscientos/as	**300**	trescientos/as	**400**	cuatrocientos/as	**500**	quinientos/as
600	seiscientos/as	**700**	setecientos/as	**800**	ochocientos/as	**900**	novecientos/as

1000	mil	**100.000**	cien mil	**1.000.000**	un millón
1.000.000.000	mil millones			**1.000.000.000.000**	un billón

1. Delante de un sustantivo masculino no se emplea **uno**, que es un pronombre, sino **un**. Lo mismo ocurre con **veintiuno**, **treinta y uno**, etc.

   ¿Cuesta **un** dólar o dos? Creo que sólo cuesta **uno**.

   Tengo **veintiún** años, ¿y tú? Yo también tengo **veintiuno**.

2. **Cien** cambia a **ciento** cuando le sigue un número menor de 100. Recuerde que **no** se utiliza la conjunción **y** entre los dos números.

cien + 1 = ciento uno

cien + 50 = ciento cincuenta

3. Observe que con las cifras en español se usan los puntos y las comas al contrario que en inglés.

ESPAÑOL	INGLÉS
4.000	4,000
0,59	0.59

B. Los números ordinales son:

1°	primero/a	2°	segundo/a	3°	tercero/a
4°	cuarto/a	5°	quinto/a	6°	sexto/a
7°	séptimo/a	8°	octavo/a	9°	noveno/a
10°	décimo/a	11°	undécimo/a	12°	duodécimo/a
13°	decimotercero/a	14°	decimocuarto/a	15°	decimoquinto/a

1. Como todos los adjetivos, los ordinales concuerdan con los sustantivos que acompañan.

el quinto grado   la quinta parte

2. Recuerde que **primero** y **tercero** pierden la **-o** final cuando van delante de un sustantivo masculino singular.

el primer piso   los primeros años   la primera puerta   las primeras nieves

3. A partir del número 10, los números ordinales suelen sustituirse por los cardinales.

el piso catorce   *the fourteenth floor*   el siglo XV (quince)   *the fifteenth century*

4. Con los nombres de reyes, reinas y papas, los ordinales van detrás del nombre propio, pero recuerde que a partir del número 10, los ordinales suelen ser sustituidos por los cardinales.

Alfonso X (décimo)   *Alfonso X (the Tenth)*

Juan XXIII (veintitrés)   *John XXIII (the Twenty third)*

Luis XIV (catorce)   *Louis XIV (the Fourteenth)*

Encuentros y desencuentros

Capítulo 4 *Ellos y nosotros*

LOS ESTEREOTIPOS

Las expresiones temporales con hace

A. Existen tres expresiones temporales diferentes con **hacer**. Observe el significado que tienen en inglés.

> **Hace** + período de tiempo + **que** + presente de indicativo.

Hace dos días **que** llueve.   *It has been raining for two days.*

(PASADO) _____ **x** llueve (PRESENTE)

La acción de llover llega hasta el momento presente. Se indica la duración de esa acción: dos días.

> **Hace** + período de tiempo + **que** + imperfecto de indicativo.

Hacía dos días **que** llovía.   *It had been raining for two days.*

(PASADO) _____ **x** llovía **x** _____ (PRESENTE)

La acción de llover tuvo lugar en el pasado. Se indica la duración de esa acción: dos días.

> **Hace** + período de tiempo + **que** + pretérito.

Hace un mes **que** llovió.   *It rained a month ago.*

llovió
(PASADO) _____ **x** _____ (PRESENTE)

La acción de llover ocurrió en un momento del pasado, pero no se indica cuánto tiempo duró.

B. Las expresiones temporales admiten también la siguiente estructura gramatical:

Llueve **desde hace** dos días.   *It has been raining for two days.*
Llovía **desde hacía** dos días.   *It had been raining for two days.*
Llovió **hace** un mes.   *It rained a month ago.*

Observe que la conjunción **que** ha desaparecido y que en las dos primeras expresiones se ha empleado **desde** delante de **hace** y **hacía**.

C.   Cuando la oración en español es negativa, se puede traducir al inglés de dos maneras distintas.

No montaba en bicicleta **desde hacía** dos años.
{ *It had been two years since I had ridden a bicycle.*
I had not ridden a bicycle for two years.

Hace una semana **que no** hablo con ella.
{ *It's been a week since I have spoken to her.*
I have not spoken to her for a week.

Los artículos definidos e indefinidos

Vea los Preliminares del Repaso gramatical, página 5–6.

La nominalización de los adjetivos

A.   En español un adjetivo puede funcionar como sustantivo. Para que tenga esta función, se omite el sustantivo y se mantiene el artículo definido (**el, la, los, las**) o indefinido (**una, unos, unas**) correspondiente. **¡Ojo!** Si el sustantivo va precedido del artículo indefinido singular (**un**), entonces se utiliza **uno** en lugar de **un**.

el idioma español   →   el español   un reloj antiguo   →   uno antiguo

la chaqueta azul   →   la azul   los vuelos internacionales   →   los internacionales

B.   Con la nominalización se evita la repetición excesiva del mismo sustantivo. Observe las oraciones siguientes.

¿Prefieres los lugares turísticos o los (lugares) aislados?   →   Prefiero los aislados.

¿Do you prefer touristy places or isolated ones?   →   *I prefer isolated ones.*

Note que en inglés se utiliza *one* o *ones* cuando se omite el sustantivo.

EL ECLIPSE

La *a* personal

A. La *a* **personal** precede al complemento directo del verbo si éste es una persona o un animal doméstico, y se omite si se trata de una cosa.

Voy a llamar **a** Mateo.

Tengo que llevar **al** gato al veterinario.

Compré un abrigo.

En ciertos casos se puede omitir la *a* **personal** si se trata de personas no específicas o animales en general. Compare:

Vi **a** mucha gente en el parque. (gente que conozco)

Vi mucha gente en el parque. (desconocida)

Vi muchos perros en el parque. (en general)

B. También se usa la *a* **personal** antes de **alguien** y **nadie**.

¿Conoces **a alguien** aquí?

C. **No** se usa la *a* **personal** con los verbos **tener** y **haber**.

Tenemos muchos amigos en la universidad.

Hay un vendedor en la puerta.

¡Ojo! Cuando **tener** <u>no</u> significa posesión *(to have, own)*, sino que se puede traducir como *to keep, hold*, sí se usa la *a* **personal**.

Tengo **a** mi niña en cama.	*I have (am keeping) my daughter in bed.*
Tienen **al** asesino en la cárcel.	*They have (are holding) the murderer in jail.*

D. La *a* que siempre precede a los objetos indirectos (sean personas, animales o cosas) no es una *a* **personal** sino una indicación de que la palabra que sigue cumple la función de objeto indirecto. En inglés la *a* **personal** no tiene traducción, mientras que la *a* del objeto indirecto se traduce como *to* o *for*.

Los pronombres de objeto directo e indirecto

A. Los pronombres tienen la función de sustituir a los nombres.

B. Los pronombres de objeto directo son:

SINGULAR	PLURAL
me	**nos**
te	**os**
lo, la	**los, las**

He sacado **la basura**.	→	**La** he sacado.
I have taken out the garbage.	→	*I have taken it out.*
Va a investigar **las posibilidades**.	→	**Las** va a investigar.
She will look into the possibilities.	→	*She will look into them.*
Armando escribió **el ensayo**.	→	Armando **lo** escribió.
Armando wrote the essay.	→	*Armando wrote it.*

C. Los pronombres de objeto indirecto son:

SINGULAR	PLURAL
me	**nos**
te	**os**
le	**les**

Le comunicó la noticia **a Alberto.** → **Le** comunicó la noticia.
He told Alberto the news. → *He told him the news.*

Les hemos escrito una carta **a las directoras.** → **Les** hemos escrito una carta.
We have written the directors a letter. → *We have written them a letter.*

¡Ojo! Observe en las oraciones anteriores que en español aparece tanto el sustantivo con función de objeto indirecto (Alberto, las directoras) como el pronombre de objeto indirecto (**le, les**). Este uso redundante es distintivo del español.

D. Cuando los dos tipos de pronombres van juntos, el objeto indirecto (OI) precede al directo (OD).

Nos traerán **los discos.** → **Nos los** traerán.
 OI   OD   OI OD
They will bring the records to us. → *They will bring them to us.*

Me dio **el dinero** que me debía. → **Me lo** dio.
 OI   OD   OI OD
He gave me the money he owed me. → *He gave it to me.*

E. Si el pronombre directo y el indirecto son de tercera persona, el indirecto (**le, les**) se transforma en **se.**

Manuel **le** contaría **una mentira a su hermana.** → Manuel **se la** contaría.
     OI   OD   OI   OIOD
Manuel probably told his sister a lie. → *Manuel probably told it to her.*

Ya **les** hemos llevado **los paquetes a Emilio y Celia.** → Ya **se los** hemos llevado.
   OI   OD   OI   OI OD
We have taken the packages to Emilio and Celia already. → *We have taken them to them already.*

F. Los pronombres de objeto directo e indirecto van **siempre** delante de los verbos conjugados, excepto en los siguientes casos en que pueden ir delante o detrás.

    1. estar + gerundio (tiempos progresivos)

Te estamos oyendo.   Estamos oyéndo**te.**   *We are hearing you.*

    2. verbo + infinitivo

Las quiero ayudar.   Quiero ayudar**las.**   *I want to help them.*

Cuando hay dos pronombres, los dos deben ir delante o detrás, pero **nunca** separados, esto es, uno delante y el otro detrás.

Se lo estaban ocultando.   Estaban ocultándo**selo.**   *They were concealing it from them.*

Me los querían vender.   Querían vendér**melos.**   *They wanted to sell them to me.*

¡Ojo! El gerundio lleva acento cuando hay detrás uno o dos pronombres y el infinitivo, sólo cuando hay dos. El acento gráfico es necesario para mantener el acento original del verbo.

G. Con los **mandatos afirmativos** los pronombres de objeto directo e indirecto **siempre** se colocan **detrás** y se añaden al mandato.

Ciérre**la.**	*Close it.*
Escríban**melos.**	*Write them to me.*
Pon**lo** allí.	*Put it there.*
Da**les** el dinero.	*Give them the money.*

¡Ojo! El uso del acento gráfico es necesario para mantener el acento original del verbo. Esto ocurre cuando están presentes los dos pronombres (mandato + OI + OD) o cuando sólo hay uno y el verbo tiene dos sílabas o más (mandato de 2 sílabas o más + OI u OD).

H. Con los **mandatos negativos** los pronombres de objeto directo e indirecto se colocan entre el **no** y el mandato.

No **la** cierre.	*Don't close it.*
No **me los** escriban.	*Don't write them to me.*
No **te lo** pongas.	*Don't put it on.*
No **se las** entreguéis.	*Don't deliver them to them (him/her).*

I. Cuando el sustantivo con función de objeto directo se coloca delante del verbo, hay que utilizar el pronombre de objeto directo correspondiente (**lo, los, la, las**) delante del verbo. Esto sólo ocurre con los objetos directos de tercera persona.

Vemos **a tus hermanos** en todas partes.   →   A tus hermanos **los** vemos en todas partes.
          OD   OD   OD

Yo haré **la comida** hoy.   →   La comida **la** haré yo hoy.
        OD   OD   OD

El pronombre *it*

A. El pronombre *it* se traduce en español como **lo** o **la** cuando cumple la función de objeto directo del verbo.

INGLÉS	ESPAÑOL
*Subject + verb + **it** (direct object).*	**lo, la**

I have it. (*it* = juguete)	Yo **lo** tengo.
Luisa bought it. (*it* = cámara)	Luisa **la** compró.

B. Cuando *it* cumple la función de objeto indirecto, se traduce como **le.**

INGLÉS	ESPAÑOL
*Subject + verb + **it** (indirect object) + direct object.*	**le**

I gave it (my room) a good cleaning.   **Le** di una buena limpieza (a mi cuarto).

C. Cuando *it* tiene función de sujeto, **no** se traduce **nunca.**

INGLÉS	ESPAÑOL
It (subject) + verb.	Ø

It rings.	Suena.
It is raining.	Está lloviendo.
It is important.	Es importante.

Recuerde que en las preguntas el sujeto y el verbo invierten su posición. Cuidado con esta inversión: puede hacer que *it* parezca un complemento del verbo.

Is it (the rug) new?	¿Es nueva?

I like it se traduce al español como **me gusta** porque equivale a *it is pleasing to me.* Por ser el sujeto de la oración, *it* no se traduce.

No nos gusta el calor.	→	No nos gusta.
The heat is not pleasing to us.	→	*It is not pleasing to us.*

Lo: uso del pronombre neutro

A. En español los verbos **ser, estar, parecer, saber** y **creer** requieren el uso del pronombre **lo** (invariable/neutro) cuando se omiten sus complementos (singulares, plurales, masculinos o femeninos). La función que tiene este pronombre no es de objeto directo sino de **atributo** o **complemento.** Esa es la terminología empleada en lingüística.

¿Eres <u>ahorrativo</u>? Sí, **lo** soy.	*Are you thrifty? Yes, I am.*
¿Parecen <u>venenosas</u> estas plantas? Sí, **lo** parecen.	*Do these plants seem poisonous? Yes, they do.*

B. El pronombre neutro **lo** puede sustituir a una palabra o a toda una frase.

¿Están <u>vacías</u> las botellas? No, no **lo** están.	*Are the bottles empty? No, they are not.*
¿Sabes <u>que mañana cierran todos los bancos</u>? Sí, **lo** sé.	*Do you know that all banks are closed tomorrow? Yes, I know.*
¿Crees <u>que van a cambiar el día de la celebración</u>? Sí, **lo** creo.	*Do you think they are going to change the day of the celebration? Yes, I do.*

C. Con el verbo **saber** y con el pronombre indefinido **todo** (cuando funciona de objeto directo) se utiliza siempre **lo.**

Lo sé.	*I know.*
Lo ha visto **todo.**	*He saw everything. / He has seen it all.*

GITANOS

Se: usos y valores

A. En los capítulos anteriores se han estudiado los siguientes usos de **se:**

1. sustituto de **le,** cuando va seguido del pronombre objeto directo de tercera persona: **lo(s)**, **la(s)**

    Le robaron la cartera a Julieta.   →   **Se** la robaron.
    They stole Julieta´s purse.   *They stole it from her.*

2. pronombre reflexivo de tercera persona.

    Va / Van a poner**se** el bañador.
    He/She is going to put on his/her bathing suit. / They are going to put on their bathing suits.

B. También se emplea el pronombre **se** en oraciones impersonales. ("Impersonal" quiere decir aquí que la oración no tiene un sujeto específico y se emplea **se** en lugar de los pronombres personales **yo, tú, él,** etc.). Este **se** traduce al inglés como *one, you, people, they.*

    Se está muy bien a la sombra.
    One feels wonderful in the shade.

    Al río no **se** va por ahí.
    You can't get to the river that way (or through there).

Note que en una oración impersonal con **se** el verbo sólo se puede conjugar en tercera persona del singular.

C. Si el verbo es reflexivo, se emplea **uno/a** en lugar del **se** impersonal.

    Juan **se** pregunta por qué ocurren estas barbaridades.   (oración reflexiva)
    Juan wonders why these atrocities occur.

    Uno/a se pregunta por qué ocurren estas barbaridades.   (impersonal)
    One wonders why these atrocities occur.

SE	VERBO	EJEMPLO
objeto indirecto	todas las personas (porque el objeto indirecto y el verbo son independientes)	**Se** lo diré yo misma. *I will tell it to him/her myself.* **Se** las compramos. *We bought them for them.*
pronombre reflexivo	3ª persona singular o plural	El anciano **se** sentó en la plaza. *The old man sat down in the plaza.* Flora y Patricia **se** han sentado en la primera fila. *Flora and Patricia have sat down in the front row.*
impersonal	solamente la 3ª persona singular	**Se** sufre mucho cuando **se** es exiliado. *One suffers a lot when one is an exile.*

Para la explicación de **se** en oraciones pasivas vea el Repaso gramatical de la *Unidad II, Capítulo 5, páginas 40–41.*

Pero, sino (que), no sólo... sino también (segundo repaso)

Vea el Repaso gramatical de la *Unidad I, Capítulo 2, página 19.*

Capítulo 5

Ellas y ellos

PRÁCTICA ESCRITA
página 144

La voz pasiva con *ser*

A. Con esta estructura se forma la voz pasiva con **ser**.

> Sujeto + **ser** + participio pasado + (**por** + agente).

Para transformar una oración activa en pasiva observe los cambios del modelo siguiente.

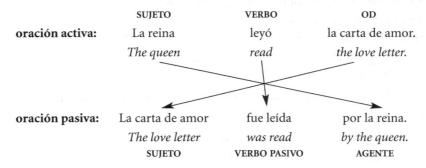

	SUJETO	VERBO	OD
oración activa:	La reina	leyó	la carta de amor.
	The queen	*read*	*the love letter.*
oración pasiva:	La carta de amor	fue leída	por la reina.
	The love letter	*was read*	*by the queen.*
	SUJETO	VERBO PASIVO	AGENTE

B. Observe que el participio pasado funciona como un adjetivo y, por lo tanto, concuerda con el sujeto.

Estas propuestas **han sido aceptadas por** todos.
These proposals have been accepted by everybody.

C. La voz pasiva con el verbo **ser** puede ocurrir en cualquier tiempo y modo.

Ojalá que el sexismo **sea/fuera eliminado** completamente **por** las generaciones futuras.
I hope that sexism may/might be completely eliminated by future generations.

D. A diferencia del inglés, en español cuando hay un objeto indirecto en la oración activa, ésta no se puede poner en la voz pasiva.

ORACIÓN ACTIVA	→	ORACIÓN PASIVA
Nuestra maestra le hizo un regalo **a Humberto.**		No se puede poner en pasiva.
SUJETO V OD OI		
*Our teacher gave a gift **to Humberto.***		*A gift was given to Humberto by our teacher.*
SUJETO V OD OI		*Humberto was given a gift by our teacher.*

E. La voz pasiva con **ser** + participio pasado se usa relativamente poco en el español hablado. Es más común la estructura con **se**.

Estar + el participio pasado

A. Con esta estructura se expresa el resultado de una acción.

ACCIÓN	→	RESULTADO
Los testigos firmaron los documentos.		Ahora los documentos están firmados.
The witnesses signed the documents.		*Now the documents are signed.*
Murió hace varios años.		Ya está muerto/a.
He/She died several years ago.		*He/She is already dead.*

B. La estructura **estar** + participio pasado no debe confundirse con la voz pasiva con **ser**. Con **estar** + participio se indica el estado de algo o alguien mientras que con **ser** + participio (la voz pasiva) se expresa una acción. Observe:

ESTAR	SER
El sospechoso estuvo detenido dos horas.	El sospechoso fue detenido a las ocho.
The suspect was detained for two hours.	*The suspect was detained at 8 p.m.*
Los trabajos ya están corregidos.	Los trabajos son corregidos por los ayudantes.
The papers are already corrected.	*The papers are corrected by the assistants.*

C. Con el verbo **estar** el participio pasado funciona como un adjetivo y, por lo tanto, concuerda con el sujeto de la oración.

Estos problemas no **están resueltos** todavía. *These problems are not solved yet.*

La voz pasiva con *se*

A. La voz pasiva con **se** se utiliza cuando **no** hay un agente expreso en la oración. Si lo hay, sólo se puede emplear la forma con el verbo **ser** + participio + **por** + agente. Note la diferencia entre:

Se tratará ese asunto en la próxima reunión.
That issue will be addressed at the next meeting.

Ese asunto **será tratado** por el comité ejecutivo.
That issue will be addressed by the executive committee.

B. La voz pasiva con **se** presenta dos estructuras gramaticales diferentes, una para objetos inanimados y la otra para seres animados. Objetos inanimados son, por ejemplo, una roca, un árbol, una pizarra, una pelota. Los seres animados son básicamente las personas y los animales.

> **Se** + verbo en tercera persona singular o plural + sujeto inanimado.

Se redactaron esas leyes en 1986.
Those laws were written in 1986.

Algún día **se eliminará** el tratamiento sexista.
Sexist forms of address will be eliminated someday.

Observe que en español el verbo va en tercera persona (singular o plural) y concuerda con el sujeto inanimado (**esas leyes** y **el tratamiento sexista**).

En español la estructura pasiva con **se** coincide con la estructura impersonal con **se** cuando el verbo y el sustantivo que le sigue están en singular. Sin embargo, el sustantivo cumple la función de sujeto en la oración pasiva y la de objeto en la impersonal. Compare:

Se pasivo + verbo + sujeto	**Se** impersonal + verbo + OD
Se habla español.	Se habla español.
Spanish is spoken.	*One (they, you . . .) speaks Spanish.*

> **Se** + verbo en tercera persona singular + **a** + animado.

Se cita a las escritoras como categoría aparte.
Women writers are cited as a separate category.

Se ha consultado a la mejor ingeniera de minas.
The best mining engineer has been consulted.

En los ejemplos anteriores los sustantivos **escritoras** e **ingeniera** cumplen la función de objeto (directo) y van precedidos de **a.** El verbo va **siempre** en la tercera persona del singular. En cambio, *women writers* y *engineer* cumplen en inglés la función de sujeto gramatical y el verbo concuerda con esos sustantivos.

C. Se emplea una estructura pasiva con **se** diferente para los seres animados porque cuando éstos cumplen la función de sujeto gramatical y hay un pronombre **se,** la oración es reflexiva o recíproca, nunca pasiva. Es por esa causa que en la voz pasiva con **se** el ser animado cumple la función de objeto directo o indirecto, pero nunca de sujeto.

ORACIÓN PASIVA	ORACIÓN REFLEXIVA
Se presentó a <u>Kiko</u>.	<u>Kiko</u> **se** presentó (a sí mismo).
OD	SUJETO
<u>Kiko</u> was introduced.	*<u>Kiko</u> introduced himself.*
SUJETO	SUJETO

ORACIÓN PASIVA	ORACIÓN RECÍPROCA
Se apoya a <u>las mujeres</u>.	<u>Aquellas mujeres</u> **se** apoyan unas a otras.
OD	SUJETO
<u>Women</u> are supported.	*<u>Those women</u> support each other.*
SUJETO	SUJETO

Note que en los ejemplos anteriores **Kiko** y **las mujeres** tienen la función de objeto directo en la oración pasiva y la de sujeto en la oración reflexiva o recíproca. En inglés, sin embargo, *Kiko* y *women* tienen la función de sujeto en los tres casos.

PALABREO

Formas del presente de subjuntivo

A. Las terminaciones del presente de subjuntivo de los verbos terminados en **-ar** son las mismas (excepto la primera persona) que las que emplean los verbos terminados en **-er** en el presente de indicativo. Y viceversa, las terminaciones del presente de subjuntivo de los verbos terminados en **-er** e **-ir** son las que corresponden a los verbos terminados en **-ar** en el presente de indicativo (excepto la primera persona).

INDICATIVO						SUBJUNTIVO			
-ar		**-er**		**-ir**		**-ar**		**-er, -ir**	
-o	-amos	-o	-emos	-o	-imos	-e	-emos	-a	-amos
-as	-áis	-es	-éis	-es	-ís	-es	-éis	-as	-áis
-a	-an	-e	-en	-e	-en	-e	-en	-a	-an

B. Para recordar la vocal dominante de las terminaciones del presente de indicativo y del subjuntivo memorice el siguiente esquema.

INDICATIVO	SUBJUNTIVO
-a	-e
-e, -i	-a

	INDICATIVO		SUBJUNTIVO
-ar	compr**a**mos	→	compr**e**mos
-er, -ir	entend**e**mos, viv**i**mos	→	entend**a**mos, viv**a**mos

C. Los verbos terminados en **-ar** y en **-er** que tienen un cambio vocálico en la raíz (**o → ue, e → ie**) en el presente de indicativo lo tienen también en las mismas personas en el presente de subjuntivo, es decir, en todas las personas excepto **nosotros** y **vosotros.**

recordar	INDICATIVO		SUBJUNTIVO
o → ue	rec**ue**rdo	→	rec**ue**rde
o = o	rec**o**rdamos	→	rec**o**rdemos

entender	INDICATIVO		SUBJUNTIVO
e → ie	ent**ie**nde	→	ent**ie**nda
e = e	ent**e**ndéis	→	ent**e**ndáis

D. Los verbos terminados en **-ir** que tienen un cambio vocálico en la raíz (**o → ue, e → ie, e → i**) tienen otro cambio en la primera y segunda persona plural del subjuntivo: **o → u, e → i.**

dormir (morir...)

o → ue	**o → u**
d**ue**rma	d**u**rmamos
d**ue**rmas	d**u**rmáis
d**ue**rma	
d**ue**rman	

preferir (sentir)

e → ie	**e → i**
pref**ie**ra	pref**i**ramos
pref**ie**ras	pref**i**ráis
pref**ie**ra	
pref**ie**ran	

pedir (servir)

e → i	**e → i**
p**i**da	p**i**damos
p**i**das	p**i**dáis
p**i**da	
p**i**dan	

E. Los verbos que tienen la primera persona del presente de indicativo irregular utilizan esa raíz verbal en todas las formas del subjuntivo. (Vea el Repaso gramatical de la *Unidad I, Capítulo 1, páginas 11–12*.)

salir

PRESENTE DE INDICATIVO		PRESENTE DE SUBJUNTIVO	
salgo	salimos	**salg**a	**salg**amos
sales	salís	**salg**as	**salg**áis
sale	salen	**salg**a	**salg**an

F. Algunos verbos irregulares en el presente de subjuntivo son:

haber	**haya**	saber	**sepa**
dar	**dé**	ser	**sea**
ir	**vaya**	estar	**esté**

El subjuntivo con expresiones impersonales

A. En español la mayoría de las expresiones impersonales requieren el subjuntivo en la cláusula subordinada.

es (im)posible	**es fabuloso**	**conviene** *(it's better, advisable)*
es necesario	**es probable**	**basta** *(it's enough)*
es bueno	**es raro**	**parece** + adjetivo
es natural	**es justo** *(it's fair)*	

Es posible que yo **tenga** que ir de viaje el mes que viene.
It's possible that I have to take a trip next month.

Parece increíble que todavía **estés** enferma.
It seems unbelievable that you are still sick.

B. Las expresiones siguientes, sin embargo, usan el indicativo en la cláusula subordinada, ya que expresan certeza.

es cierto	**es verdad**	**es seguro**	**no hay duda (de) que***
es obvio	**es evidente**	**está claro**	

Es verdad que **hay** expresiones intraducibles.
It's true that there are untranslatable expressions.

Cuando las expresiones anteriores (excepto **no hay duda (de) que**) se usan en oraciones negativas, requieren el subjuntivo en la cláusula subordinada, ya que niegan la certeza.

No es verdad que el piloto **pueda** venir temprano.
It's not true that the pilot can come early.

No hay duda (de) que no sigue esta segunda regla: es una expresión negativa con la cual sí se utiliza el indicativo.

No hay duda (de) que no **saldremos** de aquí a tiempo.
There is no doubt that we will not leave from here on time.

C. Para usar una cláusula de subjuntivo con las expresiones impersonales es necesario que el sujeto de la oración subordinada sea distinto del de la principal. Si no hay cambio de sujeto, se emplea el infinitivo. Compare:

Es necesario **cambiar** la imagen simplista de los hispanos. (observación general)
It's necessary to change the simplistic image of Hispanics.

Es necesario que **cambiemos** la imagen simplista de los hispanos. (sugerencia personalizada y específica)
It's necessary for us to change the simplistic image of Hispanics.

En cambio, con las expresiones que usan el indicativo (sección B) no se usa el infinitivo detrás nunca, haya cambio de sujeto o no.

El subjuntivo con expresiones de duda o negación

A. Con verbos o expresiones que indican duda o negación se emplea en español el subjuntivo en la cláusula subordinada. Algunos de estos verbos y expresiones son:

negar	**dudar**	**es dudoso**
no creer	**no es seguro**	**no estar seguro (de)** (sujeto animado)

Dudo que **nieve** este fin de semana.   *I doubt it will snow this weekend.*

No creo que **haga falta** llevar abrigo al paseo.   *I don't think it's necessary to take a coat on the walk.*

B. Cuando se usan en oraciones que no indican duda ni negación, las expresiones anteriores requieren el indicativo en la cláusula subordinada.

no negar	**no dudar**	**no hay duda (de)**
creer	**es seguro**	**estar seguro (de)**

No hay duda (de) que Martín lo **sabe,** pero no quiere decírnoslo.
There is no doubt that Martin knows it, but he doesn't want to tell us.

Los posesivos

A. Los adjetivos y los pronombres posesivos son los siguientes:

ADJETIVOS		ADJETIVOS/PRONOMBRES	
mi(s)	*my*	mío(s)/a(s)	*my / mine*
tu(s)	*your*	tuyo(s)/a(s)	*your / yours*
su(s)	*his, her, your, its*	suyo(s)/a(s)	*his, her, your, its/ his, hers, yours, its*
nuestro(s)/a(s)	*our*	nuestro(s)/a(s)	*our / ours*
vuestro(s)/a(s)	*your*	vuestro(s)/a(s)	*your / yours*
su(s)	*their, your*	suyo(s)/a(s)	*their, your / theirs, yours*

B. La forma breve de los adjetivos posesivos (**mi, tu...**) se usa delante del sustantivo y la forma larga (**mío, tuyo...**), detrás. Solamente las formas de la columna de la derecha pueden sustituir al sustantivo y en ese caso funcionan como pronombres, pero necesitan el artículo definido.

ADJETIVO	ADJETIVO		PRONOMBRE
mi rancho *(my)*	el rancho mío *(my)*	→	el mío *(mine)*
tus hijas *(your)*	las hijas tuyas *(your)*	→	las tuyas *(yours)*

Nuestro rancho está en el sur y el tuyo, María Elena, en el norte.
Our ranch is in the south and yours, María Elena, in the north.

C. En español los posesivos concuerdan en género y en número con el objeto poseído y **no** con la persona que lo posee, como ocurre en inglés.

el cuarto de Patricia	→	su cuarto o el cuarto suyo	*her room*
las camisas de César	→	sus camisas o las camisas suyas	*his shirts*

D. Como los posesivos **su** y **suyo(s)/a(s)** pueden resultar ambiguos, se sustituyen a veces por la expresión **de + él, ella,** etc.

sus ideas/las ideas suyas { las ideas de él/ellos
de ella/ellas
de Ud./Uds.

Señor Márquez, no estamos de acuerdo con las ideas suyas (de Ud.).
Mr. Márquez, we don't agree with your ideas.

E. En español el posesivo **no** se utiliza tan frecuentemente como en inglés. Por ejemplo, no se emplean posesivos con partes del cuerpo ni con la ropa.

> Los dos **se** pusieron **la** gabardina y **el** sombrero antes de salir.
> *Both of them put on their raincoats and hats before going out.*

Observe en el ejemplo anterior que en español no se emplea ni el posesivo ni el plural. En plural —Se pusieron **las** gabardinas y **los** sombreros— significaría que cada persona se puso más de una gabardina y más de un sombrero.

Capítulo 6

En familia

LA COCINA DE ZUMBAGUA

El subjuntivo con verbos de deseo y emoción

A. Se usa el subjuntivo en la cláusula subordinada con verbos que expresan deseo y emoción. Algunos de estos verbos son:

alegrarse de *(to be glad)*	**lamentar** *(to regret)*
desear *(to wish)*	**molestar** *(to bother)*
esperar *(to hope)*	**sentir** *(to regret)*
gustar	**sorprenderse de**
preferir	**temer** *(to be afraid)*
querer	**tener miedo de**

Raimundo, no **quiero** que **salgas** esta noche.
Raimundo, I do not want you to go out tonight.

Lamentamos que **estén** enojadas.
We are sorry they are angry.

Se alegran de que ya no **viajemos** tanto.
They are glad we no longer travel so much.

B. Cuando los dos verbos tienen el mismo sujeto gramatical, se omite la conjunción **que** y se pone el segundo verbo en infinitivo. Compare:

Yo **quiero ser** abogada. (el mismo sujeto: yo)
I want to be a lawyer.

Yo **quiero que** tú **seas** abogada. (dos sujetos diferentes: yo, tú)
I want you to be a lawyer.

En la segunda oración se usa el subjuntivo en la cláusula subordinada porque

1. hay dos sujetos diferentes (yo y tú)

2. el verbo **querer,** como expresa deseo, requiere el uso del subjuntivo.

Observe que para conectar las dos cláusulas es obligatorio el uso de **que.**

C. La expresión **ojalá (que),** aunque en español no es un verbo sino una exclamación, requiere **siempre** el uso del subjuntivo porque expresa **deseo.** Se traduce al inglés como *to wish* o *to hope.*

¡Ojalá (que) me saque a bailar!   *I hope he asks me to dance!*

Formas y usos del presente perfecto de subjuntivo

A. El presente perfecto de subjuntivo se forma con el presente de subjuntivo del verbo **haber** y el **participio pasado** del verbo correspondiente. El uso de este tiempo verbal corresponde a *have + past participle.*

llegar

que
haya llegado	hayamos llegado
hayas llegado	hayáis llegado
haya llegado	hayan llegado

B. Como los otros tiempos del subjuntivo, el presente perfecto (de subjuntivo) se utiliza en una cláusula subordinada cuando en la cláusula principal hay un verbo, conjunción o expresión que exige el uso del subjuntivo. Si no lo/la hay, se utiliza el presente perfecto de indicativo. Compare:

SUBJUNTIVO

<u>Es normal</u> que no te lo hayan dicho.
It's normal that they did not tell you.

<u>No creemos</u> que hayan estado en
   Chichén Itzá.
We don't believe they have been to
   Chichén Itzá.

INDICATIVO

<u>Es evidente</u> que no te lo han dicho.
It's evident that they did not tell you.

<u>Creemos</u> que ya han estado en
   Chichén Itzá.
We believe that they have already been to
   Chichén Itzá.

C. El presente perfecto de subjuntivo se usa para expresar una acción que ha ocurrido antes de la acción expresada por el verbo de la cláusula principal.

Me alegro de que **hayas sacado** buenas notas.
I am glad that you got good grades.

(El hecho de **sacar buenas notas** es anterior al acto de **alegrarse.**)

D. Recuerde que con los verbos de deseo y emoción se utiliza el infinitivo si no hay cambio de sujeto gramatical. Compare:

Nos alegramos de que Ud. **haya encontrado** la casa. (subjuntivo)
We are glad that you found the house.

Nos alegramos de haber encontrado la casa. (infinitivo)
We are glad to have found the house.

LA BRECHA

El imperativo

A. El imperativo es el modo verbal que se emplea para dar órdenes. Las formas verbales del imperativo también se llaman mandatos.

¡**Dame** un vaso de papel!   *Give me a paper cup!*

¡**Llámame** mañana!   *Call me tomorrow!*

B. Observe que las formas verbales son idénticas a las del subjuntivo, excepto las formas **afirmativas** de **tú** y **vosotros***. La forma de **yo** no existe por razones obvias.

MANDATOS AFIRMATIVOS		MANDATOS NEGATIVOS	
yo = (no existe)	nosotros/as = subjuntivo	yo = (no existe)	nosotros/as = subjuntivo
*tú = 3ª persona del presente de indicativo	*vosotros/as = raíz verbal + **-ad, -ed, -id**	tú = subjuntivo	vosotros/as = subjuntivo
Ud. = subjuntivo	Uds. = subjuntivo	Ud. = subjuntivo	Uds. = subjuntivo

AFIRMATIVOS		NEGATIVOS	
esperar			
_____	esperemos	_____	no esperemos
*espera	*esperad	no esperes	no esperéis
espere	esperen	no espere	no esperen
aprender			
_____	aprendamos	_____	no aprendamos
*aprende	*aprended	no aprendas	no aprendáis
aprenda	aprendan	no aprenda	no aprendan
escribir			
_____	escribamos	_____	no escribamos
*escribe	*escribid	no escribas	no escribáis
escriba	escriban	no escriba	no escriban

C. Los verbos que presentan un cambio vocálico en el presente de subjuntivo (página 42) lo mantienen en los mandatos en las mismas personas gramaticales.

AFIRMATIVOS		NEGATIVOS	
volver (o → ue)			
_____	volvamos	_____	no volvamos
*v**ue**lve	*volved	no v**ue**lvas	no volváis
v**ue**lva	v**ue**lvan	no v**ue**lva	no v**ue**lvan
mentir (e → ie, e → i)			
_____	mintamos	_____	no mintamos
*m**ie**nte	*mentid	no m**ie**ntas	no mintáis
m**ie**nta	m**ie**ntan	no m**ie**nta	no m**ie**ntan

D. Los verbos que tienen irregular la primera persona singular del indicativo mantienen la irregularidad en los mandatos, excepto **tú** y **vosotros** en los mandatos **afirmativos.**

AFIRMATIVOS		NEGATIVOS	
traer			
_____	tra**ig**amos	_____	no tra**ig**amos
*trae	*traed	no tra**ig**as	no tra**ig**áis
tra**ig**a	tra**ig**an	no tra**ig**a	no tra**ig**an

E. Los siguientes verbos tienen irregular la forma **tú** afirmativa del mandato.

decir	**di**	hacer	**haz**	ir	**ve**	ser	**sé**
salir	**sal**	tener	**ten**	poner	**pon**	venir	**ven**

F. El verbo **ir** tiene dos formas afirmativas aceptables para **nosotros: vamos** y **vayamos.** La única forma negativa es **no vayamos. Vamos a** + infinitivo equivale a la expresión del inglés _Let's_ + infinitivo y es otra forma de expresar el mandato afirmativo de la primera persona del plural.

> **Vamos a** jugar.   _Let's play._

G. Con los mandatos afirmativos los pronombres reflexivos y los de objeto directo e indirecto siempre se colocan detrás. Con los mandatos negativos los pronombres siempre se colocan delante.

Haz**lo.**	_Do it._	Levánte**se.**	_Get up._
No **lo** hagas.	_Don't do it._	No **se** levante.	_Don't get up._

Recuerde que con los mandatos afirmativos es necesario a veces el uso del acento gráfico. (Vea el Repaso gramatical, _Unidad II, Capítulo 4, página 36._)

H. La forma afirmativa de **nosotros** pierde la **-s** final cuando va seguida del pronombre **-nos** o **-se.**

volvamos + nos = **volvámonos**	digamos + se lo = **digámoselo**
Let's return.	_Let's tell it to her/him._

I. La forma afirmativa de **vosotros** pierde la **-d** cuando va seguida del pronombre **-os.** Esto ocurre sólo con los verbos reflexivos.

lavad + os = **lavaos**	vestid + os = **vestíos**	poned + os = **poneos**
Wash yourselves.	_Dress yourselves._	_Put it on._

J. En los letreros públicos suelen utilizarse infinitivos como mandatos.

no fumar	_no smoking_	**jalar/tirar**	_pull_
no pisar	_no stepping_	**empujar**	_push_

Ser, estar y haber (segundo repaso)

Vea el Repaso gramatical de la _Unidad I, Capítulo 1, páginas 8–10._

LOS DERECHOS HUMANOS Y LA CULTURA DEL TERROR

Para y *por*

I. Para

A. Se usa al referirse a cualquier tipo de destino o destinatario específico.

1. Lugar geográfico

    El sábado salimos **para** Chile.

2. Uso

    pastillas **para** el reumatismo

    champú **para** el pelo graso

    crema **para** el calzado

3. Personas o cosas

    La carta es **para** Raúl.

    Mi hija ha trabajado mucho tiempo **para** esa empresa de transportes.

4. Fecha u hora

    Tenemos que entregar el informe **para** mañana.

B. *In order to* + infinitive

Federico se ha hecho la cirugía estética **para** parecer más joven.

C. *In comparison with, considering that*

Para ser tan pobre, has viajado muchísimo.

D. *In the opinion of, according to*

Para mí, Joaquín no es feliz.

E. Expresiones con **para:**

estar para + inf.	*to be about to*
para siempre	*forever*
no ser para tanto	*not to be so bad*

II. Por

A. Expresa causa o motivo, *because of, due to*

No pudimos ir a la inauguración **por** la lluvia.

B. *On behalf of, for the sake of*

Siempre hemos luchado **por** nuestros derechos.

C. En lugar de

Mi hermano Pepe está enfermo y yo voy a trabajar **por** él.

D. *Per*

    Raimundo los apoya cien **por** cien(to).

E. A cambio de

    Le compré este reloj a Jaime **por** doscientos dólares.

F. *Around, through, along* o *by* refiriéndose a lugares

    Paseamos **por** la playa todos los días.

G. La duración de una acción

    Nos quedamos en Quito **por** dos semanas.

    ¡Ojo! En el lenguaje hablado se prefiere no usar ninguna preposición o emplear **durante**.

    Nos quedamos en Quito (**durante**) dos semanas.

H. El medio o modo, *via*

    Hagan el favor de mandarme el contrato **por** fax.

I. En busca de

    Han ido al mercado **por** pan.

J. **Por** introduce el agente de la voz pasiva con **ser:**

    Fuimos recibidos en el hotel **por** el guía turístico.

K. Expresiones con **por:**

por favor	*please*
por Dios	*for heaven's sake*
estar por + inf.	*to be in favor of, be inclined/tempted to*
por eso	*for that reason*
por fin	*finally*
por la mañana, tarde, noche	*in the morning, afternoon, evening* (cuando no se refiere a una hora fija)

L. Recuerde que <u>no</u> se usa **por** con **buscar, pedir** ni **esperar.**

El subjuntivo: conjunciones de propósito, excepción y condición

Después de las conjunciones que indican **propósito, excepción, condición** se emplea **siempre** el subjuntivo.

PROPÓSITO + SUBJUNTIVO	EXCEPCIÓN + SUBJUNTIVO	CONDICIÓN + SUBJUNTIVO
para que *in order that*	salvo que *unless*	a condición (de) que *on the condition that*
a fin de que *in order that*	a no ser que *unless*	con tal (de) que *provided that*
de modo/manera que *so that*	a menos que *unless*	en caso de que *in case*
		siempre que* *as long as*
		sin que *without*

---

*¡Ojo! Siempre que también significa whenever en español y en este caso sigue las reglas de las conjunciones adverbiales de tiempo. (Vea el Repaso gramatical, Unidad IV, Capítulo 10, página 74.)

Te mando este ramo de rosas **para que** no me olvides.

I am sending you this bouquet of roses so that you will not forget me.

Saldremos a las cuatro de la madrugada **a menos que** nos quedemos dormidas.

We will leave at 4 in the morning unless we fall asleep.

Está dispuesto a trabajar **sin que** le paguen.

He is willing to work without being paid (their paying him).

Patria/Nación: Acercamientos

Capítulo 7 Geografía e historia

PRÁCTICA ESCRITA página 174

FIERA PATRIA

Las cláusulas de relativo: restrictivas y no restrictivas

Al igual que en inglés, en español existen dos tipos de cláusulas de relativo: restrictivas y no restrictivas.

A. Las cláusulas restrictivas no van separadas por comas.

Las secretarias que eran eficientes recibieron un aumento de sueldo.
The secretaries who were efficient received a pay raise.

Esta oración indica que sólo las secretarias eficientes recibieron un aumento, las otras secretarias no. La cláusula de relativo es restrictiva porque limita el significado del antecedente "secretarias".

B. Las cláusulas no restrictivas van entre comas.

Las secretarias, quienes eran eficientes, recibieron un aumento de sueldo.
The secretaries, who were efficient, received a pay raise.

La oración indica que todas las secretarias eran eficientes y, por tanto, todas recibieron un aumento. La cláusula de relativo no es restrictiva; expresa una cualidad o condición del antecedente "secretarias", pero no lo limita.

A

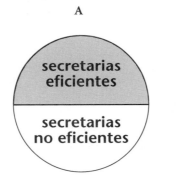

secretarias eficientes

secretarias no eficientes

B

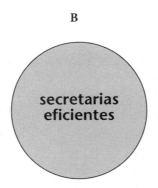

secretarias eficientes

Los relativos

que	SIGNIFICADO:	*who, whom, what, which, that*
	ANTECEDENTE:	persona o cosa
	EJEMPLOS:	

La chica **que** contesta el teléfono en la oficina es nueva.
The girl who answers the telephone in the office is new.

Los informes **que** hay que presentar mañana son responsabilidad tuya.
The reports that have to be presented tomorrow are your responsibility.

quien

SIGNIFICADO: *who, whom*

ANTECEDENTE: persona

EJEMPLOS:

Juan Manuel, **quien** sufre de migrañas, está hospitalizado.*
Juan Manuel, who suffers from migraines, is hospitalized.

Los chicos a **quienes** ofrecieron el trabajo son de Uruguay.
The guys to whom they offered the job are from Uruguay.

La mujer con **quien** cené anoche es mi jefa.
The woman with whom I ate dinner last night is my boss.

USO: Se emplea después de una preposición y en las cláusulas no restrictivas (entre comas). En la lengua hablada se prefiere usar **que** en este último caso.

EJEMPLO:

Juan Manuel, **que** sufre de migrañas, está hospitalizado.

---

el que
los que
la que
las que

SIGNIFICADO: *who, whom, which, the one who, that*

ANTECEDENTE: persona o cosa

EJEMPLOS:

Las abogadas por las que preguntó no vivían aquí.
The lawyers about whom she asked were not living here.

El periódico para el que trabaja es excelente.
The newspaper for which he works is excellent.

USO: Se utilizan después de una preposición, especialmente **por, para, sin.**

El que/la que significa también *the one who* y **los/las que,** *those/the ones who.*

EJEMPLOS:

El nuevo secretario fue el que llegó primero esta mañana.
The new secretary was the one who arrived first this morning.

Entre los que solicitan el puesto, los que más oportunidad tienen son los más jóvenes.
Among those who are applying for the job, the ones who have the best opportunity are the youngest ones.

Ese es el mismo significado que tiene en las cláusulas no restrictivas.

Mis tías, **las que** viven en Guadalupe, todavía no me conocen.
My aunts, those who live in Guadalupe, don't know me yet.
   (Tengo otras tías, pero no viven allí.)

El significado de esta oración sería diferente si empleáramos **quienes** o **las cuales.**

Mis tías, **quienes (las cuales)** viven en Guadalupe, todavía no conocen a mi esposo.
   (Todas mis tías viven allí.)
My aunts, who live in Guadalupe, don't know my husband yet.

---

el cual
los cuales
la cual
las cuales

SIGNIFICADO: *who, whom, which*

ANTECEDENTE: cosa o persona

EJEMPLOS:

El hijo de mi vecina, el cual ha terminado la carrera de arquitectura, todavía no ha encontrado trabajo.
My neighbor's son, who has finished his architecture degree, still hasn't found a job.

El hijo de mi vecina, la cual mantiene a toda la familia, todavía no ha encontrado trabajo.
The son of my neighbor, who supports her whole family, still hasn't found a job.

uso: Se emplean cuando hay dos antecedentes posibles, uno masculino y el otro femenino o uno singular y el otro plural, para eliminar la ambigüedad.

El cual y sus variantes son obligatorios después de una preposición de más de dos sílabas o de una preposición compuesta.

EJEMPLO:

La iglesia delante de **la cual** me ves en esta foto es del siglo XV.
The church in front of which you see me in this photo dates from the fifteenth century.

---

lo cual

lo que

SIGNIFICADO: *which*

ANTECEDENTE: idea expresada por la oración anterior o parte de ella

EJEMPLOS:

Nunca llega a tiempo, **lo cual (lo que)** no soporto.
He never arrives on time, which I cannot tolerate.

Esos dos faltan mucho a clase, **lo cual (lo que)** es desastroso.
Those two (students) miss class a lot, which is disastrous.

uso: Lo cual/lo que se refieren al hecho de "nunca llegar a tiempo" y "faltar mucho a clase", y no a un sustantivo específico como en los ejemplos anteriores. Los dos relativos son intercambiables.

Lo que también significa *what* y con este significado "no" es intercambiable con **lo cual.** (Vea el Repaso gramatical de la *Unidad IV, Capítulo 10, página 72.*)

EJEMPLO:

Su actitud es lo que más me molesta.
His attitude is what bothers me most.

---

cuyo

cuyos

cuya

cuyas

SIGNIFICADO: *whose*

ANTECEDENTE: persona o cosa

EJEMPLOS:

Ese señor alto, **cuya** hija está en Yale, es banquero.
That tall man, whose daughter is at Yale, is a banker.

La pintora **cuyos** cuadros son abstractos ha expuesto su obra en galerías de arte bastante prestigiosas.
The artist whose paintings are abstract has shown her work in rather prestigious art galleries.

Don Quijote vivía en un lugar de La Mancha de **cuyo** nombre no me acuerdo ahora.
Don Quixote lived in a place in La Mancha whose name I don't recall right now.

uso: Las cuatro formas concuerdan en género y número con el sustantivo al que acompañan y no con el antecedente. Funcionan como adjetivos.

Whose es también un pronombre interrogativo. Se traduce al español como **de quién.** (Vea el Repaso gramatical de la *Unidad IV, Capítulo 10, página 72.*)

EJEMPLO:

¿De quién son esos geranios tan lindos?
Whose are those beautiful geraniums?

¡Ojo! Como puede comprobar en los ejemplos anteriores, en español

1. nunca se puede omitir el relativo;

2. ni tampoco se puede separar el relativo de la preposición que lo acompaña. La preposición hay que colocarla delante del pronombre relativo;

3. el sujeto normalmente aparece detrás del verbo en las cláusulas de relativo.

LOS RELATIVOS

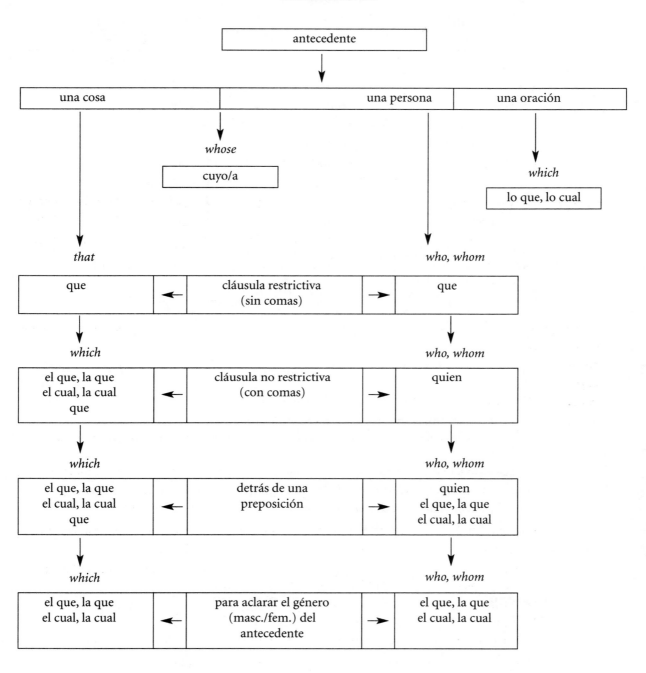

TRES HÉROES

Formas y usos del imperfecto de subjuntivo

A. El imperfecto de subjuntivo se forma con la tercera persona plural del pretérito, eliminando **-on** y añadiendo las terminaciones siguientes: **-a, -as, -a, -amos, -ais, -an.**

PRETÉRITO DE INDICATIVO		IMPERFECTO DE SUBJUNTIVO
encontraron	→	que yo encontrara
conocieron	→	que tú conocieras
salieron	→	que ella saliera

	encontrar		**conocer**		**salir**
	encontrara		conociera		saliera
	encontraras		conocieras		salieras
que	encontrara	que	conociera	que	saliera
	encontráramos		conociéramos		saliéramos
	encontrarais		conocierais		salierais
	encontraran		conocieran		salieran

B. Recuerde que algunos verbos tienen formas irregulares en el pretérito. (Vea el *Repaso gramatical* de la *Unidad I, Capítulo 2, páginas 22–24.*) Estas irregularidades siempre se mantienen en el imperfecto de subjuntivo. Algunos ejemplos son:

	PRETÉRITO		IMPERFECTO DE SUBJUNTIVO
dar	ellos dieron	→	que yo diera
poner	ellos pusieron	→	que yo pusiera
decir	ellos dijeron	→	que yo dijera
venir	ellos vinieron	→	que yo viniera

C. El imperfecto de subjuntivo se usa en la cláusula subordinada cuando el verbo de la cláusula principal está en el pasado y requiere el uso del subjuntivo; es decir, cuando el verbo expresa duda, negación, emoción, deseo, etc.

> **Negó** que **estuviera** descontento con los resultados.
> *He denied he was dissatisfied with the results.*
>
> La psicóloga **quería que** yo le **contara** mis sueños.
> *The psychologist wanted me to recount my dreams to her.*

D. La correspondencia temporal entre la cláusula principal y la subordinada es la siguiente.

TIEMPOS DEL PASADO

INDICATIVO	SUBJUNTIVO
imperfecto (-ía, -aba)	imperfecto
pretérito (-é, -í)	imperfecto
pluscuamperfecto (había + part. pasado)	imperfecto
condicional (-ría)	imperfecto
condicional perfecto (habría + part. pasado)	imperfecto

¡Ojo! En ocasiones, y de acuerdo con el significado de la oración, se puede usar el imperfecto de subjuntivo cuando el verbo principal está en presente. Este uso es muy limitado.

> **Dudo** mucho que lo **encontraran** ayer.
> *I really doubt that they found it yesterday.*

Los verbos de comunicación con el indicativo y el subjuntivo

A. Los verbos de comunicación (**decir, escribir, indicar, repetir...**) cuando <u>transmiten</u> <u>información</u> requieren el indicativo en la cláusula subordinada.

> Dile que **nos reuniremos** a las seis de la tarde.
>
> *Tell him that we are going to meet at 6:00 pm.*

B. Con los mismos verbos se emplea el subjuntivo en la cláusula subordinada cuando sirven para <u>ordenar</u> <u>algo a alguien</u>. En este caso la oración es un mandato indirecto.

> **Dile** que **se reúna** con nosotras a las seis de la tarde.
>
> *Tell him to meet us at 6:00 pm.*

C. Observe que en inglés el verbo *to tell* va seguido de un verbo conjugado cuando transmite información, pero le sigue un infinitivo cuando expresa una orden.

	ESPAÑOL	INGLÉS
informar	decir + indicativo	*to tell or say* + *(that)* + *conjugated verb*
ordenar	decir + subjuntivo	*to tell* + *infinitive*

LA MALINCHE

El subjuntivo con verbos de petición y mandato

Se usa el subjuntivo en la cláusula subordinada si la cláusula principal contiene un verbo de petición o mandato y cada cláusula tiene un sujeto diferente. Algunos de estos verbos son:

aconsejar *(to advise)*	**ordenar** *(to order)*
exigir *(to demand)*	**pedir** *(to ask someone to)*
impedir *(to prevent)*	**prohibir** *(to forbid)*
insistir en *(to insist)*	**recomendar** *(to recommend)*
mandar *(to order)*	**rogar** *(to beg)*

El jefe le **ha ordenado** a Diamela **que prepare** el informe anual.
The boss has ordered Diamela to prepare the annual report.

No le **permitirán** a su hija **que viva** allí.
They will not allow their daughter to live there.

Me **pidieron que apagara** el cigarrillo.
They asked me to put out my cigarette.

Incluso con cambio de sujeto algunos de estos verbos (**prohibir** y **permitir**) admiten el uso del infinitivo. Esto ocurre sobre todo en la lengua hablada y en los titulares *(headlines)* de los periódicos. Observe:

Aquí nos **prohíben fumar.**
They forbid smoking here.

Ciudadanos **piden investigar** la cesión de tierras estatales a una sociedad privada.
Citizens demand investigation of the transfer of state lands to a private corporation.

Las acciones recíprocas

A. Los pronombres recíprocos coinciden con los pronombres reflexivos plurales: **nos, os, se.** Mientras que en una oración recíproca el sujeto realiza la acción para otra persona y viceversa, en una oración reflexiva el mismo sujeto realiza la acción y la recibe. Observe el dibujo siguiente y los ejemplos.

Se vieron en la calle por casualidad.

RECÍPROCA	**REFLEXIVA**
Nos vimos en la calle.	Nos vimos en el espejo.
We saw each other in the street.	*We saw ourselves in the mirror.*

B. El sujeto y el verbo de una oración recíproca están siempre en plural. (Obviamente se necesitan dos personas, por lo menos, para que una acción sea recíproca.) En inglés se expresa con *each other*.

Nuestros padres **se conocieron** durante la Revolución Cubana.
Our parents met (each other) during the Cuban Revolution.

C. A veces se añade a la oración recíproca una de las siguientes expresiones para enfatizar, aclarar o eliminar una ambigüedad.

(el) uno a(l) otro	(los) unos a (los) otros
(la) una a (la) otra	(las) unas a (las) otras
(el) uno a (la) otra	(los) unos a (las) otras

Mis primos se veían **los unos a los otros** todos los fines de semana.
My cousins used to see each other every weekend.

Fernando y Albertina se detestaban **el uno a la otra** con pasión.
Fernando and Albertina hated each other with a passion.

D. La expresión **el uno al otro** y sus variantes sirven para diferenciar una acción recíproca de otra reflexiva.

RECÍPROCA	REFLEXIVA
Os engañáis el uno al otro.	Os engañáis a vosotros mismos.
You are deceiving each other.	*You are deceiving yourselves.*
Se peinaron unas a otras.	Se peinaron a sí mismas.
They combed each other's hair.	*They combed their (own) hair.*

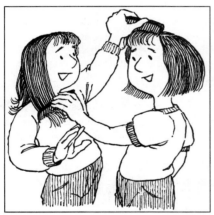

RECÍPROCA

REFLEXIVA

E. La expresión **el uno al otro** indica reciprocidad aunque no haya ningún pronombre recíproco presente.

Cooperaremos las unas con las otras.
We will cooperate with each other.

Salían el uno con la otra a menudo.
They used to go out with each other often.

Note que la preposición **a** de **el uno al otro** debe sustituirse por la preposición que corresponda al verbo de la oración o a la idea que se exprese.

Se casaron **el uno con la otra** tres veces.	(casarse con)
Nos hemos enamorado **uno del otro**.	(enamorarse de)
No os vais a sentar **unos junto a otros.**	(sentarse junto a)

Capítulo 8

Represiones: Denuncias y resistencias

El subjuntivo en cláusulas adjetivales

A. Las cláusulas adjetivales son cláusulas de relativo: van detrás de un sustantivo y precedidas de un relativo (**que, quien, cuyo...**).

> La casa **que** <u>alquilamos</u> tenía una piscina enorme.
>
> *The house <u>that we rented</u> had a huge swimming pool.*

Recuerde que si es necesario el uso de una preposición, ésta debe ir delante del relativo.

> La casa **en la que** <u>vivíamos antes</u> tenía una piscina enorme.
>
> *The house <u>in which we lived before</u> had a huge swimming pool.*

B. Se llaman cláusulas adjetivales a estas cláusulas de relativo porque tienen la misma función que un adjetivo. Compare las oraciones siguientes.

> Timerman estuvo encerrado en una cárcel { clandestina.
>   { que era clandestina.

Clandestina (adjetivo) y **que era clandestina** (cláusula adjetival) tienen la misma función con respecto al sustantivo "cárcel": lo describen o restringen.

C. El verbo de la cláusula adjetival va en indicativo cuando el sustantivo al cual se refiere (esto es, su antecedente) existe, y se usa el subjuntivo cuando no existe o se duda de su existencia.

> Conocí a alguien que **había estado** en una cárcel clandestina.
> *I met someone who had been in an underground/clandestine prison.*

> En mi país no hay cárceles que **sean** clandestinas.
> *In my country there are no underground/clandestine prisons.*

D. Para determinar si el antecedente de una cláusula adjetival existe o no, se debe leer cuidadosamente la cláusula principal. En general, verbos como **encontrar**, **tener**, **conocer** y **haber** implican su existencia y, por eso, requieren el indicativo.

> **Tenemos** un amigo que **ha pasado** dos años en Tegucigalpa.
> *We have a friend who has spent two years in Tegucigalpa.*

Con los verbos como **buscar**, **necesitar**, **no tener**, **no conocer** y **no haber** se emplea el subjuntivo porque no implican que el antecedente exista.

> **No tenemos** ningún amigo que **haya pasado** dos años en Tegucigalpa.
> *We don't have any friends who have spent two years in Tegucigalpa.*

No obstante, si los primeros verbos aparecen en una pregunta o en una oración negativa, se suele usar el subjuntivo.

> ¿**Tienen** Uds. algún amigo que **haya estado** en Tegucigalpa?
> *Do you have a friend who has been in Tegucigalpa?*

E. La presencia de un artículo definido, un adjetivo posesivo o demostrativo delante del antecedente sugiere normalmente que existe, mientras que la presencia de un artículo o pronombre indefinido implica que no existe.

No conozco a <u>la</u> mujer con quien **está hablando** Alberto.
I don't know the woman with whom Alberto is talking.
No les gustaban <u>los</u> hombres que **bebían** demasiado.
They didn't like men who drunk too much.
Buscaba a <u>alguien</u> que **comprendiera** la química orgánica.
He was looking for someone who understood organic chemistry.

Observe que en todos los ejemplos anteriores lo que une la cláusula principal con la cláusula adjetival es un relativo: **quien, que...**

El imperfecto de subjuntivo en *-se*

El imperfecto de subjuntivo tiene dos terminaciones en español: **-ra** y **-se**. Aunque la primera (**-ra**) es la más frecuente, también se utiliza la segunda (**-se**). La terminación en **-se** también se añade a la tercera persona plural del pretérito eliminando **-ron.** Las terminaciones son: **-se, -ses, -se, -semos, -seis, -sen.**

traicionar	**deber**	**subir**
traiciona**se**	debie**se**	subie**se**
traiciona**ses**	debie**ses**	subie**ses**
traiciona**se**	debie**se**	subie**se**
traiciona**semos**	debié**semos**	subié**semos**
traiciona**seis**	debie**seis**	subie**seis**
traiciona**sen**	debie**sen**	subie**sen**

EPIGRAMA

Palabras afirmativas y negativas (segundo repaso)

Vea el Repaso gramatical de la *Unidad I, Capítulo 2, páginas 20–21.*

Los pronombres de objeto directo e indirecto, it, *lo* (segundo repaso)

Vea el Repaso gramatical de la *Unidad II, Capítulo 4, páginas 34–36.*

Usos del futuro y del condicional (segundo repaso)

Vea el Repaso gramatical de la *Unidad I, Capítulo 3, páginas 26–29.*

UN DÍA EN LA VIDA

Los tiempos progresivos

A. Con **estar** + el gerundio se forman los tiempos progresivos. La forma progresiva puede ocurrir en cualquier tiempo y modo. (Para la formación del gerundio, vea los Preliminares del Repaso gramatical, página 7.)

INDICATIVO

presente: **Estoy empezando** a comprender.
I am beginning to understand.

imperfecto: **Nos estábamos divirtiendo** mucho.
We were enjoying ourselves a lot.

pretérito: **Estuvo trabajando** hasta la medianoche.
He/She was working until midnight.

futuro: La charla las **estará aburriendo.**
The talk is probably boring them.

condicional: **Estaríais escuchando** tras la puerta.
You were probably listening behind the door.

presente perfecto: **Hemos estado esperándola** toda la tarde.
We have been waiting for her all afternoon.

pluscuamperfecto: **Habíamos estado preocupándonos** sin razón.
We had been worrying unnecessarily.

futuro perfecto: **Habrá estado escribiendo** un poema.
He/She has probably been writing a poem.

condicional perfecto: **Habría estado reclamando** sus derechos.
He/She had probably been demanding his/her rights.

SUBJUNTIVO

presente: ¡Ojalá que Ana María **esté pensando** en mí!
I hope that Ana María is thinking about me.

imperfecto: Si **estuvierais estudiando** en casa, os encontraríais más cómodas.
If you were studying at home, you would be more comfortable.

presente perfecto: Siento que **hayas estado esperando** tanto rato.
I am sorry that you have been waiting for so long.

pluscuamperfecto: No creía que Ignacio nos **hubiera estado vigilando.**
I did not believe that Ignacio had been watching us.

B. También se usa el gerundio después de **seguir, continuar, andar, ir** y **venir.**

Virtudes **siguió estudiando.**	*Virtudes kept on studying.*
Continuaremos pintando.	*We will continue painting.*
Andabas investigando no sé qué.	*You went around investigating I don't know what.*
Voy sobreviviendo.	*I go on surviving.*

Unidad III • Capítulo 8
REPASO GRAMATICAL

C. En español la forma progresiva no se utiliza con los verbos **llevar, tener, saber, ir** y **venir.**

Paulina **llevaba** un sombrero verde. → *Paulina was wearing a green hat.*

Rogelio **tenía** una aventura amorosa. → *Rogelio was having a love affair.*

¡Ya **voy**! → *I am coming!*

D. En español, a diferencia del inglés, el presente progresivo no se usa nunca para expresar una acción futura. Se emplea el futuro o **ir** + **a** + infinitivo.

Estamos cenando con unos amigos.
We are having dinner with some friends (now).

Vamos a cenar con unos amigos mañana por la noche.
We are having dinner with some friends tomorrow night.

Gustar y verbos afines (segundo repaso)

Vea el Repaso gramatical de la *Unidad I, Capítulo 1, páginas 12–13.*

Capítulo 9

Tomar las armas

LA LUCHA ARMADA DE ETA

El pluscuamperfecto de subjuntivo

A. El pluscuamperfecto de subjuntivo se forma con el imperfecto de subjuntivo del verbo **haber** + el participio pasado.

descubrir

hubiera descubierto	hubiéramos descubierto
hubieras descubierto	hubierais descubierto
hubiera descubierto	hubieran descubierto

B. El pluscuamperfecto de subjuntivo se usa en la cláusula subordinada cuando a) el verbo de la cláusula principal expresa duda, emoción, deseo, petición o mandato, etc. y b) la acción expresada por este verbo es anterior a la expresada por el verbo de la cláusula principal.

No **estaba segura de** que ellos lo **hubieran hecho**.
I was not sure that they had made/done it.

Hortensia **lamentó** que le **hubieran negado** el aumento de sueldo a Carmen.
Hortensia was sorry that they had denied Carmen a pay raise.

Observe que el verbo de la cláusula principal está en un tiempo del pasado (imperfecto, pretérito). (Para la correspondencia temporal, vea el Repaso gramatical, *Unidad IV, Capítulo 12, páginas 84–85*.)

C. Con **Ojalá (que)** el pluscuamperfecto de subjuntivo indica una acción contraria a la realidad pasada, es decir, a lo que pasó.

¡Ojalá no hubieran derrotado a nuestro equipo! (Implica que **sí** lo derrotaron.)
I wished they had not defeated our team.

¡Ojalá nos hubieran servido camarones en la recepción! (Implica que **no** sirvieron camarones).
I wished they had served us shrimp at the reception.

Las oraciones condicionales

	TIEMPO VERBAL DE LA CLÁUSULA SUBORDINADA CON SI	TIEMPO VERBAL DE LA CLÁUSULA PRINCIPAL
INDICATIVO		
acciones presentes	PRESENTE **Si** no **tienes** prisa, *If you are not in a hurry,*	PRESENTE **podemos** tomarnos un café y hablar. *we can have a cup of coffee and talk.*
acciones habituales (**si** equivale a *whenever*)	PRESENTE **Si** no me **llevo** el paraguas, *If I do not take an umbrella with me,*	PRESENTE siempre **llueve.** *it always rains.*
acciones pasadas (**si** equivale a **cuando**)	PASADO **Si** no me **acababa** toda la comida, *If I did not finish all my food,*	PASADO mi madre **se enfadaba.** *my mother used to get angry.*
acciones futuras	PRESENTE **Si puedes,** *If you can,* **Si** el prisionero **puede,** *If the prisoner can,*	MANDATO O FUTURO **escápate.** *escape.* **se escapará.** *he will escape.*
SUBJUNTIVO		
acciones improbables en el presente o en el futuro	IMPERFECTO **Si** el prisionero **pudiera,** *If the prisoner could,*	CONDICIONAL **se escaparía.** *he would escape.*
acciones contrarias a la realidad pasada, es decir, a lo que sucedió	PLUSCUAMPERFECTO **Si** el prisionero **hubiera podido,** *If the prisoner had been able (to),*	CONDICIONAL PERFECTO se **habría escapado.** *he would have escaped.*

A. En las oraciones condicionales no importa el orden de las cláusulas. La cláusula subordinada con **si** puede preceder a la cláusula principal o viceversa.

> El prisionero **se escaparía** si **pudiera.**
> *The prisoner would escape if he could.*

> Gloria **habría venido** si lo **hubiera sabido.**
> *Gloria would have come if she had known.*

Observe que, aunque el orden ha cambiado, la cláusula con **si** es la que lleva el subjuntivo. Recuerde esta regla mnemotécnica *(mnemonic)*: **sisu = si + subjuntivo.**

B. Observe que en ninguna de las cláusulas con **si** se usa el presente de subjuntivo. El único presente que puede ir detrás de **si** es el de indicativo.

> Si Ud. no **sabe** dónde está la sauna, se lo preguntaré a otra persona.

C. Detrás de la expresión **como si** *(as if)* sólo se pueden emplear el imperfecto o el pluscuamperfecto de subjuntivo porque estas oraciones presentan una situación contraria a la realidad.

> Ricardo la trata como si **fuera** su padre.
> *Ricardo treats her as if he were her father.*

> Elena siguió caminando como si no **me hubiera visto.**
> *Elena continued walking as if she had not seen me.*

Observe que se utiliza el imperfecto de subjuntivo cuando el verbo de la oración principal ("trata") está en presente y el pluscuamperfecto de subjuntivo cuando el verbo está en pasado ("siguió"). No obstante, es posible utilizar el verbo principal en el pasado y el imperfecto de subjuntivo después de **como si,** si el significado de la oración así lo requiere.

Ricardo la trataba como si fuera su padre.
Ricardo treated her as if he were her father.

Han tratado a los sospechosos como si fueran animales.
They have treated the suspects as if they were animals.

PRÁCTICA ESCRITA
página 206

La voz pasiva con ser (segundo repaso)

Vea el Repaso gramatical de la *Unidad II, Capítulo 5, página 39.*

Estar + participio pasado (segundo repaso)

Vea el Repaso gramatical de la *Unidad II, Capítulo 5, página 40.*

La voz pasiva con se (segundo repaso)

Vea el Repaso gramatical de la *Unidad II, Capítulo 5, páginas 40–41.*

Los números (segundo repaso)

Vea el Repaso gramatical de la *Unidad I, Capítulo 3, páginas 30–31.*

LA VUELTA A CASA

La posición de los adjetivos (segundo repaso)

Vea el Repaso gramatical de la *Unidad I, Capítulo 1, páginas 14–15.*

Las preposiciones (segundo repaso)

Vea los Preliminares del Repaso gramatical, páginas 3–4.

Los pronombres preposicionales (segundo repaso)

Vea los Preliminares del Repaso gramatical, páginas 4–5.

De acá para allá

Capítulo 10 *Lengua e identidad*

DIME CÓMO HABLAS Y TE DIRÉ DE DÓNDE ERES

PRÁCTICA ESCRITA
página 215

Los interrogativos

A. Los interrogativos se emplean en preguntas directas. Estas palabras van siempre acentuadas y son las siguientes.

qué	quién/es	cuál/es	cuánto/a/os/as
cómo	cuándo	por qué	dónde

B. Los interrogativos también aparecen en preguntas indirectas después de verbos como **saber, entender, preguntar** y **decir.**

> **Dime cómo** hablas y te diré de **dónde** eres.
> *Tell me how you speak and I will tell you where you are from.*
>
> Sabemos **quién** lo hizo.
> *We know who did it.*
>
> No entiendo **por qué** dijo eso Horacio.
> *I do not understand why Horacio said that.*

Tanto en las preguntas directas como en las indirectas la preposición se coloca delante del interrogativo y no al final de la oración como ocurre en el inglés coloquial.

> Dime **con** quién estabas. *Tell me whom you were with.*
>
> ¿**De** qué se quejan ahora? *What are they complaining about now?*

C. Observe la diferencia entre el adverbio interrogativo **por qué** *(why)*, compuesto de dos palabras, y la conjunción **porque** *(because)*, de sólo una palabra. El adverbio interrogativo lleva acento y la conjunción no.

> ¿**Por qué** llegas tan temprano a la oficina? **Porque** quiero encontrar un buen estacionamiento.

¡Ojo! La expresión *the reason why* se traduce al español como "la razón por la que/la cual." Se utiliza una preposición y un pronombre relativo en lugar del interrogativo **por qué.**

D. *What* se traduce como **qué**

1. en preguntas directas

> ¿**Qué** dijiste? *What did you say?*

2. en preguntas indirectas.

> Dime **qué** quieres hacer. *Tell me what you want to do.*

E. En cualquier otra circunstancia *what* se traduce al español como **lo que.**

> **Lo que** tienes que hacer es estudiar más. *What you need to do is study more.*
>
> Eso fue **lo que** él trajo. *That was what he brought.*

F. Cuál/Qué. Cuál se usa cuando hay que seleccionar entre dos cosas o más. El sustantivo al que se refiere ya se ha mencionado y, por lo tanto, se omite.

> Hoy ponen dos buenas películas en la televisión. **¿Cuál** (película) quieres ver tú?
>
> Alberto tiene tres hermanas. ¿A **cuál** (hermana) conoce Ud.?

Qué se usa cuando hay que definir un término.

> **¿Qué** es la amistad?　　　　　　　　　**¿Qué** significa "trampa"?

¡Ojo! En español, hablado y escrito, se prefiere el uso de **qué** con sustantivos aun cuando se expresa selección.

> **¿Qué** comida prefieres?　　　　　　　　**¿Qué** libro estás leyendo?

Los exclamativos

A. Los pronombres y adverbios exclamativos son iguales a los interrogativos. Lo que diferencia una oración exclamativa de una interrogativa es la entonación. Las interrogativas se terminan elevando la voz y las exclamativas, bajándola.

> **¡Quién** lo diría!　　　　　　　　　　　**¿Quién** lo diría?
>
> **¡Cuánto** cuesta!　　　　　　　　　　　**¿Cuánto** cuesta?
>
> **¡Cómo** le gustan las fresas!　　　　　　**¿Cómo** le gustan las fresas?

B. Las oraciones exclamativas con adjetivos y adverbios se forman según el modelo siguiente.

> **¡Qué** + adjetivo o adverbio (+ verbo + sujeto)!

> **¡Qué** listos (sois vosotros)!　　　　　　*How smart (you are)!*
>
> **¡Qué** bien (conoce Ud. la geografía de　　*How well (you know the geography of*
> 　su país)!　　　　　　　　　　　　　　　*your country)!*

Note que en estos casos **qué** se traduce al inglés como *how.*

C. Con los sustantivos hay dos tipos de estructuras posibles. Si la oración incluye solamente un sustantivo, la estructura es igual a la anterior. Note que en este caso **qué** se traduce al inglés como *what a(n).*

> **¡Qué** + sustantivo!

> **¡Qué** mujer!　　　　　　　　　　　　　*What a woman!*

Si el sustantivo va modificado por un adjetivo, entonces la estructura es la siguiente.

> **¡Qué** + sustantivo + **más (tan)** + adjetivo + (verbo + sujeto)!

> **¡Qué** revista **tan** escandalosa!　　　　*What a scandalous magazine!*
>
> **¡Qué** lugar **más** húmedo!　　　　　　　*What a humid place!*
>
> **¡Qué** acento **tan** musical (tiene Marisa)!　*What a musical accent (Marisa has)!*
>
> **¡Qué** dialecto **más** raro (habla Eloy)!　　*What an odd dialect (Eloy speaks)!*

La concordancia

Vea los Preliminares del Repaso gramatical, página 1.

CUENTO (EXTREMEÑO) DE NAVIDAD

El subjuntivo y el indicativo en cláusulas adverbiales de tiempo

A. Se emplea el subjuntivo en las cláusulas subordinadas con **cuando** si la acción expresada por el verbo de la cláusula principal no ha tenido lugar. Lógicamente los verbos que están en el tiempo futuro o son mandatos indican que la acción aún no se ha realizado.

CLÁUSULA SUBORDINADA	CLÁUSULA PRINCIPAL
Cuando tengan dieciocho años,	podrán votar.
When you are 18 years old,	*you will be able to vote.*

CLÁUSULA SUBORDINADA	CLÁUSULA PRINCIPAL
Cuando atravieses el bosque,	no te detengas a hablar con el lobo.
When you go through the forest,	*do not stop to talk to the wolf.*

B. Si el verbo de la oración principal está en un tiempo del pasado —lo cual significa que la acción ya ha tenido lugar— se usa el modo indicativo en las dos cláusulas.

CLÁUSULA SUBORDINADA	CLÁUSULA PRINCIPAL
Cuando escribió los poemas,	ya había salido de la cárcel.
When he wrote the poems,	*he had already gotten out of prison.*

C. También se usa el modo indicativo en las dos cláusulas si la acción es habitual. En este tipo de oración **cuando** equivale a *whenever*.

CLÁUSULA SUBORDINADA	CLÁUSULA PRINCIPAL
Cuando gana mi equipo,	me pongo muy contenta.
When (Whenever) my team wins,	*I become very happy.*

D. Otras conjunciones adverbiales que funcionan igual que **cuando** son:

después de que *(after)*	tan pronto como *(as soon as)*
hasta que *(until)*	en cuanto *(as soon as)*
mientras *(while)*	siempre que *(whenever)*

¡Ojo! Antes (de) que requiere <u>siempre</u> el uso del subjuntivo.

E. Observe que en los ejemplos anteriores la cláusula subordinada precede a la cláusula principal. Pero también es posible lo contrario.

CLÁUSULA SUBORDINADA	CLÁUSULA PRINCIPAL
Tan pronto como nos lo **permitan,**	**pensamos ir** a verlo.
As soon as they allow us,	*we intend to go to see him.*

CLÁUSULA PRINCIPAL	CLÁUSULA SUBORDINADA
Pensamos ir a verlo	tan pronto como nos lo **permitan.**
We intend to go to see him	*as soon as they allow us.*

El estilo indirecto

A. El estilo indirecto (*reported speech*) es la repetición de lo que otra persona ha dicho.

Estilo directo:	"Son las dos".
Estilo indirecto:	Dice que son las dos.

No sólo se usa el verbo **decir** en el estilo indirecto sino también otros verbos de comunicación como **indicar**, **repetir**, **explicar**, **expresar**, **comentar**, **manifestar**, **añadir**, etc.

B. Si lo que repetimos es algo que acabamos de oír o algo dicho en el pasado pero que nos parece que tiene validez todavía, utilizaremos los mismos tiempos verbales en el estilo indirecto que en el estilo directo, excepto si es un imperativo.

IMPERATIVO	→	PRESENTE DE SUBJUNTIVO
"Sal ahora mismo".		Te indica que salgas ahora mismo.

C. Si queremos reproducir lo que alguien dijo en el pasado, entonces hay que realizar los siguientes cambios verbales.

INDICATIVO	
PRESENTE O IMPERFECTO → **IMPERFECTO O PRETÉRITO**	
"La comida no **está** lista".	Dijo que la comida no **estaba** lista.
"The meal is not ready."	*She/He said that the meal was not ready.*
PRETÉRITO O PRESENTE PERFECTO O PLUSCUAMPERFECTO → **PLUSCUAMPERFECTO**	
"No **he comido** todavía".	Dijo que no **había comido** todavía.
"I have not eaten yet."	*She/He said that she/he had not eaten yet.*
FUTURO O CONDICIONAL → **CONDICIONAL**	
"La comida **estará** lista pronto".	Dijo que la comida **estaría** lista pronto.
"The meal will be ready soon."	*She/He said that the meal would be ready soon.*
FUTURO PERFECTO O CONDICIONAL PERFECTO → **CONDICIONAL PERFECTO**	
"Yo **habría pensado** lo mismo".	Dijo que el/ella **habría pensado** lo mismo.
"I would have thought the same."	*She/He said that she/he would have thought the same.*

SUBJUNTIVO	
PRESENTE O PRESENTE PERFECTO → **IMPERFECTO**	
"Espero que no **haya** más problemas".	Nos dijo que esperaba que no **hubiera** más problemas.
"I hope there will not be any more problems."	*She/he told us that she/he hoped there would not be any more problems.*
PRESENTE PERFECTO O PLUSCUAMPERFECTO → **PLUSCUAMPERFECTO**	
"Ojalá **hayan suspendido** la conferencia".	Me dijo que ojalá **hubieran suspendido** la conferencia.
"I hope the lecture has been canceled."	*She/he told me she/he hoped the lecture had been canceled.*
IMPERATIVO → **IMPERFECTO DE SUBJUNTIVO**	
"Siéntese".	La azafata le dijo que **se sentara.**
"Sit down."	*The flight attendant told her/him to sit down.*

EL SPANGLISH ENFRENTA A ACADÉMICOS Y LINGÜISTAS

Las expresiones de comparación (segundo repaso)

Vea el Repaso gramatical de la *Unidad I, Capítulo 1, páginas 15–16.*

El superlativo absoluto y relativo (segundo repaso)

Vea el Repaso gramatical de la *Unidad I, Capítulo 1, páginas 16–17.*

Los relativos (segundo repaso)

Vea el Repaso gramatical de la *Unidad III, Capítulo 7, páginas 54–57.*

Capítulo 11

Desarraigos

MUJER NEGRA

PRÁCTICA ESCRITA página 229

Repaso de los tiempos del subjuntivo con ojalá

Como ya sabe Ud., la expresión **ojalá (que)** requiere **siempre** el uso del subjuntivo porque expresa **deseo.** Observe el significado que tienen las oraciones siguientes con **ojalá** según los tiempos verbales (del subjuntivo) empleados.

presente de subjuntivo ¡**Ojalá (que)** nos toque la lotería! *We hope we'll win the lottery.*	El/La hablante expresa un deseo sobre algo que va a ocurrir en el futuro. Cree que es muy probable que ocurra lo que él/ella desea.
imperfecto de subjuntivo ¡**Ojalá (que)** nos tocara la lotería! *We wish we would win the lottery.*	El/La hablante expresa un deseo sobre algo que va a ocurrir en el futuro. Cree que es casi imposible que ocurra lo que él/ella desea.
¡**Ojalá** tuviera 18 años ahora! *I wish I were 18 years old now.*	El/La hablante desea algo en el presente que va en contra de la realidad.
presente perfecto de subjuntivo ¡**Ojalá (que)** les haya tocado la lotería! *We hope they have won the lottery.*	El/La hablante expresa un deseo acerca de algo que pasó recientemente pero cuyo resultado ignora.
pluscuamperfecto de subjuntivo ¡**Ojalá(que)** nos hubiera tocado la lotería! *We wish we had won the lottery.*	El/La hablante lamenta algo que ocurrió o no en el pasado y que no era lo que él/ella deseaba.

Los posesivos (segundo repaso)

Vea el Repaso gramatical de la *Unidad II, Capítulo 5, páginas 45–46.*

PRÁCTICA
ESCRITA
página 233

USTED ESTUVO EN SAN DIEGO

Usos del pretérito y del imperfecto (segundo repaso)

Vea el Repaso gramatical de la *Unidad I, Capítulo 2, páginas 24–25.*

Las expresiones temporales con hace (segundo repaso)

Vea el Repaso gramatical de la *Unidad II, Capítulo 4, páginas 32–33.*

LA VUELTA AL MUNDO EN LAVAPIÉS / MAMÁ

Las oraciones condicionales (segundo repaso)

Vea el Repaso gramatical de la *Unidad III, Capítulo 9, páginas 68–69.*

Para y *por* (segundo repaso)

Vea el Repaso gramatical de la *Unidad II, Capítulo 6, páginas 51–52.*

Capítulo 12

En primera persona

¡AY PAPI, NO SEAS COCA-COLERO!

PRÁCTICA ESCRITA
página 240

El imperativo (segundo repaso)

Vea el Repaso gramatical de la *Unidad II, Capítulo 6, páginas 49–50.*

El subjuntivo con verbos de deseo y emoción (segundo repaso)

Vea el Repaso gramatical de la *Unidad II, Capítulo 6, página 47.*

Resumen de los usos del infinitivo

A. En español, después de una preposición **siempre** se usa el infinitivo (nunca el gerundio).

ESPAÑOL	INGLÉS
Estoy cansada de esperar.	*I'm tired of waiting.*

Por esa razón, la expresión *(up)on + gerund* se traduce al español como **al** + infinitivo.

Al pensarlo bien, no creo que tengas razón.

On thinking about it carefully, I don't think that you are right.

B. Un infinitivo puede ser sujeto o complemento de una oración. Cuando funciona como sujeto se le puede anteponer el artículo **el.** El gerundio **no** es aceptable en español en este caso.

ESPAÑOL	INGLÉS
Salir de noche es peligroso.	*Going out at night is dangerous.*
El correr nos cansa mucho.	*Running tires us a lot.*
Lo peor es tener que soportar su mal humor.	*The worst thing is having to put up with his/her/your bad mood.*

C. Cuando hay dos verbos juntos en una oración, solamente se conjuga el primero. En general, el segundo verbo va en infinitivo.

¿Podemos irnos ya?	*Can we leave now?*

Poder, saber, querer, desear, lograr, preferir, merecer, decidir, soler, rehusar, deber, prometer y las expresiones **tener que, haber que** no requieren preposición entre el verbo conjugado y el infinitivo.

Quiero ver a mi hijo.	*I want to see my son.*
Tendremos que recoger los impresos mañana.	*We will have to pick up the forms tomorrow.*

Ir, venir, salir, llegar, acordarse, empezar, terminar, entre otros verbos, van seguidos de su preposición correspondiente cuando les sigue un infinitivo.

Al fin **se acordaron de traernos** los planos.   **acordarse de** + inf.
They finally remembered to bring us the plans.

Han salido a cenar y luego **irán a ver** una película.   **salir/ir a** + inf.
They have gone out to eat and then they will go to see a movie.

D. Recuerde que después de los verbos de deseo y emoción se usa el infinitivo cuando no hay cambio de sujeto gramatical. Si hay un cambio de sujeto, se emplea una cláusula subordinada de subjuntivo. Contraste:

No querían volver después de las tres.
They did not want to return after three.

No querían que volviéramos después de las tres.
They did not want us to return after three.

Resumen de los usos del gerundio

A. El gerundio se emplea con los verbos **estar, seguir, continuar, ir, venir** y **andar** para formar los tiempos progresivos. (Para la formación del gerundio, vea los Preliminares del Repaso gramatical, página 7. Para los tiempos progresivos, vea el Repaso gramatical de la *Unidad III, Capítulo 8, páginas 65–66.*)

> **Siguió estudiando** por la noche hasta que acabó la carrera.
> *He continued studying (taking courses) at night until he finished his degree.*

B. El gerundio puede acompañar a un verbo o a una cláusula para indicar cómo se realiza la acción. En este caso tiene una función adverbial. En inglés se expresa con *gerund, by* o *while + gerund.*

> **Jugando** entre las rocas encontraron una concha.
> *(While) Playing among the rocks they found a shell.*

> **Enfadándote,** no conseguirás nada.
> *By getting mad, you won't accomplish anything.*

Note en los ejemplos anteriores que en español el gerundio **no** va precedido de ninguna preposición.

C. En español, para describir la posición del cuerpo se usa el participio pasado: **sentado/a, parado/a, arrodillado/a.** Estas posiciones corporales son consideradas estados, no acciones. En cambio, en inglés se utiliza *sitting, standing, kneeling.*

> Melinda **está acostada** en el sofá.
> *Melinda is lying down on the sofa.*

> **Parado** en la esquina, Juan Pedro miraba lo que pasaba.
> *Standing on the corner, Juan Pedro watched what was happening.*

D. En inglés, una palabra que termina en *-ing* puede funcionar, según su posición, como gerundio o adjetivo. En español, en cambio, existen dos formas diferentes para el gerundio y el adjetivo.

GERUNDIO	ADJETIVO
*He is **working** now.*	*He belongs to the **working** class.*
Está **trabajando** ahora.	Pertenece a la clase **trabajadora.**

Los adjetivos que terminan en *-ing* en inglés suelen terminar en **-dor/a, -ente, -iente** y **-oso/a** en español.

conmove**dor**	*moving*	encanta**dor**	*charming*
sorprend**ente**	*surprising*	deprim**ente**	*depressing*
pend**iente**	*pending*	sobresal**iente**	*outstanding*
bab**oso**	*driveling*	mentir**oso**	*lying*

¡Ojo! No todos los adjetivos terminados en **-dor/a, -oso/a** se pueden traducir al inglés con *-ing.*

> alborotador/a *(rowdy, noisy)*   perezoso/a *(lazy)*

En muchos casos no existe un adjetivo en español que corresponda al gerundio *-ing* del inglés (con función de adjetivo) y entonces se emplea una cláusula de relativo.

> *The guy holding the torch is my brother.*
> El chico **que lleva la antorcha** es mi hermano.

Repaso del subjuntivo y del indicativo

	USO DEL SUBJUNTIVO EN LA CLÁUSULA SUBORDINADA	USO DEL INDICATIVO EN LA CLÁUSULA SUBORDINADA
1. Las seis expresiones impersonales que expresan certeza: **es cierto, es verdad, es obvio, es evidente, es seguro, no hay duda**		siempre
2. Todas las demás expresiones impersonales que no estén en el apartado anterior: **es bueno, es posible, es estupendo, es dudoso, no es cierto, no es verdad, conviene...**	siempre	
3. Verbos que **no** expresan duda ni negación: **no dudar, no negar, creer, estar seguro**		siempre
4. Verbos que expresan duda y negación: **dudar, negar, no creer, no estar seguro**	siempre	
5. Verbos que expresan deseo y emoción: **querer, desear, alegrarse, lamentar, temer...**	siempre	
6. Conjunciones de propósito, excepción, condición: **para que, a fin de que, de modo/manera que, salvo que, a no ser que, a menos que, a condición de que, con tal (de) que, sin que**	siempre	
7. Verbos de comunicación: **decir, repetir, indicar...** **decir** = relatar, contar **decir** = ordenar, mandar	para ordenar o mandar	para relatar o contar
8. Verbos de petición y mandato: **mandar, ordenar, pedir, exigir, rogar, impedir, prohibir, recomendar...**	siempre	
9. Cláusulas adjetivales: **buscar, necesitar, tener, existir, conocer, haber...**	cuando el antecedente no existe o se duda de su existencia	cuando el antecedente existe
10. Cláusulas con **si**	acciones improbables en el presente o en el futuro acciones contrarias a la realidad pasada, es decir, a lo que sucedió	acciones presentes, habituales, pasadas o futuras
11. Cláusulas adverbiales de tiempo: **cuando, tan pronto como, hasta que, después de que, antes de que, mientras**	acción en el futuro (**antes de que** siempre usa el subjuntivo)	acción habitual o en el pasado
12. **Ojalá**	siempre	
13. Verbos con dos significados	**temer** = tener miedo de **esperar** = *to hope*	**temer** = sospechar **esperar** = *to wait*

¡Ojo!

1. En los siguientes casos es necesario que el sujeto de la cláusula principal y el de la subordinada sean diferentes, pues si el sujeto es el mismo, entonces hay que utilizar el infinitivo.

    a. con los verbos de deseo y emoción

No queremos **comer** todavía.	el mismo sujeto
Queremos que (tú) no **comas** todavía.	dos sujetos diferentes

    b. con las siguientes cláusulas adverbiales de tiempo: **hasta que, después de que, antes de que**

Saldrán antes de **terminar** el trabajo.	el mismo sujeto
Saldrán antes de que **termine** la función.	dos sujetos diferentes

    c. con las siguientes conjunciones de propósito, excepción y condición: **para que, a fin de que, sin que**

Apuntó la cita en el calendario para **acordarse**.	el mismo sujeto
Apuntó la cita en el calendario para que nos **acordáramos**.	dos sujetos diferentes

    En los demás casos se utilizan dos cláusulas aunque el sujeto sea el mismo. (Yo) Creo que (yo) no voy a poder cortarme el pelo hoy.

    Si (él) fuera un poquito mayor, (él) ya podría montar a caballo.

    Cuando (tú) no duermes lo suficiente, (tú) te levantas de mal humor.

2. Observe que en español el sujeto normalmente aparece detrás del verbo en las cláusulas adjetivales.

    No me atreví a decirte la opinión que tenía Néstor de ti.

La concordancia de los tiempos verbales

Cuando una oración se compone de dos cláusulas, hay que tener en cuenta la relación temporal que existe entre las acciones expresadas por los verbos.

Los distintos tiempos verbales se pueden dividir en dos grupos:

(**A/a**) que incluye los tiempos del presente y del futuro

(**B/b**) que incluye los tiempos del pasado.

PRESENTE/FUTURO		PASADO	
A	**a**	**B**	**b**
INDICATIVO	SUBJUNTIVO	INDICATIVO	SUBJUNTIVO
presente	presente	pretérito	imperfecto
presente perfecto	presente perfecto	imperfecto	pluscuamperfecto
futuro		pluscuamperfecto	
futuro perfecto		condicional	
imperativo		condicional perfecto	

A. Cuando los dos verbos pertenecen al modo **indicativo,** ambos suelen ser del mismo grupo.

(A-A)	**Dicen** que nos **acompañarán.**	*They say that they will accompany us.*
	presente futuro	

(B-B)	**Dijeron** que nos **acompañarían.**	*They said that they would accompany us.*
	pretérito condicional	

B. El significado del verbo principal puede permitir otras combinaciones con los tiempos del indicativo.

(A-A)	**Sabemos** que **vendrán**.	*We know that they will come.*
	presente futuro	
(A-A)	**Sabemos** que **han venido**.	*We know they have come.*
	presente pres. perfecto	
(A-B)	**Sabemos** que **vinieron** tarde.	*We know they came late.*
	presente pretérito	

C. Cuando en la cláusula subordinada hay un verbo en subjuntivo, la correspondencia temporal es generalmente la siguiente.

VERBO PRINCIPAL   VERBO SUBORDINADO

grupo **A** del indicativo → grupo **a** del subjuntivo

grupo **B** del indicativo → grupo **b** del subjuntivo

(A-a)	**Tememos** que no **vengan**.	*We are afraid that they may not come.*
	presente presente	
(A-a)	**Tememos** que no **hayan venido**.	*We are afraid that they have not come.*
	presente presente perfecto	
(B-b)	**Temíamos** que no **vinieran**.	*We were afraid that they might not come.*
	imperfecto imperfecto	
(B-b)	**Temíamos** que no **hubieran venido**.	*We were afraid that they had not come.*
	imperfecto pluscuamperfecto	

D. También son posibles otras combinaciones, dependiendo del significado de la oración. Estas combinaciones, sin embargo, son menos frecuentes que las anteriores.

(A-b)	**Dudo** que lo **hiciera** a tiempo.	*I doubt that he did it on time.*
	presente imperfecto	

Cultura popular: Creencias y vivencias

Preliminares

REPASO
GRAMATICAL
página 1

P-1 Preste atención al género gramatical de estas palabras y luego escriba
el artículo definido (**el, la, los** o **las**) correspondiente en el espacio en blanco.

1. _____ sistemas

2. _____ pianista

3. _____ legumbre

4. _____ nación

5. _____ pueblos

6. _____ coche

7. _____ mesa

8. _____ foto

9. _____ peines

10. _____ gente

11. _____ manos

12. _____ ciudades

13. _____ día

14. _____ leche

15. _____ parte

P-2 Escriba otra vez la expresión, utilizando el sustantivo que aparece entre paréntesis. Recuerde concordar
los sustantivos con los adjetivos y los artículos.

Ejemplo: una persona fuerte   (carácter)   _____*un carácter fuerte*_____

1. un comportamiento dócil   (personalidad)   _____

2. unas blusas ridículas   (trajes)   _____

3. un hombre cortés   (actitud)   _____

4. una alumna preguntona   (clientes)   _____

5. unos turistas bilingües   (ediciones)   _____

6. un novio joven   (persona)   _____

7. unas pirámides mayas   (dios)   _____

8. unos vehículos mejores   (vida)   _____

9. un sombrero cordobés   (tradición)   _____

10. una pintura expresionista   (film)   _____

P-3 Describa el cuarto de esta joven. Escriba cinco oraciones y utilice en cada una de ellas una **preposición** distinta.

1. _____

2. _____

3. _____

4. _____

5. _____

P-4 Lea atentamente las oraciones siguientes y luego llene el espacio en blanco con **el pronombre preposicional** más adecuado.

1. Los nuevos directores son muy optimistas. Según _____, todo saldrá estupendamente.

2. Me has ofendido y no quiero hacer nada con _____ .

3. Eso nos interesa a María y a _____ .

4. Martín y yo somos buenos amigos. Entre _____ y _____ no hay secretos.

5. Sé que lo hago muy mal pero, por favor, no se burlen de _____ .

6. Maribel es una maravilla. Estoy enamorado de _____ .

7. ¡Cómo eres, Margarita! Todos estamos exhaustos excepto _____ .

8. Quiero tanto a Paco que haría cualquier cosa por _____ .

P-5 Conteste las preguntas siguientes con **el pronombre preposicional** correspondiente.

1. ¿Vive Ud. con sus padres?

_____

2. ¿Comparte *(share)* su dormitorio con su hermano/a?

_____

3. Según sus amigos, ¿quién es el más inteligente? ¿Y según Ud.?

_____

4. ¿Por quién se preocupa más su madre: por su padre o por Ud.?

_____

5. ¿Se enfada con Ud. a veces su compañero/a de cuarto?

_____

6. Encima de su escritorio, ¿qué hay?

_____

7. ¿Sale Ud. a menudo con sus abuelos?

_____

8. ¿Se acuerda constantemente de sus enemigos?

_____

P-6 Escriba en el espacio en blanco la forma correcta del **artículo definido** cuando sea necesario.

1. _____ señor Mayo no puede atenderte en este momento.

2. _____ verdad duele a veces.

3. Estas ofertas son sólo para _____ jóvenes.

4. Buenas tardes, _____ profesor Araujo.

5. ¿Quién fue Federico _____ II?

6. Me lavo _____ manos más de cinco veces al día.

7. Acabamos de encontrarnos con _____ don José.

8. ¿Hoy es _____ martes o _____ miércoles?

9. Elena se puso _____ abrigo y _____ bufanda.

10. Salimos _____ viernes a bailar.

P-7 Escriba el **artículo indefinido** cuando sea necesario.

1. Carolina es _____ pianista.

2. Busco _____ otra casa.

3. Marcelo se enfadó conmigo sin _____ razón.

4. Mi sobrino será _____ cocinero excelente.

5. Rafael siempre tiene _____ mil quejas.

6. ¿No es Ambrosio _____ catalán?

7. Vamos a llevar _____ dulces a la fiesta.

8. ¡Qué _____ idea tan maravillosa!

9. Hemos conocido a _____ estudiantes rusos.

10. ¿Todavía no usas _____ computadora en tu trabajo?

P-8 Traduzca estas oraciones, prestando atención al uso del **artículo indefinido**.

1. *I am going to check out a few novels from the library.* _____

_____

2. *Elvira is an outstanding student.* _____

3. *Our teacher wears a hat to school.* _____

4. *Roberto is a chemist.* _____

5. *We need some help.* _____

6. *Esteban used a hundred sheets of paper.* _____

7. *What a beautiful house you have!* _____

8. *I don't want to remember such a thing!* _____

_____

9. *Everyone has food now.* _____

10. *Arturo earns a thousand dollars a week.* (Escriba el número.) _____

_____

P-9 Escriba el **gerundio** de estos verbos.

1. venir _____

2. almorzar _____

3. caer _____

4. devolver _____

5. construir _____

6. jugar _____

7. divertirse _____

8. suceder _____

9. quejarse _____

10. servir _____

P-10 Traduzca las oraciones a continuación. Cuidado con el uso del **gerundio**.

1. *Before leaving we watched the sunset.* _____

2. *Washing the car is no fun.* _____

3. *Smiling, he said "good night" to us.* _____

4. *On reconsidering the question, she changed her mind.* _____

_____

5. *They came running when they heard the sirens approaching.* _____

_____

Capítulo 1

El tiempo libre

BARES A MILLARES

REPASO
GRAMATICAL
página 8

Palabra por palabra / Mejor dicho

1-1 Escriba oraciones con los pares de palabras a continuación.

1. tomar una copa / todo el mundo

   _____

2. medios de comunicación / encuesta

   _____

3. costumbre / acoger

   _____

4. hecho / horario

   _____

5. ocio / acudir

   _____

1-2 Escoja la palabra que complete la oración correctamente.

1. No se puede entrar solo en ese club; hay que tener (cita / acompañante / público).

2. (El público / el pueblo / la gente) salió cantando del concierto.

3. No tengo (una cita / un acompañante / un amigo) con él pero necesito verlo. Es una emergencia.

4. Algunas (personas / citas) no tienen ninguna consideración.

5. Mis vecinos del quinto piso han pasado el verano (en un pueblo / con una cita / con el público) de la costa.

6. (Muchas personas / mucha gente / muchos amigos) ya ha comprado la nueva guía turística de Quito.

7. Esta noche Rosa (sale / tiene una cita) con su novio, Rodrigo. Van a ir al teatro.

Repaso gramatical

1-3 Escriba en el espacio en blanco la forma del **presente de indicativo** de los verbos entre paréntesis.

En el barrio de Malasaña donde yo _____ (vivir), la gente

_____ (pasar) mucho tiempo en una cafetería que se

_____ (llamar) Bob's. Allí algunos clientes

_____ (leer) el periódico del día, otros

_____ (escribir) cartas y otros _____

(firmar) contratos o _____ (realizar) negocios importantes. Los niños

_____ (beber) refrescos y a veces _____

(comer) helados o cosas parecidas mientras sus padres _____

(conversar). Todo el mundo _____ (parecer) contento. Yo los

_____ (observar), _____ (escuchar) y

_____ (meditar).

1-4 Escriba cinco oraciones en **el presente de indicativo,** escogiendo un sujeto de la lista **A** y un verbo de la lista **B.** Añada las palabras necesarias a cada oración para completar su significado.

A	B	
los mozos	invitar	mirar
tú	beber	discutir
Ud.	comer	tomar
nosotros	reunir	realizar
yo	preparar	romper
vosotras	asistir	prohibir
	escuchar	protestar
	vivir	esperar
	hablar	

1. _____ .

2. _____ .

3. _____ .

4. _____ .

5. _____ .

1-5 Cuando Ud. sale con sus amigos/as, ¿quién paga? ¿Se paga cada uno/a lo suyo? ¿Dividen la cuenta y pagan todos/as lo mismo? ¿Pagan más unas personas que otras? ¿Paga siempre la misma persona? ¿Y cuando celebran el cumpleaños de alguien? ¿Y cuando sale con sus padres? Explique en un párrafo cómo acostumbra hacerlo Ud. Utilice el **presente de indicativo.**

_____

_____

_____

_____

_____

_____

_____

1-6 Escriba en el espacio en blanco el presente de indicativo de **ser, estar** o **haber** (forma impersonal) según corresponda. A la derecha de la oración escriba la razón por la que ha usado ese verbo.

Ejemplo: El pisco y la chicha *son* dos bebidas alcohólicas típicas de Perú y de Chile.

Hay que usar "ser" porque el complemento/atributo "bebidas" es un sustantivo.

1. Nosotros _____ en Europa.   _____

2. _____ muchos bares en España.   _____

3. El bar _____ un lugar de encuentros.   _____

4. ¿Dónde _____ el banquete?   _____

5. Vosotros _____ excepcionales.   _____

6. La conferencia _____ en San Antonio.   _____

7. En ese bar siempre _____ gente muy bien vestida. _____

8. Ir al bar _____ una costumbre hispánica.   _____

9. En este libro _____ datos interesantes.

   _____ que leerlo.   _____

10. Hoy todo el mundo _____ de buen humor.   _____

11. Mi jefe _____ demócrata, pero yo

_____ republicano.   _____

12. Muchos empleados _____ de vacaciones en
agosto.   _____

13. El maguey _____ una planta de la que se extrae
alcohol.   _____

14. Aquí _____ suficiente limonada para todas
nosotras.   _____

15. Algunos de los invitados _____ hondureños. _____

1-7 Acaba de recibir un mensaje electrónico de alguien que quiere saber cómo es Ud. Escríbale sobre Ud.
mismo/a, utilizando los verbos **ser** y **estar.** ¿Va a decirle la verdad o se va a inventar algunas cosas?

_____

_____

_____

_____

_____

_____

_____

_____

1-8 Primero marque las palabras siguientes que se refieren a una actividad *(ongoing event)*. Después,
utilizando esas palabras como sujeto, escriba cinco oraciones. ¿Qué deberá usar, —**ser** o **estar**— para
indicar *to take place*?

la reunión	el concierto	las elecciones	la película *(screening)*
la carta	el partido de fútbol	las notas	el aula *(classroom)*
la iglesia	el baile	la boda *(wedding)*	la ceremonia de graduación

1. _____

2. _____

3. _____

4. _____

5. _____

1-9 A continuación tiene una serie de oraciones con **ser** y **estar** + **adjetivo.** Explique por qué se ha usado **ser**
y no **estar** o viceversa.

1. Mi padre y yo medimos dos metros. <u>Somos muy altos.</u>

_____

2. El avión está muy alto.

_____

3. Acaban de cumplir setenta años pero, para su edad, están jóvenes.

_____

4. Quieren casarse a los diecinueve años. ¿No crees que son demasiado jóvenes?

_____

5. El mar está negro por causa de una catástrofe ecológica.

_____

6. El petróleo es negro.

_____

7. Desde que empezó esa dieta, Javier está muy maniático (finicky).

_____

8. Javier es muy maniático. No le gusta que nadie le toque sus cosas.

_____

9. Todos los accesorios de Barbie, incluso las sábanas (sheets), son rosados.

_____

10. Lavé la ropa blanca con un jersey rojo y ahora todas las sábanas están rosadas.

_____

1-10 Siga el modelo del ejercicio anterior y escriba tres oraciones, contrastando el uso de **ser** y **estar + adjetivo**. Después tradúzcalas al inglés.

1. _____

_____

2. _____

_____

3. _____

_____

Creación

Le han pedido a Ud. que escriba sobre un bar, restaurante, pub, etc. de su ciudad para una guía turística. Preste atención al **presente de indicativo** y a los verbos **ser, estar** y **haber** (forma impersonal). A continuación tiene un modelo. Escriba su composición en una hoja aparte.

> Este café-bar se llama *Don Paco* y está en la Plaza de Oriente de Madrid. Es un local nuevo y pequeño. Tiene aire acondicionado y está muy limpio. Está abierto de las doce de la mañana a las dos de la madrugada, todos los días. Siempre hay mucha gente joven. Preparan unas ensaladas, espaguetis, patés y ahumados que son exquisitos. También los quesos y los postres son deliciosos. Los camareros son amables y diligentes, pero el servicio es lento.

Phrases:	*Describing places & objects; Talking about the present; Stating a preference*
Grammar:	*Verbs:* **ser** & **estar**; *Demonstrative:* **este, ese, aquel**; *Adjective: agreement*
Vocabulary:	*Food: restaurant; Monument; Leisure*

RESTAURANTE
BARBIERI, 15 *(Metro Chueca)*
Teléfono 521 00 23

PICAR A LA ESPAÑOLA

Palabra por palabra / Mejor dicho

1-11 Primero subraye la palabra del vocabulario que se ha utilizado en las frases siguientes. Luego, complete las frases de modo original.

1. Si no escuchas la radio no vas a enterarte de _____.

2. Antes de almorzar, ellos suelen _____.

3. Lo que dices no tiene sentido porque _____.

4. El camarero nos mostró _____.

5. _____ nos resulta imposible.

6. Le ponemos una servilleta alrededor del cuello porque _____.

7. *Gratis* quiere decir _____.

8. Con el té lo más apetecible es _____.

9. _____ está libre y _____.

10. No somos capaces de _____.

11. Voy a pedirles a los Reyes Magos (o a Santa Claus) _____.

12. Para evitar que entren las moscas por la ventana _____.

13. El resultado de la encuesta es que _____.

1-12 Escoja una de las palabras entre paréntesis para completar correctamente las frases siguientes.

1. Ese taxi está (gratis / libre).

2. En la calle alguien me acaba de dar una Biblia (gratis / libre).

3. En algunos restaurantes mexicanos los nachos son (gratis / libres).

4. Perú es un país (gratis / libre) e independiente.

5. (Pregúntame / Pídeme) lo que quieras y te diré la verdad.

6. ¿A quién buscan Uds.? ¿Por quién (preguntan / piden)?

7. Sus padres nos (preguntan / preguntan por / piden) que no hagamos tanto ruido.

8. (Preguntamos / Preguntamos por / Pedimos) una solución inmediata al conflicto.

Repaso gramatical

1-13 Vuelva a escribir las siguientes oraciones, cambiando el sujeto y el verbo de singular a plural o viceversa. Preste atención al cambio vocálico de algunas formas verbales.

1. Un kilo cuesta doscientos pesos. _____

2. Acuestas al niño temprano. _____

3. Nunca devuelves los libros a tiempo. _____

4. El médico atiende a la paciente. _____

5. Les mostráis las notas a vuestros amigos. _____

6. El carpintero mide la ventana. _____

7. Pedís demasiado dinero. _____

8. Siempre nos sonríes. _____

9. Despierto a Ramón a las siete. _____

10. Pierdes una buena oportunidad. _____

1-14 Valeriano está con unos amigos en un restaurante sevillano y es el único que sabe español. El tiene que hablar con la camarera, pedirle las bebidas y preguntarle cualquier cosa que sus amigos quieran saber. Continúe el diálogo siguiente, utilizando verbos en el **presente de indicativo.** Refiérase al menú de tapas que sigue para completar el ejercicio.

Menú

Tapas frías	*Precio en euros*
Salpicón:	4,95
(Salad of fresh vegetables and seafood in an oil and vinegar dressing)	
Mejillones a la vinagreta:	4,50
(Steamed mussels in a vinaigrette)	
Patatas ali-oli:	3,25
(Boiled potatoes in a fresh garlic mayonnaise sauce)	
Combinación de embutidos:	5,95
(Combination of chorizo, Spanish salami, and cured ham)	
Tapas calientes	
Calamares a la plancha:	4,50
(Squid cooked on the grill with lemon juice, oil, garlic, and paprika)	
Gambas al ajillo:	5,50
(Shrimp sautéed with garlic)	
Champiñones al ajillo:	3,95
(Mushrooms sautéed with white wine and garlic)	
Tortilla española:	2,95
(Omelet with potatoes and onions)	
Patatas a la brava:	3,95
(Sautéed potatoes in a spicy tomato sauce)	
Orejas de cerdo	4,50
(Pig ears in a spicy sauce)	

CAMARERA: ¿Qué desean tomar?

VALERIANO: Bueno, todavía no sabemos qué vamos a pedir. ¿Qué nos recomienda?

CAMARERA: _____

VALERIANO: _____

CAMARERA: _____

VALERIANO: _____

CAMARERA: _____

VALERIANO: _____

CAMARERA: _____

VALERIANO: _____

1-15 *Gustar* **y verbos afines.** Conteste estas preguntas, prestando atención a los pronombres de objeto indirecto y a la concordancia entre el sujeto y el verbo.

1. ¿Te gusta el invierno?

   _____

2. ¿A quién le suelen faltar los libros?

   _____

3. ¿Te molestan los niños?

   _____

4. ¿Qué os gusta hacer los sábados?

   _____

5. ¿Les importan las notas a tus padres?

   _____

6. ¿A tus amigos les encantan los lunes?

   _____

7. ¿Te fascinan las novelas de ciencia ficción?

   _____

8. ¿Le molesta el humo *(smoke)* del tabaco a tu compañero/a de cuarto?

   _____

9. ¿Te interesa la política?

   _____

10. ¿A quién le fascinan los coches deportivos?

    _____

1-16 Traduzca estas oraciones, prestando mucha atención al sujeto y al objeto indirecto. (Si le resulta más fácil, sustituya *to like* por *to be pleasing to*.)

1. *She likes me.* _____

2. *I like her.* _____

3. *I do not like you.* _____

4. *You do not like me.* _____

5. *Julio likes María José.* _____

6. *I like it.* _____

7. *We like them.* _____

8. *Alberto likes him.* _____

9. *You (plural) like it.* _____

10. *They like us.* _____

1-17 Los cafés están de moda en los Estados Unidos. Imagínese que Ud. es el/la encargado/a *(manager)* de, digamos, Starbucks. Comente las preferencias de sus clientes y contrástelas con las de Ud. Utilice los verbos que tienen la misma estructura gramatical que **gustar.** Emplee un verbo diferente en cada oración.

Ejemplo: *A la mayoría le gusta el café normal, pero a mí me gusta más el descafeinado.*

1. _____.

2. _____.

3. _____.

4. _____.

5. _____.

Creación

Escriba en una hoja aparte un breve artículo comentando el ambiente, la comida, el servicio, las amenidades, etc. del último lugar donde cenó. No importa si era barato o caro, ni tampoco si era elegante o de comida rápida.

Antes de escribir, tome notas de todas las cosas que le vienen inmediatamente a la mente *(brainstorm)*. Después seleccione los datos que más le interesan y elimine los otros. Organícelos. Escriba un párrafo que tenga unidad y coherencia. Evite saltar *(to jump)* de una cosa a otra.

Phrases:	*Appreciating food; Describing a place & object; Stating a preference*
Grammar:	*Verbs:* **ser** & **estar**; *Present; Verbs:* **saber** & **conocer**
Vocabulary:	*Food:* **tapas**; *Restaurants*

EL SECRETO A VOCES. EL DISCURSO AMOROSO DEL BOLERO

Palabra por palabra / Mejor dicho

1-18 Llene los espacios en blanco con la palabra correcta del vocabulario. Incluya el artículo definido o indefinido cuando sea necesario.

1. ¿Cuál es _____ de este letrero? No lo entiendo.

2. Anoche tuve un _____ magnífico. Me tocó la lotería.

3. _____ de ese cuadro hay un objeto. ¿Puedes decirme qué es?

4. A veces el bolero tiene un ritmo muy _____.

5. Muchos creen que _____ del tenor peruano Juan Diego Flórez es divina.

6. Todavía hoy en día no hay _____ entre los sexos.

7. Te _____ que es la pura verdad.

8. _____ de nuestra banda musical todavía no se ha aprendido

   _____ de _____.

9. No sé cuál es _____ de esta pulsera (*bracelet*), pero sé que es de oro.

1-19 Primero relacione las imágenes siguientes con las palabras del vocabulario y luego escriba tres oraciones con esas palabras.

1. _____

   _____

2. _____

   _____

3. _____

   _____

1-20 Complete el diálogo siguiente con los verbos **conocer** o **saber,** según convenga.

RAQUEL: Paloma, ¿ _____ (tú) quién es esa mujer?

PALOMA: No, (yo) no lo _____ . ¿Y tú, Raquel?

RAQUEL: Sí, es profesora de antropología. (Yo) la _____ desde hace dos años.

PALOMA: ¿Qué más _____ (tú) de ella?

RAQUEL: (Yo) _____ que su especialización es la cultura precolombina.

           (Ella) _____ todos los nombres de las divinidades aztecas.

PALOMA: Seguramente (ella) _____ hablar alguna lengua indígena.

RAQUEL: La verdad es que (yo) no lo _____ . Sus colegas del

           departamento deben _____ lo.

PALOMA: ¡Te está mirando! Vamos a hablar con ella, pues quiero _____ la.

RAQUEL: De acuerdo. Ella estará encantada de _____ te a ti también.

PALOMA: Pues venga, vamos.

Repaso gramatical

1-21 **Las comparaciones.** Llene el espacio en blanco con el término que falta.

1. Mi colección de música clásica es _____ grande como la tuya.

2. Te quiero más _____ ayer, pero menos _____ mañana.

3. Ese piano parece _____ que el nuestro. *(Use sólo una palabra.)*

4. La banda sonora *(soundtrack)* de la película no se ha vendido _____ como esperaban.

5. El triunfo depende tanto del esfuerzo personal _____ de la suerte.

6. No vamos al conservatorio de música _____ a menudo como nos sugieren los profesores.

7. Desde que lo operaron de las cuerdas vocales, el vocalista de nuestro conjunto tiene la voz _____ potente que antes.

8. El tenor recibió tantos aplausos _____ la soprano.

1-22 Escriba comparaciones de **superioridad**, **inferioridad** o **igualdad** con los términos indicados.

1. una orquesta y un cuarteto *(quartet)*

    _____

2. la salsa y el rap

    _____

3. Britney Spears y Jennifer López

    _____

4. una canción infantil y una canción de protesta

    _____

5. el cine y el teatro

    _____

1-23 Compare a las cuatro mujeres de las fotos. Utilice diferentes expresiones de comparación.

Elena

Mari Cruz

Fátima

Adriana

1. _____

2. _____

3. _____

4. _____

1-24 Escriba cinco oraciones que contengan un **superlativo absoluto** sobre los términos siguientes. No tiene que utilizar esas palabras como sujetos, sólo referirse a algún aspecto relacionado con esos términos. Trate de ser original y no repita ningún adjetivo en este ejercicio.

Ejemplo: el violín

Los sonidos que produce el violín son muy melodiosos.

1. Gipsy Kings _____

_____

2. la trompeta _____

_____

3. la ópera _____

_____

4. el jazz _____

_____

5. el ballet _____

_____

1-25 Escriba cinco oraciones que contengan un **superlativo relativo**. No use los verbos **ser, estar** ni **tener.**

Ejemplo: *Agustín Lara compuso los boleros más románticos que conozco.*

1. un concierto de _____

2. Santana _____

3. los discos compactos _____

4. el flamenco _____

5. la guitarra _____

1-26 Lea el párrafo siguiente y después escriba tres oraciones, utilizando **expresiones de comparación** diferentes y dos con el **superlativo absoluto** o **relativo**.

"Un rasgo característico de la música afroperuana son los instrumentos que se utilizan para su interpretación. Pocas veces se habrán visto instrumentos musicales de más humilde procedencia y de mayor eficacia en su ejecución. Además de la guitarra, el único instrumento heredado de los amos *(masters)*, los esclavos tuvieron que improvisar sonidos con lo que tenían a mano. El principal invento es el cajón, que es, en efecto, un simple cajón de madera *(wooden box)* sobre el que se sienta el instrumentista y lo golpea sujeto entre sus piernas. Aunque el cajón no es tan sofisticado como un violín o una guitarra, su fabricación está sujeta a ciertas condiciones que permiten su máxima riqueza sonora". (Manuel Donayre, *El alma del Perú negro*)

1. _____

2. _____

3. _____

4. _____

5. _____

Creación

En una hoja aparte, escriba una composición sobre su canción favorita, pero antes que nada, piense en lo que va a decir y cómo va a presentar la información.

1. Primero, reúna los datos que quiere mencionar sobre el/la cantante o grupo.
   ¿Son todos estos datos necesarios o relevantes? Elimine los que considere menos importantes.

2. Luego, pase a hablar de la canción misma. Diga de qué trata, dónde la escuchó por primera vez, por qué le gusta tanto, lo que siente al escucharla, cuántas veces la escucha al día, etc.

3. Por último, evalúe el impacto que ha tenido en Ud. esta canción.

Phrases:	*Expressing an opinion; Expressing preferences; Making transitions*
Grammar:	*Comparisons; Verbs:* **ser** & **estar**
Vocabulary:	*Musical instruments; Dreams & aspirations; Time expressions*

....Que comieron.... ¿qué?, Page 259, Track 2

Capítulo 2

Ritos, ceremonias y celebraciones

EL MEXICANO Y LAS FIESTAS

REPASO GRAMATICAL
página 18

Palabra por palabra / Mejor dicho

2-1 Escriba oraciones con los siguientes grupos de palabras.

1. gritar / la revuelta

   _____

2. gastar / la pobreza

   _____

3. disfrazarse / el lujo

   _____

4. burlarse de / el desperdicio

   _____

5. la fiesta / emborracharse

   _____

2-2 Traduzca las palabras entre paréntesis y escríbalas en el espacio en blanco. No repita ninguna palabra.

1. Los estudiantes siempre _____ después de la graduación. (*get together*)

2. Nunca imaginé _____ con él en Puerto Vallarta. (*to run across*)

3. Juan y yo _____ durante las últimas elecciones presidenciales. (*met*)

4. Mis amigos _____ mucho en los carnavales de Mardi Gras en Nueva Orleans. (*enjoyed*)

5. Anoche todos _____ durante la cena. (*had a good time*)

6. ¡Cómo _____ Carlos cuando come en un restaurante caribeño! (*enjoys*)

7. Cuando Olivia tenía veinticinco años, _____ mucho bailando los sábados. (*enjoyed*)

Repaso gramatical

2-3 Escriba en el espacio en blanco la forma correcta del verbo en el **presente de indicativo.** Decida si es necesario o no el uso de algún pronombre (reflexivo, objeto directo, objeto indirecto) en cada oración.

1. Nosotros no _____ nunca en el gimnasio. (bañar / bañarse)

2. Uds. siempre _____ de la tarea. (quejar / quejarse)

3. Un gallo (*rooster*) suele _____ a Martín. (despertar / despertarse)

4. ¿Cómo _____ tú? (llamar / llamarse)

5. Cuando hace frío, Samuel siempre _____ un abrigo a su hijo. (poner / ponerse)

6. El peluquero _____ el pelo a los clientes. (secar / secarse)

7. Vosotros jamás _____ ocho horas. (dormir / dormirse)

8. Tú _____ a mi hermano. (parecer / parecerse)

9. Miguel y Carlos _____ sin razón. (enojar / enojarse)

10. Desde que me rompí la pierna, _____ mucho. (cansar / cansarse)

2-4 Cambie la oración siguiente a una acción **reflexiva.** Escriba dos acciones reflexivas para cada oración cuando sea posible.

Ejemplo: Ellos visten a los niños.   *Ellos se visten.*   *Los niños se visten.*

1. Baño a Morena.

2. Despertamos a mis hermanos.

3. Acuestas a Beatriz.

4. Laváis el coche.

5. Lourdes levanta al bebé.

6. ¡Cómo limpian la casa!

2-5 Conteste las preguntas siguientes, prestando atención a los **pronombres reflexivos.**

1. ¿Te burlas de los políticos?

_____

2. ¿De qué no debemos preocuparnos?

_____

3. ¿De qué se quejan los jugadores de béisbol?

_____

4. ¿Cuándo os ponéis botas?

_____

5. ¿Cómo se llama tu abuela?

_____

6. ¿Se parece Ud. a su perro?

_____

7. ¿Cuándo te deprimes?

_____

8. ¿Cuándo se enfada su compañero/a de cuarto?

_____

9. ¿Te acuestas antes de medianoche?

_____

10. ¿Qué hace un/a médico/a cuando se enferma?

_____

2-6 Escriba **pero, sino** o **sino que** en el espacio en blanco.

1. No debes comprar otro coche, _____ arreglar el tuyo.

2. Prometen estudiar, _____ no lo harán.

3. Tratamos de salir a las cinco, _____ no fue posible.

4. El bebé no sólo come verduras, _____ también frutas.

5. No van a salir esta tarde, _____ piensan quedarse en casa.

2-7 Combine las oraciones a continuación con **pero, sino** o **sino que,** haciendo los cambios necesarios.

1. No me gusta el color rojo. Me gusta el color azul.

_____

2. Gabriela no es médica. Es ingeniera.

_____

3. No asisto a la universidad. Aprendo mucho.

_____

4. Rocío no canta. Toca el piano.

_____

5. Las dos niñas no hablan el mismo idioma. Ellas se entienden.

_____

6. No nos interesa el francés. Nos interesa el español.

_____

7. Queremos jugar al tenis. Hace mucho calor.

_____

2-8 Termine las oraciones de una manera creativa con **pero, sino** o **sino que.**

1. Iría a la corrida de toros contigo _____.

2. No pensamos ir al centro _____.

3. Rodolfo no quiere invitar a Elisa a la fiesta _____.

4. No sólo el toro está en peligro en una corrida de toros _____

_____.

5. Las hermanas Álvarez no pueden asistir a la reunión hoy_____

_____.

2-9 Ud. está en una tienda con una amiga que quiere comprarse un vestido. Ud. es una persona de un gusto exquisito y le pone "peros" *(find fault)* a todos los que ella se prueba *(try on)*. Invente un diálogo de seis oraciones entre su amiga y Ud.

AMIGA: ¿Qué te parece este vestido?

USTED: Es muy lindo, pero el color rojo no te va nada bien.

_____

_____

_____

_____

_____

_____

Creación

Busque información en Internet sobre las fiestas de Latinoamérica y España. En una hoja aparte escriba un informe breve sobre la que le parece a Ud. más interesante o curiosa. Por ejemplo, en Buñol, un pueblo cerca de Valencia, España, se celebra una fiesta que se llama "la tomatina" porque la gente se tira tomates. Durante la hora que dura la guerra de los tomates, se utilizan cerca de 62.000 kilos de tomates maduros.

Phrases:	*Comparing & contrasting; Describing people; Sequencing events*
Grammar:	*But:* **pero, sino (que)**; *Verbs: reflexives; Negation:* **no, nadie, nada, nada más que**
Vocabulary:	*Food; Religious holidays; Musical instruments*

UNA FIESTA DE IMPACTO Y DE INFARTO

Palabra por palabra / Mejor dicho

2-10 Llene el espacio en blanco con la(s) palabra(s) del vocabulario que mejor complete(n) la oración.

Los _____ de las _____ siempre aplauden

a los toreros. Todos los domingos llenan las _____. Otros se sienten

_____ si el toro no es bravo o si el matador no torea bien. A veces hay

mucha _____ y esto puede herir la _____

de los turistas.

2-11 Primero tache la palabra que no pertenezca al grupo. Después identifique cuatro de las palabras del vocabulario de esta lectura y escriba a continuación una oración con cada una de ellas.

1. barbaridad	crueldad	brutalidad	sensibilidad
2. cuerdo	sano	sensato	razonable
3. espectadores	actuación	aficionados	público
4. observar con atención	atender	suerte	prestar atención
5. asistir	acudir	ir	atender

1. _____

2. _____

3. _____

4. _____

5. _____

2-12 Escoja la palabra correcta.

1. No (asistí / atendí) a todas mis clases el viernes pasado.

2. Ser (sensato / sensible) no significa llorar a cada rato.

3. El actor (atendía / asistía) a lo que le decía el director.

4. No comprar un coche carísimo es muy (sensible / sensato).

5. Si (atiendes / asistes) a esta conferencia de psicología, aprenderás mucho.

Repaso gramatical

2-13 Cambie estas oraciones afirmativas a negativas o viceversa.

1. Tengo algo nuevo.

   _____

2. Nadie viene conmigo a la corrida de toros.

   _____

3. Tengo algunas entradas para el cine.

   _____

4. No quiero ir ni a la plaza de toros ni al museo del Prado.

_____

5. Siempre vamos al campo los domingos.

_____

6. Algunos de los aficionados aprenden a torear.

_____

7. Guillermo todavía estudia en la universidad.

_____

8. Ni siquiera Elena quiere acompañarte.

_____

2-14 Conteste las preguntas negativamente.

1. ¿Viene alguien contigo al concierto?

_____

2. ¿Siempre va a misa la señora Ramírez?

_____

3. ¿Son malos algunos de estos productos?

_____

4. ¿Juegan tus nietos en el parque también?

_____

5. ¿Incluso los profesores comen en la cafetería universitaria?

_____

6. ¿Tienes alguna ofrenda para San Lázaro?

_____

7. ¿Vamos a llevar algo a la barbacoa?

_____

2-15 **Nunca más.** Mencione cinco cosas que ha aprendido en la vida y que no piensa volver a hacer. Use **palabras negativas** o **afirmativas** y subráyelas (underline).

Ejemplo: _Nunca vuelvo a ir al supermercado con nadie porque no me gusta esperar._

1. _____

_____

2. _____

_____

3. _____

_____

4. _____

_____

5. _____

_____

2-16 Complete las frases con un **adverbio** diferente para cada oración.

1. Mi profesor de quechua explica _____ .

2. Yo canto _____ .

3. Justino y Esmeralda se burlan de nosotras _____ .

4. Asiste al gimnasio _____ .

5. Les hablamos a nuestros abuelos _____ .

2-17 Cambie estos adjetivos a adverbios. Escriba las formas en **-mente** y las formas en **con** + sustantivo.

1. alegre   _____   _____

2. seguro   _____   _____

3. sensible   _____   _____

4. difícil   _____   _____

5. cierto   _____   _____

6. cortés   _____   _____

2-18 Traduzca estos adverbios al español, utilizando la terminación en **-mente.**

1. *generally*   _____

2. *politically*   _____

3. *cruelly*   _____

4. *recently*   _____

5. *rarely*   _____

6. *easily*   _____

7. *possibly*   _____

8. *obviously*   _____

9. *frequently*   _____

10. *eventually*   _____

¿Qué ha aprendido al corregirse este ejercicio? _____

_____

Creación

Busque un artículo en un periódico en español o en Internet sobre los derechos de los animales en general, o sobre los toros en particular, y coméntelo. Escriba su comentario en una hoja aparte.

1. Primero, resuma lo que dice el artículo del periódico.

2. Luego, escriba su reacción a lo que ha leído.

Phrases:	Agreeing & disagreeing; Asserting & insisting; Expressing an opinion	
Grammar:	Comparisons: equality; Comparisons: inequality; Interrogatives	
Vocabulary:	Animals; Countries; Sports	

ASOCIACION NACIONAL PARA LA DEFENSA
DE LOS ANIMALES

A.N.D.A.

POR UNA ESPAÑA MAS HUMANIZADA

MAS CIVILIZADA

MAS EUROPEA

A. N. D. A.
Gran Vía, 31 - 9.° n.° 3
Tel. 522 69 75 - Fax: 523 41 86
28013 MADRID

Palabra por palabra / Mejor dicho

2-19 Escriba en el espacio en blanco la palabra del vocabulario correspondiente a estas definiciones.

1. _____ Acción, pensamiento o palabra condenada por los preceptos de una religión.

2. _____ Ayuda, respaldo, defensa, protección.

3. _____ Entidad abstracta formada por todo lo que es moralmente bueno.

4. _____ Sustancia que resulta de la combinación de otras.

5. _____ Dejar una religión para seguir otra.

6. _____ Algo que se ofrece con amor y devoción, particularmente algo ofrecido a Dios o a los dioses.

7. _____ Persona que profesa una determinada fe religiosa.

8. _____ Mezcla de razas o culturas distintas que da origen a una nueva.

9. _____ Órgano de las plantas que introducido en la tierra absorbe de ella las materias necesarias para su crecimiento y desarrollo.

2-20 Escriba en el espacio en blanco uno de los verbos que significan *to become*. Cuidado con los tiempos verbales.

1. Mi tía Petra _____ loca durante la guerra de las Malvinas.

2. Nada más conocernos _____ amigos.

3. Vosotros _____ enfermos después del banquete de comida nicaragüense.

4. El sueño de Maribel era _____ decana de la universidad.

5. La leche _____ yogur. *(turned into)*

6. La fiesta _____ una orgía, ya que no había adultos presentes. *(turned into)*

7. ¿Cuándo _____ ella tan rica?

8. Su relación conyugal _____ difícil y al final se divorciaron.

9. Quiere _____ santero para poder ayudar a mucha gente.

10. Cuando recuerdo lo que ocurrió, (yo) _____ furiosa.

Repaso gramatical

2-21 Vuelva a escribir las oraciones a continuación, cambiando todos los verbos del presente al **imperfecto.**

1. Guillermo está en el centro.

_____

2. Por las tardes yo cocino y Mónica lee.

_____

3. Tú me dices que ellos quieren salir.

_____

4. No sé lo que pensáis de ese asunto.

_____

5. Marta y yo podemos hacerlo.

_____

6. Los estudiantes no van a la biblioteca a menudo.

_____

2-22 Vuelva a escribir las oraciones a continuación, cambiando todos los verbos al **pretérito.**

1. ¿Adónde vas?

_____

2. ¿Quién lo hace?

_____

3. Yo le escribo a Federico y tú terminas la tarea.

_____

4. Esos dos no entienden nada.

_____

5. ¿Jugáis vosotros al béisbol?

_____

6. Roberto se divierte mucho.

_____

2-23 Lea primero todo el párrafo y luego llene el espacio en blanco con la forma verbal correspondiente del **pretérito** o del **imperfecto.**

Los planes de Planas

Mis padres _____ (querer) que yo estudiara la carrera de

medicina. Por eso cuando yo _____ (llegar) a la universidad,

(yo) _____ (seguir) los cursos necesarios para ser médico.

Los cuatro primeros años _____ (ser) difíciles, pues (yo)

_____ (tener) que estudiar día y noche. Durante el quinto

año de carrera (yo) _____ (conocer) a Pablo, que

_____ (pensar) también hacerse médico. Cuando nosotros

_____ (reunirse) en la cafetería del campus, siempre

_____ (conversar) sobre música. Con el tiempo nosotros

_____ (darse cuenta) de que la música nos

_____ (interesar) más que la medicina. Yo le

_____ (proponer) a Pablo que formáramos un grupo y él

_____ (decir) que sí. El _____ (saber)

tocar la guitarra eléctrica y yo no _____ (tocar) mal la batería.

Nosotros _____ (buscar) a otros dos músicos y ahora somos el

conjunto más famoso del país.

2-24 Traduzca las oraciones siguientes. Preste atención al uso del **pretérito** o del **imperfecto**.

1. *They could not (failed to) attend the conference until yesterday.*

   _____

2. *You were supposed to help us, but you refused to.*

   _____

3. *When Julia met me, she did not know I was her cousin. She found out about it later.*

   _____

4. *Cristina and Alejandra already knew that Manuel did not have the support of his colleagues.*

   _____

5. *I'm sorry. I wanted to bring you my notes, but I could not.*

   _____

2-25 Mencione diez cosas que no hizo ayer. Debe utilizar 10 verbos diferentes (regulares e irregulares) y **pretéritos** e **imperfectos**.

Ejemplo: *No me desperté al sonar el despertador.*

_____

_____

_____

_____

_____

_____

_____

_____

2-26 **No hay mal que por bien no venga.** Sustituya las formas verbales del presente por las del **pretérito** o del **imperfecto** según corresponda.

Presionado por mi familia, decido dejar de fumar. Ilusionado, me levanto temprano ese día y me voy al gimnasio. Mientras hago unos ejercicios para fortalecer mis abdominales, me lastimo la espalda.

No puedo moverme y me llevan a un hospital que hay cerca. Allí está prohibido fumar y, claro, no puedo hacerlo en todo el día.

_____

_____

_____

_____

_____

_____

Creación

Basándose en el artículo siguiente y en lo que ha aprendido sobre la santería, a quién cree que perjudica más la actitud del gobierno cubano, ¿a los católicos o a los practicantes de la santería? Escriba una composición en la que conteste la pregunta anterior. Especifique los argumentos en los que se basa.

La iglesia cubana pide al gobierno diálogo y libertad religiosa

9 de septiembre de 2003

LA HABANA (Reuters) - La Iglesia católica fue marginada en la isla tras la revolución encabezada por Castro en 1959. En 1998 la visita histórica del papa Juan Pablo II despertó muchas esperanzas de cambio en el país. Sin embargo, a pesar de que se lograron algunas conquistas como la autorización para realizar procesiones religiosas en las calles, o que el día de Navidad fuera festivo, la Iglesia aún sigue reclamando un mayor papel en la sociedad cubana.

Los obispos exigieron en su documento al gobierno que concediera una mayor "libertad religiosa", permitiendo a la Iglesia Católica construir templos, administrar escuelas y acceder a los medios de comunicación, así como facilitar la entrada de sacerdotes extranjeros.

Alrededor de un 60 por ciento de los cubanos están bautizados, pero la cifra de los católicos practicantes no llega al nueve por ciento, según cifras de la Iglesia Católica. Muchos cubanos practican religiones afrocubanas, que tienen un fuerte sincretismo con la religión católica.

Con motivo de la Fiesta de la Virgen de la Caridad del Cobre —venerada como Ochún, la deidad del amor y la feminidad en la religión yoruba— se realizaron el lunes en toda la isla 50 procesiones en las que participaron miles de cubanos, mientras que otras 14 no fueron autorizadas por el gobierno, según fuentes de la Iglesia."

http://espanol.news.yahoo.com/030909/2/lvgk.html

Phrases: *Comparing & contrasting; Talking about habitual actions; Making transitions*
Grammar: *Article: definite **el, la, los, las;** Relatives: **que;** Verbs: preterite & imperfect*
Vocabulary: *Calendar; Gestures; Religions*

Las parrandas puertorriqueñas, Page 262, Track 3

Capítulo 3

Espacios de vida

HOSPITALIDAD, BOLEROS Y CAFÉ RECIÉN COLADO

REPASO GRAMATICAL
página 26

Palabra por palabra / Mejor dicho

3-1 Primero, subraye la palabra del vocabulario que se ha utilizado en las frases siguientes. Luego, complete las frases de modo original.

1. _____ la advertencia de la policía.

2. _____ al anfitrión de la fiesta.

3. Esta niña es muy chismosa _____.

4. _____ para colgar el retrato.

5. ¿Puedes prestarme _____?

6. Siempre me emocionaba cuando _____.

7. Pese al mal tiempo _____.

8. Los viajeros hablan del dulce hogar al _____.

9. ¿Cuánto más va a durar _____?

10. Joaquín me pidió prestado _____.

3-2 Escoja la respuesta correcta.

1. Este año no ha llovido mucho. Debemos (salvar / guardar / ahorrar) agua.

2. Roberto no sabía nadar y hubo que (salvarlo / guardarlo / ahorrarlo).

3. ¿Quién ha (salvado / guardado / ahorrado) mis fotos en este álbum?

4. ¿Dónde (salvas / guardas / ahorras) tus discos?

5. El perro (salvó / guardó / ahorró) a su dueño del fuego.

6. El gobierno recomienda que (salvemos / guardemos / ahorremos) energía.

7. Si lo hacéis hoy, (salvaréis / guardaréis / ahorraréis) mucho tiempo.

3-3 Subraye la forma correcta.

1. ¿(Te diste cuenta de / Realizaste) lo rápido que pasó el tiempo?

2. Todavía no sabemos cuándo podrán (darse cuenta de / realizar) las obras de la carretera.

3. Cada vez que trato de hablar con Valentina, (me doy cuenta de / realizo) que es inútil.

4. Espero que (haya realizado / se haya dado cuenta de) su error a tiempo.

5. ¿En qué laboratorio piensan (realizar / darse cuenta de) esos experimentos científicos?

6. (Nos hemos dado cuenta de / Hemos realizado) que era demasiado tarde.

Repaso gramatical

3-4 Vuelva a escribir las siguientes oraciones en el **futuro simple.**

1. Nos vamos en seguida. _____

2. Quiere viajar a Venezuela. _____

3. ¿Le digo a mi madre la verdad? _____

4. Vosotros sabéis las respuestas. _____

5. Sales muy temprano mañana. _____

6. Los fumadores molestan a los otros clientes. _____

3-5 Vuelva a escribir las siguientes oraciones en el **futuro perfecto.**

Ejemplo: Me llaman a las tres.

   Me habrán llamado a las tres.

1. Reciben el cheque el lunes.

   _____

2. Escribís un buen trabajo.

   _____

3. Pronto nos traen buenas noticias.

   _____

4. Volvemos a las cinco.

   _____

5. Me levanto a las diez.

   _____

6. Compones una nueva canción para el festival de música de Eurovisión.

   _____

3-6 Conteste las preguntas, indicando **probabilidad** en el **presente.**

Ejemplo: ¿Cuántas veces vienen a verte tus padres?

   No sé, *vendrán unas cinco o seis veces al año.*

1. ¿Quién sale de vacaciones hoy?

   No sé, _____.

2. ¿Qué está haciendo tu mejor amigo ahora?

   No sé, _____.

3. ¿Cuánto vale un billete de tren de primera clase entre Nueva York y Boston?

   No sé, _____.

4. ¿Cuántas millas hay entre San Francisco y Atlanta?

   No sé, _____.

5. ¿Quién tiene más fuerza que tú?

   No sé, _____.

3-7 A la universidad. Ud. acaba de terminar la escuela secundaria y está listo/a para irse a la universidad. Mientras piensa en su primer año, se pregunta cuántas cosas habrá logrado al final de ese período de transformación. Escriba cinco oraciones, usando el **futuro perfecto** para hacer conjeturas sobre los cambios que habrán ocurrido en su vida.

Ejemplo: *Para el año próximo habré conocido a mucha gente interesante.*

1. _____.

2. _____.

3. _____.

4. _____.

5. _____.

3-8 Traduzca las siguientes oraciones, expresando probabilidad en el presente.

1. *He probably smokes two packs of cigarettes a day.*

   _____.

2. *Angela must have missed the bus.*

   _____.

3. *The tall woman who is with him must be his famous aunt.*

   _____.

4. *There is no one here right now so the meeting is probably later.*

   _____.

5. *I must have been wrong about the time.*

   _____.

3-9 Resoluciones de Año Nuevo. Escriba en una lista sus propias resoluciones de Año Nuevo (al menos cinco oraciones), empleando las formas del futuro.

Ejemplo: *Para mayo habré terminado de pagar mis deudas.*

1. _____.

2. _____.

3. _____.

4. _____.

5. _____.

Creación

Generalmente asociamos los espacios cerrados (cárceles, laberintos...) con algo negativo. Sin embargo, el conocido escritor argentino Jorge Luis Borges, en uno de sus cuentos, nos hace ver que una persona abandonada y perdida en el desierto —un espacio abierto—, a pesar de tener toda la libertad de movimiento posible, tampoco se siente libre. Ahora Ud., en una hoja aparte, presente otro punto de vista sobre los espacios cerrados. Piense en un lugar específico (su casa, un cubículo *(carrel)* de la biblioteca, un convento, etc.) y elogie algunas de sus cualidades: seguridad, concentración, creatividad, productividad, recogimiento, etc.

Phrases:	*Expressing compulsion; Encouraging; Denying*
Grammar:	*But:* **pero, sino (que), nada más que;** *Interrog. Adv.* **¿Por qué?;** *Verbs: If-clause,* **si**
Vocabulary:	*House; Religions; Upbringing*

Palabra por palabra / Mejor dicho

3-10 Llene el espacio en blanco con la palabra correcta del vocabulario.

1. Mis _____ eran de Irlanda, pero ignoramos de qué parte exactamente.

2. Si no me equivoco _____ del Cono Sur es predominantemente de origen europeo.

3. Hay que _____ todos los hechos antes de tomar una decisión tan drástica.

4. ¿Qué es lo que _____ Jaime en su carta al senador ayer?

5. En el Parque del Retiro de Madrid hay muchos _____ alrededor del estanque.

6. ¿Cuáles son las reglas _____ en cuanto al uso del tabaco en lugares públicos?

7. El gobernador no _____ su palabra y por eso no van a reelegirlo.

8. ¿Qué te dijeron _____ sobre ese asunto?

9. Esta biblioteca _____ una extraordinaria colección de libros sobre arquitectura colonial.

3-11 Subraye la palabra que complete correctamente la oración.

1. En (la esquina / el rincón) de mi habitación he puesto un televisor.

2. (La esquina / el rincón) más popular de Los Ángeles es *Hollywood* y *Vine*.

3. En la (actualidad / realidad) hay tres candidatos para la presidencia de los EE.UU., pero (actualmente / realmente) sólo hay dos, uno demócrata y otro republicano, porque el tercero no tiene mucho apoyo.

4. En (la mitad / el medio) de la plaza había una fuente preciosa.

5. A las ocho y (medio / media) tenemos que estar en el centro.

6. ¿Con que (medios / medias) contamos?

7. Han dicho que el estado de (nuestro medio / nuestra media) ambiente resulta bastante preocupante.

Repaso gramatical

3-12 Vuelva a escribir las oraciones a continuación en el pasado. Sustituya el futuro por el **condicional** y el presente por el **imperfecto** o el **pretérito.**

    Ejemplo: Todos los días él promete que le escribirá.

                Todos los días él prometía que le escribiría.

    1. Los Álvarez dicen que vendrán.

    _____

    2. Todos mis compañeros piensan que yo lo haré.

    _____

    3. Creemos que tú lo romperás.

    _____

    4. Sabéis que Nati se lo llevará.

    _____

    5. Es obvio que vosotras querréis compraros una computadora más rápida.

    _____

    6. Es evidente que no estaremos listos a tiempo.

    _____

    7. Mis vecinos me han prometido que me venderán su carro.

    _____

3-13 Traduzca las oraciones a continuación. Recuerden que *would* se puede traducir al español con el **imperfecto** (acción habitual en el pasado) o con el **condicional** (cortesía o posibilidad en el pasado).

    1. *Would you lend me your book?*

    _____

    2. *When he was young he would spend hours in front of the mirror.*

    _____

    3. *Everyone thought he would bring the drinks to the party.*

    _____

    4. *Last year they would go to the gym every day.*

    _____

    5. *Did you ever imagine he would quit school?*

    _____

3-14 **Vivienda familiar.** Conteste las siguientes preguntas, indicando probabilidad en el pasado con el **condicional** y después traduzca sus respuestas.

    Ejemplo: ¿En qué año se casaron tus padres?

               No sé, ***sería en los ochenta.***

               I don't know; it was probably in the 80's.

    1. La casa en la que viven ahora tus padres, ¿cuándo la compraron?

       No sé, _____.

2. ¿Cuánto tiempo estuvieron (tus padres) buscándola (la casa)?

No sé, _____.

3. ¿Por qué no compraron (tus padres) una casa más grande?

No sé, _____.

4. En la fiesta que dieron tus padres en la nueva casa, ¿cuántos invitados hubo?

No sé, _____.

5. ¿Qué pensaron los invitados de la nueva casa (de tus padres)?

No sé, _____.

3-15 El socorrista. Camilo estaba paseando por la playa con un grupo de amigos cuando vio a alguien ahogándose en el mar. Sin pensarlo dos veces, se quitó los zapatos y se tiró al agua para salvar al hombre. Escriba tres oraciones, usando el condicional perfecto para indicar qué habría hecho (o no) Ud. en una situación similar.

Ejemplo: *Yo también me habría quitado los zapatos y me habría tirado al agua.*

1. _____

2. _____

3. _____

3-16 **El juego de la verdad.** En un campamento de verano están jugando al juego de la verdad. Hay que describir una situación en que sería mejor decir una mentira que decir la verdad. O, por el contrario, una situación en que Ud. siempre diría la verdad sin importarle las consecuencias. Escriba un párrafo, contando una anécdota ficticia o real y empleando las formas condicionales.

Ejemplo: *Yo siempre mentiría en casos de vida o muerte, como el de las personas que ocultaban a la familia de Anne Frank en su casa.*

_____

_____

_____

_____

_____

_____

_____

_____

Creación

¿Qué nota Ud. de los hogares/espacios que aparecen en los anuncios televisivos o en las revistas? ¿Le parecen reales o irreales? ¿Por qué? ¿Conoce a alguien que viva en un lugar así? ¿Podría vivir así Ud.? Escriba su impresión de esos espacios en una hoja aparte y trate de usar el tiempo condicional un mínimo de cinco veces.

Phrases:	*Describing places; Comparing and contrasting; Expressing a preference*
Grammar:	*Conditional; Hypothesizing; Adjectives*
Vocabulary:	*Stores and products; Media (TV & radio); House*

Palabra por palabra / Mejor dicho

3-17 Definiciones. Escriba en el espacio en blanco la palabra correcta del vocabulario.

1. _____ Darle algo a alguien para que lo use por un tiempo determinado y mediante el pago de una cantidad convenida.

2. _____ Dicho de un animal vivíparo: salir del vientre materno.

3. _____ Lugar cerrado y cubierto construido para ser habitado por personas.

4. _____ Hombre o mujer que tiene dominio o señorío sobre algo.

5. _____ Desestimar y tener en poco.

6. _____ Que puede conseguirse o alcanzarse.

7. _____ Dicho de una cosa: vendida, comprada u ofrecida a bajo precio.

8. _____ Dicho de una cosa: que está lista para usarse o utilizarse.

9. _____ Cada una de las partes en que se dividen los pueblos grandes o sus distritos.

10. _____ La mayor parte.

3-18 Escoja la palabra que complete la oración correctamente.

1. ¿Cuándo se (movieron / trasladaron / mudaron) a su nueva casa?

2. Roberto tuvo que (moverse / trasladarse / mudarse) a la oficina de IBM en Chicago.

3. A Vivian le gusta (mover / mudar / trasladar) los muebles de un lado de la sala para otro cada seis meses.

4. Después del accidente Arnaldo (se quedó / quedó) sordo.

5. No (me quedan / quedan) más que cien dólares.

6. Cuando estuvimos en la Costa del Sol, (nos quedamos / quedamos) en el hotel Meliá.

7. No sabes cuánto (siento / me siento) lo que te pasa.

8. (Se sintió / Sintió) una tristeza enorme al oír la noticia.

9. Al llegar la primavera, todos empezamos a (sentir / sentirse / sentirnos) mucho mejor.

Repaso gramatical

3-19 Vuelva a escribir las oraciones a continuación en el **presente perfecto.**

1. Juan abre el armario.

   _____

2. ¿Escribes un poema?

   _____

3. Compráis muchos productos preparados.

   _____

4. Vuelves temprano.

   _____

5. Veo a mi amigo.

   _____

6. Rodrigo y Juan hacen la maleta.

   _____

7. ¿Juega Ud. al tenis?

   _____

8. ¿Por qué no rompéis las cartas?

   _____

9. Ponemos la mesa.

   _____

10. Le decimos la verdad.

   _____

3-20 **¡A Mallorca voy!** Llene los espacios en blanco con la forma correcta del verbo en **presente** o **presente perfecto.**

En el verano yo siempre _____ (ir) al Mediterráneo, a la isla de

Mallorca, pero nunca _____ (estar) en el invierno. Tres generaciones de mi familia _____ (pasar) un mes en la casa de Paguera los últimos

veinticinco años y _____ (recorrer) la costa palmo a palmo. En los

últimos tiempos _____ (haber) un auge en la construcción de nuevas

viviendas que _____ (afectar) la calidad de la vida radicalmente. Ahora

(nosotros) _____ (encontrarse) con más gente en las playas que nunca.

3-21 Combine las dos oraciones en una, indicando la acción que ocurrió primero con el **pluscuamperfecto**.

Ejemplo: Enrique salió del hospital el sábado. Su familia llegó el domingo.

Enrique ya había salido del hospital cuando su familia llegó.

1. Yo comí a las ocho. Anselmo llegó a las nueve.

_____

2. Virgilio se graduó en junio. Su hermana se casó en julio.

_____

3. Magdalena se marchó a las dos. Dalia volvió a las tres.

_____

4. Leímos el libro el año pasado. Vimos la película ayer.

_____

5. Llamaron dos veces a la puerta. Abriste la puerta.

_____

3-22 Conteste las siguientes preguntas personales, usando números. Escríbalos con palabras.

Ejemplo: *Tengo veintitrés años.*

1. ¿Cuántos años tiene Ud.?

_____

2. ¿Cuándo nació Ud.?

_____

3. ¿Cuál es la fecha de hoy?

_____

4. ¿Cuál es su dirección *(address)?* ¿Su distrito postal *(zip code)?* ¿Y su teléfono?

_____

5. ¿Cuántos estados hay en Estados Unidos?

_____

6. ¿Cuánto dinero pagó Ud. por este libro?

_____

7. ¿Cuántos ceros tiene un billón?

_____

8. ¿Cuál es la fecha más importante de su vida?

_____

9. ¿Cuántas palabras de español sabía Ud. antes de empezar esta clase?

_____

10. ¿Cuántos años tendría Colón al llegar a América?

_____

3-23 Traduzca las oraciones siguientes.

1. *I have never in my life seen so much garbage as on this beach.*

_____

_____

2. *It has been difficult to convince people to recycle newspapers.*

_____

_____

3. *She has not left her house in a long time.*

_____

_____

4. *They say that house prices have now stabilized.*

_____

_____

5. *Those two real estate agents have already sold most of the houses in our old neighborhood.*

_____

_____

Creación

Debemos cuidar tanto el medio ambiente como nuestros propios espacios de vida. Desde el punto de vista de la tierra, escriba en una hoja aparte una composición, pidiendo que la traten mejor y quejándose de los abusos de que ha sido objeto.

Atajo	**Phrases:**	*Describing the past; Linking ideas; Persuading*
	Grammar:	*Comparisons; But:* **pero, sino (que);** *Prepositions*
	Vocabulary:	*Upbringing; City; Plants*

MANTENGA LIMPIA LA CIUDAD.

Utilice las papeleras.

Páginas®
Amarillas

No malgaste energía.

Baje la calefacción cuando salga de casa.

Páginas®
Amarillas

Preserve la naturaleza.

Cuando salga de excursión:

No encienda fuegos.
No arroje desperdicios.
Recoja toda la comida que haya sobrado.
Piense cómo le hubiera gustado encontrarse ese lugar.

Páginas®
Amarillas

AHORRE AGUA.

Cierre el grifo cuando se afeite o se lave los dientes.

Páginas®
An...

No malgaste papel en su oficina.

Páginas®
Amarillas

PRESERVE LOS RECURSOS NATURALES.

Recicle los envases de vidrio.

Páginas®
Amarillas

Cuidado con el chocolate de Chiapas, Page 265, Track 4

Encuentros y desencuentros

Capítulo 4 — *Ellos y nosotros*

LOS ESTEREOTIPOS

REPASO GRAMATICAL
página 32

Palabra por palabra / Mejor dicho

4-1 Reaccione a las costumbres presentadas a continuación, usando diferentes palabras y expresiones del vocabulario. Escriba oraciones de cinco palabras como mínimo.

Ejemplo: Irene come con sus abuelos todos los domingos.

Es bueno ver a la familia a menudo.

1. En algunas partes de la India, si el marido moría primero, se solía matar a la esposa para incinerarla junto con él.

   _____

2. En Grecia, el día de la boda, la madre del novio le daba una bofetada a la novia para enseñarle a obedecer a su nueva familia.

   _____

3. En los países árabes la mujer debe caminar unos pasos detrás del hombre.

   _____

4. En los países hispanos algunas tiendas cierran por unas horas para que los empleados coman y descansen después de comer.

   _____

5. En Japón es de mala educación no quitarse los zapatos antes de entrar en una casa.

   _____

6. Antiguamente la gente no nadaba hasta dos horas después de haber comido.

   _____

7. En el México colonial solamente las mujeres nacidas en España podían llevar parasoles por la calle.

   _____

4-2 Decida si las siguientes frases, expresiones o palabras contienen **un tópico, un tema, un sujeto o una materia / una asignatura.**

Ejemplo: Todas las familias hispanas están muy unidas.   *Un tópico.*

1. Los hombres no saben expresar sus emociones.   _____

2. En la reunión de hoy se hablará de los viajes internacionales.   _____

3. Francisco Javier Rodríguez es mi jefe.   _____

4. Las matemáticas me traumatizan.   _____

5. Roberta González no vive aquí. _____

6. En Florida siempre hace buen tiempo. _____

7. El presidente quiere discutir el problema de la inmigración ilegal. _____

8. Las mujeres no tienen sentido de la orientación. _____

9. Los opuestos se atraen. _____

10. Me encantaría estudiar psicología. _____

4-3 ¿Qué opina Ud. **con respecto a...**

1. los programas de televisión sexistas?

_____

2. los chistes racistas?

_____

3. quemar la bandera (*flag*) nacional?

_____

4-4 ¿Qué pasa en las siguientes relaciones cuando los primeros les faltan al **respeto a** los segundos?

Ejemplo: un alumno / un maestro

Cuando un alumno le falta al respeto al maestro, el maestro o lo castiga o lo manda a hablar con el director de la escuela.

1. los soldados / el capitán

_____

2. la empleada / el jefe

_____

3. los hijos / los padres

_____

Repaso gramatical

4-5 Complete las oraciones con **hace** y una expresión de tiempo. Recuerde usar **desde** o **que** cuando sea necesario.

1. Trabajan aquí _____.

2. Estáis cantando _____.

3. Leímos los poemas de Pablo Neruda _____.

4. _____ contemplas los cuadros de Velázquez.

5. Espero a mi novio _____.

6. El niño lloraba _____.

7. _____ no funcionaba el ascensor.

8. No salíamos de casa _____.

9. Estabais enfermos _____.

10. _____ no comía frijoles.

4-6 Traduzca las siguientes oraciones, usando expresiones con **hace.**

1. *How long ago did you graduate?*

   _____

2. *It has been several years since we have seen them.*

   _____

3. *How long have they lived next door?*

   _____

4. *I have not been to the movies in ages.*

   _____

5. *It had been months since he had had a letter from her.*

   _____

4-7 Utilice expresiones con **hace** en oraciones negativas para expresar lo que estas personas no han hecho en mucho tiempo.

Ejemplo: (En un dormitorio universitario caótico)

   Alina no ha ordenado su cuarto desde hace meses.

1. 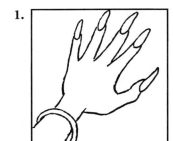   2.    3.

4.    5.

1. _____

2. _____

3. _____

4. _____

5. _____

4-8 Lea el párrafo siguiente y luego escriba cinco oraciones con **hace + pretérito** para referirse a las acciones de Manolita.

> Estoy muy contenta porque hoy he hecho muchas cosas. Me levanté a las siete de la mañana para limpiar la casa. A las nueve ya había terminado y entonces fui al supermercado a hacer la compra. Después, alrededor de las doce, pasé por la oficina de correos a recoger un paquete. A las dos preparé una lasaña que me quedó deliciosa. A las tres me senté a hacer un informe para mi oficina y a las cinco ya lo había terminado. A las seis me fui al gimnasio y estuve en la sauna media hora. A las ocho cené y luego me puse a ver mi programa preferido: Los Soprano. Ahora son las diez de la noche y me voy a meter en la cama a leer una novela y pronto... a dormir. ¡Buenos nachos!

Ejemplo: *Hace más de doce horas que se levantó (Manolita).*

1. _____

2. _____

3. _____

4. _____

5. _____

4-9 Llene el espacio en blanco con la forma correcta del **artículo definido** cuando sea necesario.

1. _____ belleza es subjetiva. ¿No es cierto?

2. ¿Cómo está, _____ señor Maura? ¡Qué gusto verlo!

3. Me encantan _____ gatos. Y ¿a ti?

4. _____ hombre propone y Dios dispone, como dice el refrán.

5. Luis _____ XIV es _____ rey sol.

6. _____ agua es necesaria para mantener _____ vida.

7. _____ presidenta de ATT es muy amiga de Bill Gates.

8. Dicen que _____ amor es ciego.

4-10 Llene el espacio en blanco con la forma correcta del **artículo definido** cuando sea necesario.

Cuenta una antigua leyenda que hace unos cinco mil años unas hojas de té, arrastradas por el viento,

cayeron en una taza de agua caliente que tenía entre _____ manos

_____ mítico emperador chino Shen Nung. _____ soberano

declaró que _____ infusión resultante era considerablemente mejor que

_____ agua sola; más aún, la recomendó como _____ remedio para

_____ males de _____ riñones, _____ fiebre,

_____ infecciones del _____ pecho y _____

tumores que salen en la cabeza. (*Selecciones del Reader's Digest*, diciembre de 1997)

4-11 Traduzca estas oraciones al inglés y explique por qué se usa o no el **artículo definido** en español.

1. El lunes fuimos al mercado.

   _____

   Razón: _____

2. El barbero te afeitó la barba.

   _____

   Razón: _____

3. Los viejos y las mujeres lloraban la muerte de Margarita.

   _____

   Razón: _____

4. Hoy es sábado y mañana es la fiesta de Jazmín.

   _____

   Razón: _____

5. Necesito tazas. ¿Puedes ir a la tienda por ellas?

   _____

   Razón: _____

6. En mi pueblo, los hombres se ponen la boina *(beret)* cuando salen de casa.

   _____

   Razón: _____

7. Carlos I de España es más conocido como Carlos V, emperador de Alemania.

   _____

   Razón: _____

4-12 Decida si es necesario usar el **artículo indefinido** o no y explique por qué.

1. Tengo _____ cien libros en mi dormitorio.

   Razón: _____

2. Rogelio no es _____ conservador sino _____ progresista.

   Razón: _____

3. Araceli compró media _____ docena de naranjas y _____ tomates.

   Razón: _____

4. De ninguna manera te van a dejar entrar aquí sin _____ corbata.

   Razón: _____

5. Maite y Raúl son _____ bailarines extraordinarios.

   Razón: _____

4-13 Traduzca estas oraciones al español. Preste atención al uso de los **artículos.**

1. *If you are neither Argentine nor Colombian, are you Peruvian?*

   _____

2. *Jorge ate more than one hundred olives and half a dozen oysters yesterday.*

   _____

3. *I always take an umbrella along in April because it rains so much then.*

   _____

4. *Pope John Paul II visited Cuba a few years ago.*

   _____

5. *On Saturdays we used to go to school until 1:00 p.m.*

   _____

6. *After you dry your hair, put on your jeans, and we'll go for a walk.*

   _____

7. *They say that Penelope is an excellent cook.*

   _____

8. *They traveled all over Europe without a car.*

   _____

4-14 ¡Qué indecisión! Lea el párrafo siguiente y subraye los **adjetivos nominalizados.** Luego escríbalos en los espacios provistos seguidos del sustantivo original.

> **Ejemplo:** ¿Prefieres los coches automáticos o los de cambios?
>
> ### Prefiero los <u>automáticos.</u> (coches)

La semana pasada destrocé *(wrecked)* mi coche en un accidente y necesito urgentemente comprar uno nuevo. El problema es que no me decido. Encontré uno azul que me gustaba pero yo quería uno rojo y no lo tenían. Luego miré los deportivos, entre los que había muchos rojos, pero estaban fuera de mi presupuesto.

1. _____   3. _____   5. _____

2. _____   4. _____

Creación

¡Uyyy! Por si acaso tocaré madera. Las supersticiones también reflejan la cultura de un país o de uno/a. Escoja alguna en la que Ud. cree (o no) y escriba en una hoja aparte un párrafo comentándola.

Phrases:	*Encouraging; Expressing compulsion; Writing an essay*	
Grammer:	*Possessives; Indirect commands; Negation*	
Vocabulary:	*Cultural periods & movements; Dreams & aspirations; Gestures*	

EL ECLIPSE

Palabra por palabra / Mejor dicho

4-15 Escriba una oración con cada una de las palabras siguientes del vocabulario. Cada oración debe tener cinco palabras como mínimo. ¡Recuerde conjugar los verbos!

1. confiar en _____

2. digno/a _____

3. aislado/a _____

4. todavía _____

5. prisa _____

6. sentarse _____

7. engañar _____

4-16 Reaccione a las siguientes afirmaciones, usando **hora, tiempo** o **vez**.

Ejemplo: *Ese peluquero me cortó muy mal el pelo. No vuelvo otra vez.*

1. No quise ir a pasear por el campo porque estaba nublado.

_____

2. Las hermanas Benavides están demasiado ocupadas esta semana para ir de compras.

_____

3. A Tintín se le perdió el reloj y siempre llega tarde a todos lados.

_____

4. Nos vemos a eso de *(around)* las dos en el restaurante.

_____

5. El conde Drácula volvió a llamar anoche.

_____

4-17 Escriba en el espacio en blanco **un cuento** o **una cuenta** según corresponda.

1. Es parte de un libro. _____

2. Cuando compras algo, te dan una. _____

3. Tiene menos de 50 páginas. _____

4. Se puede pagar en efectivo, con tarjeta de crédito o con cheque. _____

5. La mamá se lo lee a sus hijos. _____

6. La recibes por correo todos los meses. _____

7. En la biblioteca puedes encontrar muchos. _____

8. Un/a autor/a lo ha escrito. _____

Repaso gramatical

4-18 Llene el espacio en blanco con la **a personal** cuando sea necesario. Recuerde que **a** + **el** es **al.**

1. Conozco _____ varios atletas profesionales.

2. Por favor, saca _____ el perro de mi cuarto.

3. Javier y yo hemos analizado _____ su modo de vivir.

4. Pronto consultaré _____ un especialista.

5. No oyó salir _____ el profesor.

6. Tenemos _____ dos hermanas.

7. Les hicimos _____ una pregunta.

8. Tus primos no escucharían _____ consejos de nadie.

9. ¿Llamasteis _____ vuestros amigos?

10. ¿A qué colegio llevan Uds. _____ su hijo?

4-19 **El regalo.** Llene el espacio en blanco con **pronombres de objeto directo** o **indirecto,** según corresponda.

A Óscar, mi hermano mayor, _____ gustan mucho las cajas de fósforos. El _____ colecciona desde hace cinco años. El otro día yo _____ traje a Óscar dos cajas muy antiguas. Mi padre _____ encontró y pensó que no valían nada. Por eso él _____ tiró a la basura.

Óscar buscó por todas partes y no pudo encontrar _____ . A la hora de la cena, Óscar _____ preguntó si habíamos visto las cajas. Papá contestó que sí. Entonces él mismo fue a la cocina, encontró las cajas que aún no estaban estropeadas y _____ _____ entregó a Óscar.

4-20 Llene el espacio en blanco con **lo** cuando sea necesario.

1. —¿Llegas tarde a clase a menudo? —Sí, _____ llego tarde.

2. —¿Crees que tus hermanos van a seguir estudiando español? —Sí, _____ creo.

3. —¿Está Emilia muy ocupada? —Sí, _____ está.

4. —Después de los exámenes los estudiantes parecen exhaustos, ¿verdad? —Sí, _____ parecen.

5. —¿Trabajas tú todos los días? —Sí, _____ trabajo todos los días.

4-21 Traduzca al español las siguientes preguntas, prestando especial atención a la palabra *it*. Luego contéstelas en español.

1. *Is it snowing there?*

   _____

   _____

2. *Do you want to read it this morning? (the report)*

   _____

   _____

3. *Don't you like it? (the conclusion)*

   _____

   _____

4. *Where did they find it? (the watch)*

   _____

   _____

5. *Can it be true? (the rumor)*

   _____

   _____

4-22 Narre una anécdota que le haya ocurrido mientras estaba de viaje. Debe usar por lo menos cinco **pronombres de objeto directo** e **indirecto** y la **a personal.**

_____

_____

_____

_____

_____

_____

_____

_____

_____

Creación

En una hoja aparte escriba una breve composición que empiece o termine con la oración siguiente: "No tuve más remedio que *(I had no choice but)* engañarla".

Phrases:	*Talking about daily routines; Expressing time relationships; Agreeing & disagreeing*
Grammar:	*Object pronouns; Relatives; Verbs: compound tenses*
Vocabulary:	*Gestures; Clothing; Direction & distance*

Palabra por palabra / Mejor dicho

4-23 En directo. Llene el espacio en blanco con la palabra correcta del vocabulario.

LALO: Hola, Lola. No te había visto hasta ahora. ¿Cuánto tiempo llevas *(how long have you been . . .)* en

_____ ?

LOLA: Una media hora. Todavía no me he metido porque el agua está _____ fresquita.

LALO: Oye, Lola, ¿qué has averiguado sobre _____ de las entradas?

LOLA: Pues que van a _____ veinticinco dólares por cada una. Me _____ muchísimo tener que pagar tanto, pero qué le voy a hacer si los Van Van son mi grupo favorito. Y tú, ¿qué? ¿Te animas a venir también?

LALO: _____ ¿Te importaría comprarme dos _____? Tengo una reunión toda la tarde y no voy a poder conseguirlas.

LOLA: Vale.

4-24 Subraye la palabra que complete correctamente la oración.

1. Manuel pensaba que él siempre tenía (derecho / correcto / razón).

2. Si sigues (correcto / derecha / derecho), vas a llegar al museo.

3. Sus parientes no tienen ningún (derecho / razón / correcto) a imponer su opinión.

4. ¿Quién sabe la respuesta (derecho / derecha / correcta)?

5. Enrique acaba de entrar en la facultad de (razón / derecho / correcto). Quiere ser juez.

6. Dicen que el partido de la (razón / correcta / derecha) va a ganar las próximas elecciones.

4-25 Elimine la palabra que no corresponda en la lista horizontal. Busque en un diccionario las palabras que no conozca.

1. molestar   importunar   encantar   fastidiar   incomodar

2. respetar   abusar   forzar   violar   aprovecharse

3. maltratar   hacer daño   brutalizar   parir   golpear

4. acosar   intimidar   perseguir   defender   presionar

4-26 Describa el dibujo siguiente. Utilice, como mínimo, cinco palabras del vocabulario.

_____

_____

_____

_____

Repaso gramatical

4-27 Vuelva a escribir las oraciones siguientes, usando el **se** impersonal. Después traduzca la oración con **se**.

Ejemplo: Hoy día viajan más en avión que en tren.

Hoy día se viaja más en avión que en tren.

Today one travels more by airplane than by train.

1. Vivíamos mejor cuando no había tantos autos.

   a. _____

   b. _____

2. Yo creo que aprendemos mucho aquí.

   a. _____

   b. _____

3. ¿Beben mucho en tu universidad?

   a. _____

   b. _____

4. ¿Estudias mejor solo o con compañeros?

   a. _____

   b. _____

5. Aquí nos levantamos a las ocho de la mañana.

   a. _____

   b. _____

6. Comíamos bien en la tasca de la esquina.

   a. _____

   b. _____

4-28 Indique la función (objeto indirecto, impersonal o reflexivo) que tiene **se** en las oraciones siguientes.

1. Puede quitarse la chaqueta si quiere, pues hace bastante calor.

   _____

2. Ya se lo hemos dicho mil veces a Ramón, pero no nos hace caso.

   _____

3. En muchos lugares de Estados Unidos se habla español.

   _____

4. No se moleste. Yo misma recojo los pedazos de vidrio.

   _____

5. Se decía que nadie iba a poder conseguir entradas.

   _____

6. Se quejan constantemente de la cantidad de trabajo que tienen.

   _____

4-29 Escriba cinco oraciones impersonales en inglés con *people, you, one, they* y después tradúzcalas al español.

1. a. _____

   b. _____

2. a. _____

   b. _____

3. a. _____

   b. _____

4. a. _____

   b. _____

5. a. _____

   b. _____

4-30 Mi jefe. Describa a su supervisor, usando los pares de palabras siguientes y **pero, sino** o **sino que.** Escriba siete oraciones.

Ejemplo: no joven / conserva bien

El no es joven pero se conserva muy bien.

no	sí
norteamericano	hondureño
criticar	alabar (a sus empleados)
simpático	amable
abogado	economista
pagar bien	exigir mucho
dar una paga extra al año	dar un mes de vacaciones
delegar la responsabilidad	supervisar estrictamente

1. _____

2. _____

3. _____

4. _____

5. _____

6. _____

7. _____

4-31 ¿Vale la pena? Ud. está evaluando su actual relación sentimental y tratando de decidir si la rompe o la mantiene. Describa los puntos buenos y malos de la relación, usando **pero / sino / sino que.**

Ejemplo: No me encuentro delirante de felicidad, pero tampoco soy infeliz.

_____

_____

_____

_____

_____

_____

Creación

Algunas personas han hecho público su resentimiento _(resentment, bitterness)_ por el tratamiento especial que reciben algunos miembros de la sociedad, de la universidad, etc. Estos individuos se sienten víctimas de lo que en inglés se denomina _reverse discrimination._ ¿Qué piensa Ud. de ese trato? ¿En qué casos le parece justificado o no? Explique sus razones en una hoja aparte.

Phrases:	_Apologizing; Asking for help; Describing people_	
Grammar:	_Personal pronoun: indirect/direct; Verbs: preterite & imperfect; Verbs: reflexive_	
Vocabulary:	_Body; Classroom; Gestures_	

El machismo, Page 268, Track 5

Capítulo 5

Ellas y ellos

EL TEXTO LIBRE DE PREJUICIOS SEXUALES

REPASO GRAMATICAL
página 39

Palabra por palabra / Mejor dicho

5-1 Primero, subraye las palabras del vocabulario y, luego, complete las oraciones de manera original.

1. Nuestra reivindicación es la siguiente: _____.

2. Alma y Sabrina no se cambiarán de apellido aunque

   _____.

3. Esa serie de televisión refuerza _____.

4. No es aconsejable ocultarles a los niños _____.

5. Es posible que se casen porque _____.

6. Creímos que era soltero porque _____.

7. La moda actual refleja _____.

8. Indiscutiblemente, _____.

9. Cuando uno/a cambia de estado civil, _____.

5-2 Llene el espacio en blanco con una de las palabras siguientes: **papel, hacer / desempeñar el papel / el rol, trabajo, periódico / diario.** Recuerde conjugar los verbos.

1. ¿Vuestro perro no os recoge el _____ por la mañana? Pues el mío sí que lo hace.

2. Cuando jugaba con mi hermano, yo _____ de madre.

3. En nuestra casa recibimos dos _____ solamente los fines de semana: uno local y otro nacional. ¿Y Uds.?

4. ¿Cuándo tenemos que entregar el _____ para la clase de filosofía?

5. Al usar el correo electrónico ahorramos mucho _____.

6. Dos de los _____ principales de México son *El Imparcial* y *Reforma*.

7. Las instrucciones que nos dio decían que el _____ debía tener tres páginas.

8. Para hacer bien ese _____ dramático, tuvieron que ensayar horas y horas.

5-3 Escriba en el espacio en blanco la palabra que complete mejor la oración. **¡Ojo!** A veces hay que conjugar el verbo.

1. ¡Soy un desastre! Cuando tengo que _____ a alguien siempre me bloqueo y se me olvida su nombre. (presentar / introducir)

2. ¡Me encantan los coches nuevos! Entre otras cosas porque se abren por control remoto sin necesidad de _____ la llave en la puerta. (presentar / introducir)

3. Cecilia, en la recepción quiero _____ al dueño de la galería de arte. (introducirte / presentarte)

4. El experimento que tenían que hacer los niños de segundo grado consistía en _____ un palito *(stick)* de madera en el agua. (introducir / presentar)

5. Como mi hermana salía tarde del trabajo, yo siempre _____ a sus niños por las tardes. (importar / cuidar)

6. Nunca me sentí bien entre esa gente; no les _____ nada. (importar / cuidar)

7. _____ la casa no necesariamente es cosa de mujeres. (cuidar / importar)

8. A mí no me _____ manejar largas distancias todos los días si voy escuchando buena música. (importar / cuidar)

9. En Inglaterra hay que _____ al cruzar las calles, pues los autos vienen en la dirección opuesta a la que estamos acostumbrados. (cuidar / tener cuidado)

Repaso gramatical

5-4 Primero, identifique el sujeto, el verbo y el objeto directo de las siguientes oraciones en la voz activa. Después, cámbielas a la **voz pasiva** con **ser** y tradúzcalas al inglés.

Ejemplo: Nuestra empresa   va a contratar a   dos nuevos gerentes.

sujeto ———   **verbo**   **objeto directo**

Dos nuevos gerentes van a ser contratados por nuestra empresa.

sujeto   **verbo**   **agente**
Two new managers   are going to be hired by   our company.

1. Todos celebramos (pret.) las buenas noticias.

   _____

   _____

2. Un grupo de jóvenes organizará un concierto de rock.

   _____

   _____

3. El alcalde de Cajamarca va a recibir a los campeones de la liga de fútbol.

   _____

   _____

4. Lamento que los jueces hayan eliminado a su equipo.

_____

_____

5. Los filósofos han utilizado la palabra "hombre" con sentido universal.

_____

_____

5-5 Llene el espacio en blanco con la forma correcta de **ser** o **estar** según corresponda. Utilice tiempos distintos en cada oración.

1. Estas leyes _____ propuestas por los políticos más conservadores.

2. No pudimos sentarnos en los asientos del estadio porque _____ recién pintados.

3. El personal de servicio _____ contratado por el gerente del hotel.

4. Los detalles del contrato _____ especificados en este documento.

5. La palabra "hombre" puede _____ sustituida por "persona" o "ser humano".

5-6 Primero identifique el verbo y el objeto directo de estas oraciones. Luego cámbielas para que tengan un significado **pasivo** y tradúzcalas. Use **se.**

Ejemplo: Perjudican directamente a las mujeres.

verbo   objeto directo
Se perjudica directamente a las mujeres.
Women are directly harmed.

1. No consideran a las mujeres seres inferiores.

_____

_____

2. Van a redefinir los papeles de la mujer y del hombre.

_____

_____

3. ¿Por qué debemos evitar las comidas picantes?

_____

_____

4. En español reservan el género femenino para trabajos poco prestigiosos.

_____

_____

5. Han invitado al señor Cuervo y a la señora Aguilar.

_____

_____

5-7 Traduzca las oraciones con **se** y explique en cada caso por qué se ha usado esa estructura pasiva y no otra.

La planta del cacao es un árbol que puede alcanzar los 10 metros. Calentando las semillas secas se obtiene una pasta de la que se extrae la mantequilla de cacao y se produce con el resto el polvo de cacao. A continuación, mezclando de nuevo la pasta de cacao, el azúcar y la mantequilla de cacao, se obtienen tabletas de chocolate. Se produce en Bolivia y se cultiva en esta zona del país sin utilizar productos químicos. (Folleto informativo de Equi.3.Mercado. Consumo solidario)

1. _____

_____

2. _____

_____

3. _____

_____

4. _____

_____

5. _____

_____

5-8 Diga cómo se hace algo (por ejemplo, un sándwich de queso, la cama, conducir, andar, subir las escaleras, etc.), utilizando la estructura con **se.**

Ejemplo: *Primero se sacan el queso, el pan y la mayonesa del frigorífico.*

_____

_____

_____

_____

_____

_____

_____

_____

5-9 Escriba tres oraciones con **se** en estructuras **reflexivas** y tres con **se** en estructuras **pasivas.** Después tradúzcalas al inglés.

Ejemplos: *Se bañarán tan pronto como se levanten. (reflexivo)*
They will take a bath as soon as they get up.
Todavía se desconocen las causas del atentado. (pasivo)
The causes of the assassination attempt are still unknown.

1. _____

_____

2. _____

_____

3. _____

_____

4. _____

_____

5. _____

_____

6. _____

_____

Creación

En una hoja aparte, escriba un párrafo, comentando los usos y abusos así como las ventajas y desventajas del lenguaje "políticamente correcto". Sea específico y dé ejemplos. A continuación tiene un ejemplo.

Lenguaje sexista

El pasado domingo 30 de mayo leíamos en EL PAIS la trágica noticia de la muerte de cinco personas turcas en una ciudad alemana, víctimas de un incendio intencionado de origen racista. La barbarie xenófoba nos ha horrorizado una vez más.

Con todo, dado por supuesto el total repudio a este hecho, el presente comentario se refiere al lenguaje periodístico, marcadamente sexista, empleado en la transmisión de la noticia. *Cinco turcos, entre ellos dos niñas, mueren en un incendio provocado en la ciudad alemana de Solingen* es el título bajo el cual se nos informa del acontecimiento en EL PAIS. Idéntico encabezamiento, en su parte inicial, aparece en muchos otros medios de comunicación. Leyendo a continuación el cuerpo de la reseña nos enteramos de que los cinco turcos son, en realidad, cinco turcas, todas ellas, por tanto, del sexo femenino. ¿A qué se debe entonces el masculino empleado en los titulares?

Expertas y expertos en cuestiones lingüísticas justificarían este tratamiento de género, recurriendo a la conocida explicación del término marcado y no marcado. El masculino, como término no marcado —afirmarían—, puede emplearse tanto para referirse a varones como a mujeres. En este caso, el uso del masculino —seguirían, tal vez, razonando— parece más apropiado al ser un género más aséptico e inclinar, de esta manera, a quienes lean la noticia a poner el acento en el aspecto étnico, que, al fin y al cabo, es lo que importa. Más aún, quizá nuestro uso tradicional del lenguaje nos induzca a pensar que la expresión "cinco turcas", en contextos como el aludido, esté rodeada de ciertas connotaciones despectivas. Sería, de acuerdo con ello, una razón más para emplear el masculino y no el femenino. En mi opinión, estamos ante un clarísimo ejemplo de uso sexista del lenguaje. En éste, como en otros muchos textos similares, se produce una ocultación-marginación de lo femenino. Las explicaciones supuestamente científicas no pasan de ser seudo-justificaciones sin base real.

Feliciano Martínez Redondo, León.

Phrases:	*Persuading; Disapproving; Encouraging*
Grammar:	*Verbs: reflexives; Passive with **se**; Negation*
Vocabulary:	*Personality; Professions; Studies*

Palabra por palabra / Mejor dicho

5-10 Escriba en el espacio en blanco la palabra del vocabulario que mejor corresponda. Incluya el artículo definido o indefinido cuando sea necesario.

1. Los ciclistas y futbolistas se lesionan _____ con bastante frecuencia.

2. Me miraba con tanta _____ que lo besé.

3. Mis empleados nunca están _____ cuando yo hablo.

4. De niños José Julio y Juan Manuel eran más _____ que de adultos.

5. El brazalete es una cinta que rodea _____ por encima del codo y que sirve de distintivo o, si es negra, indica luto.

6. Sus antepasados no eran _____, sino proletarios.

5-11 Complete el cuadro siguiente con las palabras que faltan. Las de la fila de arriba son sustantivos; las de abajo adjetivos.

S	ternura			
A		hermoso/a	burgués/a	atento/a

5-12 Seleccione la palabra que mejor complete la oración.

1. La enfermera se encargó de (solicitarme / aplicarme) la crema aséptica.

2. Por favor, firme la (aplicación / solicitud) antes de entregarla.

3. Sandra, ¿por qué no (solicitas / aplicas) una beca Fulbright para el año próximo?

4. Este término (se aplica / solicita) a una gran variedad de plantas.

5. Casi diez mil personas (solicitaron / aplicaron) información turística en Córdoba.

5-13 Escriba en el espacio en blanco **cuestión** o **pregunta**. Decida si debe utilizar el singular o el plural.

1. No vale la pena enfadarnos por esta _____, ¿verdad?

2. En el examen escrito no tuve tiempo de contestar dos _____.

3. A Genoveva no le importa que le hagan _____ personales.

4. Es una _____ de principios.

5. Queremos llegar al fondo de la _____.

Repaso gramatical

5-14 Cambie las oraciones a continuación, empezando con las frases entre paréntesis.

Ejemplo: Yo les escribo una carta. (Parece importante...)

Parece importante que yo les escriba una carta.

1. Hace calor en el verano. (Es lógico que...)

   _____

2. Vamos de vacaciones. (Parece dudoso que...)

   _____

3. Jacinta y Justina bailan muy bien. (Es verdad que...)

_____

4. Vosotros tomáis medicinas para el asma. (Es necesario que...)

_____

5. Tú no fumas. (Es cierto que...)

_____

6. Recuerdo todos los datos del informe. (Conviene que...)

_____

7. Ud. declara la verdad. (Es mejor que...)

_____

8. Nadie sabe la respuesta. (Es evidente que...)

_____

9. Tiene náuseas y no quiere comer nada. (Es normal que...)

_____

10. Los inviernos son cada vez más fríos. (No hay duda que...)

_____

5-15 Vuelva a escribir las oraciones siguientes, introduciendo un segundo sujeto y haciendo los otros cambios necesarios para utilizar el **presente de subjuntivo.**

Ejemplo:　　　Es útil aprender refranes extranjeros.

Es útil que los estudiantes aprendan refranes extranjeros.

1. Es difícil usar el diccionario correctamente.

_____

2. Conviene explicar el significado de las estadísticas.

_____

3. ¿Es posible entender a otros pueblos?

_____

4. Es importante memorizar las expresiones idiomáticas.

_____

5. En este viaje basta llevar ropa ligera y cómoda.

_____

5-16 Complete las oraciones de modo original, prestando atención al tiempo del verbo.

Ejemplo:　　　Es increíble que... *Juan Carlos no quiera salir con nadie.*

1. Es posible que nosotros _____

_____.

2. No es probable que Sara y Edna _____

_____.

3. Es evidente que mi abuela _____

_____ .

4. Es tremendo que el equipo de fútbol _____

_____ .

5. Está claro que las leyes _____

_____ .

5-17 Hable de sus amigos/as o compañeros/as de clase, utilizando **expresiones impersonales.** Preste atención al uso del subjuntivo y del indicativo.

Ejemplo: *Es raro que Mari Pili no quiera celebrar su cumpleaños con nosotros.*

Es evidente que tiene otros planes para ese día.

1. _____

2. _____

3. _____

4. _____

5. _____

5-18 Había una vez una pareja... Describa los dibujos siguientes, utilizando una **expresión impersonal** distinta en cada una de las cláusulas principales. También emplee verbos diferentes en cada una de las cláusulas subordinadas.

Ejemplo: *Es probable que Jorge y Susana visiten a sus amigos esta noche.*

"No, no podemos salir esta noche, no tenemos quien cuide a Humberto.

_____   _____

_____   _____

_____   _____

_____

_____

_____

_____

_____

_____

Creación

En una hoja aparte escríbale una carta a un/a amigo/a que acaba de pelearse con *(has just broken up with)* su novio/a. Trate de consolarlo/a y darle consejos para que recupere su estabilidad emocional. Recuerde usar expresiones impersonales con subjuntivo.

Phrases:	*Agreeing & disagreeing; Reassuring; Self-reproach; Hypothesizing*	
Grammar:	*Verbs:* **conocer** & **saber***; Personal pronouns; Comparisons*	
Vocabulary:	*Dreams & aspirations; Leisure; Personality*	

EVA

Palabra por palabra / Mejor dicho

5-19 Escriba oraciones con los siguientes pares de palabras. Las dos palabras del par deben aparecer en la misma oración.

criar / crecer

portarse mal / por culpa de

tener ganas de / cultivar

hacer caso / llevarse bien

educar / encargarse de

coser / cazar

fastidiar / madurar

1. _____

2. _____

3. _____

4. _____

5. _____

6. _____

7. _____

5-20 Escoja una de las palabras entre paréntesis para completar la oración correctamente.

1. Decidieron (criarlos / educarlos) en un ambiente saludable y los llevaron a un pueblo pequeño.

2. Mi abuela y yo (cultivábamos / crecíamos) rosas en el jardín.

3. Mariana es así porque la (criaron / educaron) las monjas.

4. Mi sobrino ha (crecido / cultivado) tres centímetros este mes.

5. Han (criado / creado) un producto revolucionario.

6. Nos (educaron / criaron) con una disciplina espartana.

7. Es buena idea (madurar / crecer) antes de casarse.

5-21 Deduzca el significado de las siguientes palabras. Si tiene dudas, búsquelas en un diccionario.

1. a. un/a educador/a _____   c. educativo/a _____

   b. Ministerio de Educación _____   d. educado/a _____

2. a. la crianza _____   c. un/a crío/a _____

   b. malcriado/a _____   d. una criatura _____

3. a. el crecimiento _____   c. con creces _____

   b. creciente _____   d. un crecepelo _____

4. a. el/la cultivador/a _____   c. cultivable _____

   b. el cultivo de (la uva, etc.) _____   d. culto/a _____

5. a. maduro/a _____   c. inmaduro/a _____

   b. la maduración _____   d. la madurez _____

Repaso gramatical

5-22 Escriba en el espacio en blanco la forma verbal del **presente de indicativo** o del **subjuntivo** según corresponda.

1. Estamos completamente seguros de que hoy _____ su cumpleaños. (ser)

2. A menudo dudo que (yo) _____ algún día. (casarse)

3. No hay duda de que todavía le _____ el brazo. (doler)

4. Creo que las piscinas municipales no _____ hasta el mes de mayo. (abrir)

5. ¿Por qué dudáis que nosotros _____ de su crianza? (encargarse)

6. Es seguro que tú ya no _____ a crecer más. (ir)

7. Los del departamento de publicidad niegan que anuncios de sus comerciales _____ los estereotipos. (reforzar)

8. Es dudoso que los cazadores de la región _____ a cazar este esta semana. (salir)

5-23 Cambie las siguientes oraciones afirmativas a negativas y viceversa.

1. No creo que Venancio sea madrileño.

_____

2. Dudo que Clara sepa el significado de la palabra "coger" en México.

_____

3. Es cierto que Norberto siempre hace trampa.

_____

4. Creo que en Cuba le dicen "habichuelas" a las judías verdes.

_____

5-24 Suponga que su hermano menor está a punto de graduarse de la escuela secundaria. Escriba cinco oraciones, usando el **subjuntivo,** que expresen sus dudas sobre el futuro de su hermano.

Ejemplo: *No creo que mi hermano esté listo para vivir solo.*

1. _____

2. _____

3. _____

4. _____

5. _____

5-25 Llene el espacio en blanco con el **posesivo** o con el **artículo** según corresponda.

Durante _____ crucero a Cuba, se me estropeó _____ cámara

fotográfica; la llevaba en una de _____ maletas y en _____ barco se

mojó. Pero por suerte _____ compañero de viaje, Roberto, me dejó utilizar

_____. Por eso, pude fotografiar _____ rincones de La Habana

favoritos de _____ parientes y _____. Cuando _____

madre vio las fotos, se le llenaron _____ ojos de una alegría que le duró mucho tiempo.

5-26 Conteste estas preguntas con **pronombres posesivos,** es decir, omitiendo el sustantivo.

Ejemplo: ¿De qué color es su coche?

El mío es gris metálico.

1. ¿De qué marca *(brand)* es su computadora?

   _____

2. ¿Cómo está su cuarto?

   _____

3. ¿Cuándo compró su lámpara halógena?

   _____

4. ¿Dónde tiene sus trofeos?

   _____

5. ¿Está su bicicleta en el garaje?

   _____

5-27 **Catástrofe en el supermercado.** Describa la escena siguiente, usando **adjetivos** y **pronombres posesivos.** Ud. es una de las personas de la ilustración y tiene que decir a quién pertenece cada cosa. Siga el ejemplo.

Ejemplo: *Los huevos son, bueno, eran míos, pero la crema de afeitar debe ser tuya.*

1. _____

2. _____

3. _____

4. _____

5. _____

Creación

 En una hoja aparte resuma un mito que conozca sobre la creación de los seres humanos. Si no conoce ninguno, busque información en Internet sobre las creencias de las culturas indígenas de América (los mayas, aztecas o incas) y encontrará varios.

Phrases:	*Expressing time relationships; Expressing location; Talking about past events*
Grammar:	*Relatives; Passive constructions with* **se;** *Adverbs*
Vocabulary:	*Religions; Numbers; Animals*

Cupido al diván, Page 271, Track 6

Capítulo 6

En familia

REPASO
GRAMATICAL
página 47

LA COCINA DE ZUMBAGUA

Palabra por palabra / Mejor dicho

6-1 Escriba un párrafo sobre una familia ideal, utilizando todas las palabras del vocabulario.

_____

_____

_____

_____

_____

_____

_____

_____

_____

_____

6-2 Conteste las siguientes preguntas. Preste atención al uso de los términos **alimentar, alimento** y **comida.**

1. ¿Qué alimentos deben evitar los que están a dieta?

_____

2. ¿De qué se alimentan los animales salvajes?

_____

3. ¿Qué otras comidas sabes preparar además de espaguetis?

_____

4. ¿Son los cereales un alimento fundamental para ti?

_____

5. ¿Te encantan las comidas picantes *(spicy, hot)*? ¿Desde cuándo?

_____

6. ¿Eres alérgico/a a algún alimento?

_____

6-3 Escriba en el espacio en blanco **manera, modo, modales, de manera que, de todos modos,** según corresponda.

1. En mi opinión, ése no es _____ de educar a una hija.

2. Nos quejamos de sus _____, pero no conseguimos nada.

3. Pon la tetera *(teapot)* y las tazas en una bandeja *(tray)*, Amalia. De esa _____ te será más fácil servir el té.

4. _____ no piensas decírmelo. ¡Muy bonito!

5. _____ no deberían haberla expulsado del colegio por esa tontería.

6. Es un paraguas muy pequeño _____ puedes llevarlo en un bolso.

7. La contrataron en el hotel Ritz por sus buenos _____.

Repaso gramatical

6-4 Llene los espacios en blanco con la forma correcta del verbo entre paréntesis.

1. Queremos que uno de nuestros nietos _____ ingeniero. (ser)

2. Al supervisor le molesta que yo no _____ uniforme todos los días. (usar)

3. ¿Y esperan que nosotros _____ traje y corbata? (ponerse)

4. Temo que mi esposa _____ de mí. (avergonzarse)

5. Le duele que su hija ya no _____ en ella. (confiar)

6-5 Combine las oraciones que aparecen a continuación. Empiece con la frase entre paréntesis.

Ejemplo: Juanita no estudia mucho. (Yo quiero...)

Yo quiero que Juanita estudie más.

1. ¿Lo hacemos ahora? (¿Quiere Ud....?)

   _____

2. Vosotros no conocéis Valparaíso todavía. (Siento...)

   _____

3. ¿Te traigo un jugo o un agua mineral? (¿Deseas...?)

   _____

4. Uds. se encuentran bien. (Nos alegramos...)

   _____

5. Luis conseguirá el permiso de residencia. (Su familia espera...)

   _____

6. Su hija come muy poquito. (A Manolo le preocupa...)

   _____

6-6 Escriba un diálogo de seis oraciones entre dos amigos que quieren ir al cine y están decidiendo lo que van a hacer, ver, etc. Utilice verbos de deseo y emoción. Preste atención al uso del **subjuntivo.**

Ejemplo: —*¿Quieres que vayamos a la sesión de las siete o a la de las nueve?*

   —*Si no te importa, prefiero que vayamos a la de las nueve.*

_____

_____

_____

_____

_____

_____

6-7 Vuelva a escribir las oraciones siguientes, utilizando el **presente perfecto de subjuntivo** en la tercera persona (singular o plural) en la cláusula subordinada *(subordinate clause)*. Haga los cambios necesarios.

Ejemplo: Es admirable conducir toda la noche.

   Es admirable que (él/ellos) haya(n) conducido toda la noche.

1. ¿Espera Ud. haber terminado antes de las cinco?

_____

2. Nos sorprende haber llegado tan pronto.

_____

3. Lamento no haber conocido a su cuñada.

_____

4. Inmaculada se alegra de haber pedido un batido de fresa.

_____

5. ¿No es fabuloso haber podido ver el partido de fútbol desde tan cerca?

_____

6-8 Complete los espacios en blanco con el **presente de subjuntivo** o el **presente perfecto de subjuntivo,** según corresponda. Preste atención a todos los elementos de la oración.

1. Es muy probable que ya tus abuelos _____ porque todas las luces están apagadas. (acostarse)

2. No creemos que la asociación te _____ porque no ha llegado ninguna notificación. (denunciar)

3. ¿No estás segura de que Ramoncito lo _____ bien? Pues, entonces, dile que vuelva a hacerlo. (hacer)

4. Sinceramente dudo que (ellos) _____ el estrecho esta tarde pues hay muchas olas. (cruzar)

5. Pero Bernarda, ¿cómo es posible que ahora no te _____ ? (acordar)

6. Es lógico que tú no _____ de nada de esto, pues sucedió cuando estabas en el extranjero. (enterarse)

7. No puedo creer que (tú) se lo _____ a tu hermano. Sabes muy bien que él no debería haberlo sabido nunca. (decir)

6-9 Haga suposiciones sobre el retraso *(delay)* de una novia *(bride)* a su boda. Utilice el **presente perfecto de subjuntivo** y diferentes verbos y expresiones en la primera cláusula.

Ejemplo: *Es muy probable que (la novia) se haya equivocado de iglesia.*

¿Dónde estará... ?

1. _____

2. _____

3. _____

Creación

En una hoja aparte, conteste la siguiente carta como si Ud. fuera la señorita Modales *(Miss Manners)*.

> *Estimada¹ Srta. Modales:*
>
> *Anoche fui a cenar con mi familia al restaurante de un amigo de mis padres. Me tocó sentarme al lado del dueño, el cual nos hizo muchos honores. Para ser sofisticada pedí carne tártara² sin saber que se trataba de carne cruda. Cuando me la trajeron, no pude comérmela. Mi madre se enfadó conmigo porque le pareció una grosería que yo no tocara el plato. ¿Qué debería haber hecho para quedar bien delante del amigo de mis padres?*

———————————————

Estimada = *Dear*   carne tártara = *steak tartar*

Phrases:	Writing a letter (formal); Talking about past events; Appreciating food
Grammar:	Accents; Verbs: imperative **Ud.**; Verbs: past participle
Vocabulary:	Food; Animals; Senses

LA BRECHA

Palabra por palabra / Mejor dicho

6-10 Llene el espacio en blanco con una palabra de esta sección. Incluya los artículos definidos cuando sea necesario.

1. ¡Qué raro! Durante _____ el marido no se desmayó.

2. Como dice el refrán, _____ prevenir _____ curar.

3. ¡Qué suerte tengo! Mi esposa le cambia _____ al niño tantas veces como yo.

4. Sabíamos que estaba embarazada, pero no cuándo iba a _____ .

5. ¿Ves este traje de novia? Pues _____ me gustaría que fuera el mío.

6. Los recién casados se fueron de _____ a Acapulco.

7. No sé cómo vamos a _____ para dar de comer a tantos niños.

8. Los fumadores corren muchos _____.

9. Después de _____ la primera vez, es natural no querer tener más hijos.

10. Nos avisaron de que estabas de _____.

11. Para las mujeres víctimas de la violencia doméstica hay _____.

12. "La pastilla del día después" es un método anticonceptivo y _____ la Iglesia católica la considera igualmente inadmisible.

6-11 Subraye la palabra del vocabulario que mejor complete la oración.

1. Se cayó y se sintió (embarazada / avergonzada / vergonzosa).

2. El uso de anticonceptivos evita que las mujeres se queden (avergonzadas / embarazadas).

3. Tú te pondrías roja también en una situación tan (embarazada / embarazosa / avergonzada).

4. ¿No te parece (vergonzoso / embarazoso) que malgasten el dinero de esa manera?

5. Algunas escenas de la película me parecieron (vergonzosas / embarazosas / embarazadas).

6-12 **La llamada.** Llene el espacio en blanco con **entonces**, **luego** o **después**.

Ese día me tocaba a mí cocinar. Primero había ido al supermercado a comprar pescado y _____ había pasado por la pastelería a recoger una tarta. Estaba a punto de sacar el besugo del horno cuando sonó el teléfono. Iba a cogerlo pero _____ me di cuenta de que la comida estaba lista y, si esperaba, se echaría a perder (would be ruined). Lo dejé sonar pensando que podría escuchar _____ los mensajes en el buzón de voz. Cenamos tranquilamente y _____ los escuché.

Repaso gramatical

6-13 Conteste cada una de las preguntas siguientes con dos **mandatos:** uno **afirmativo** y otro **negativo** de **tú.** Siga el ejemplo.

> **Ejemplo:** —¿Debo ir al supermercado?
>
> —*Sí, ve por favor. /— No, no vayas al supermercado.*

1. ¿Debo levantarme temprano?

   _____

2. ¿Debo casarme joven?

   _____

3. ¿Debo divertirme después del examen?

   _____

4. ¿Debo hacer todos los ejercicios?

   _____

5. ¿Debo salir ya para el aeropuerto?

   _____

6-14 Dele consejos a alguien que tiene catarro *(cold)* o gripe *(flu)*. Escriba un **mandato afirmativo** y otro **negativo** para cada una de las oraciones. Utilice la forma de **Ud.** Siga el ejemplo.

> **Ejemplo:** *No beba bebidas muy frías y duerma mucho.*

1. _____

2. _____

3. _____

4. _____

5. _____

6-15 Unos cuantos amigos y Ud. están haciendo planes para viajar por España. Escriba cinco **mandatos afirmativos** y cinco **negativos** con **nosotros.** Use las dos formas del mandato afirmativo.

> **Ejemplo:** *Visitemos/Vamos a visitar la Sagrada Familia en Barcelona.*
>
> *No vayamos a una corrida de toros.*

1. _____

   _____

2. _____

   _____

3. _____

   _____

4. _____

   _____

5. _____

_____

6-16 Escriba un **mandato afirmativo** y otro **negativo** a las siguientes personas.

1. a alguien que te gusta

_____

_____

2. a tu compañero/a de cuarto

_____

_____

3. a una profesora

_____

_____

4. a tus padres

_____

_____

5. a alguien que te está molestando *(bothering)*

_____

_____

6-17 **Indicativo/subjuntivo/imperativo.** Complete la carta siguiente con la forma verbal del presente de indicativo, del presente de subjuntivo o con un imperativo, según corresponda.

Queridísima hija:

Tu padre y yo nos hemos enterado de que has roto con Guillermo. No _____ (preocuparse). A tu edad es normal que estas cosas _____ (ocurrir). _____ (tener) confianza en ti misma. No hay duda que _____ (ser / estar) una chica inteligente y encantadora. Es muy probable que _____ (conocer) a otro chico como Guillermo bastante pronto. Ya lo verás.

Mientras tanto *(meanwhile)*, _____ (salir) con tus amigas y _____ (divertirse). No es bueno que una joven _____ (quedarse) sola en casa todo el tiempo después de una ruptura sentimental.

_____ (acordarse) de llamarnos este fin de semana. Queremos saber cómo _____ (encontrarse) para poder ayudarte. ¡Ánimo!

Hasta pronto. Un abrazo muy fuerte.

Tu madre,

Carmela

6-18 Escoja la opción que mejor complete la oración.

1. La crianza de los hijos _____ una tarea difícil. ¿A que sí?
   a. es   b. están   c. está

2. _____ ayudándoles con las matemáticas cuando se apagó la luz.
   a. Estábamos   b. Éramos   c. Había

3. ¿Prefieren que _____ niño o niña? —La verdad _____ que nos da igual.
   a. esté/está   b. haya/sea   c. sea/es

4. ¿_____ capaz de criarlo sola? —Bueno, mis padres me van a ayudar.
   a. Estarás   b. Serás   c. Habrás

5. ¡Qué vergonzosa _____ la menor! Desde luego no ha salido a su madre.
   a. eres   b. es   c. soy

6. _____ padres que cuidan de sus bebés y _____ muy contentos de hacerlo.
   a. Son/son   b. Están/son   c. Hay/están

7. Sí, _____ de viaje, pero ya _____ de vuelta.
   a. han sido/son   b. han estado/están   c. han estado/han sido

8. _____ las dos de la madrugada cuando se despertó y todavía _____ despierto.
   a. Eran/está   b. Era/es   c. Fueron/estuvo

9. El bautizo _____ en un monasterio; _____ una ceremonia muy íntima.
   a. estaba/había   b. estuvo/era   c. fue/fue

10. Dudo que _____ de acuerdo en todos los detalles.
    a. estemos   b. seamos   c. hayamos

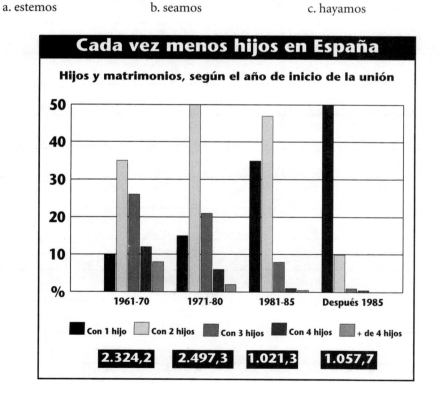

6-19 Describa a un/a muchacho/a que esté tratando de decidir dónde casarse. Preste atención al uso de **ser**, **estar** y **haber**. Utilice las formas verbales del pasado.

_____

_____

_____

_____

_____

_____

_____

_____

6-20 Los verbos **ser**, **estar, haber** y **tener** se utilizan muchísimo en la lengua hablada. Sin embargo, al escribir (y, sobre todo, a un nivel avanzado) hay que procurar emplear otros verbos. Escriba un párrafo sobre los protagonistas de una serie televisiva (por ejemplo, los Simpsons) sin utilizar ninguno de estos verbos.

_____

_____

_____

_____

_____

_____

_____

_____

_____

_____

_____

_____

_____

**Salud II
Maternidad / Paternidad
El embarazo**

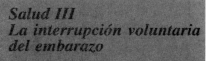

**Salud III
La interrupción voluntaria
del embarazo**

**Salud II
Maternidad / Paternidad
El parto y el posparto**

Creación

En una hoja aparte, comente alguna noticia de actualidad relacionada con el tema de la maternidad, la planificación familiar, los métodos anticonceptivos, las madres de alquiler, etc.

MUJERES EMPAREJADAS[1] QUE UTILIZAN ALGUN METODO ANTICONCEPTIVO, POR EDAD, LUGAR DE RESIDENCIA Y NIVEL DE ESCOLARIDAD, EN PAISES SELECCIONADOS

(Porcentajes)

| País | Año | Mujeres de 15 a 19 años | Mujeres de 15 a 49 años | | | | | | | |
| | | | Total | Residencia | | Nivel de escolaridad[2] | | | | |
				Urbana	Rural	1	2	3	4	5
BOLIVIA	1989	16,0	30,3	39,1	19,4	11,5	24,8	38,4	52,8	—
BRASIL (NORDESTE)	1991	41,3	59,2	65,6	49,1	44,3	55,0	62,6	67,8	77,2
COLOMBIA	1990	36,9	66,1	69,1	59,1	52,6	63,3	69,4	76,8	—
ECUADOR	1987	15,3	44,3	53,3	32,7	18,5	41,0		56,6	—
EL SALVADOR[3]	1985	21,7	44,5	58,7	30,1	35,7	40,7	52,0	45,4	56,2
GUATEMALA	1987	5,4	23,2	43,0	13,8	9,8	24,3	47,4	60,0	—
MEXICO	1987	52,7	52,7	32,5	59,2	23,7	44,8	62,0	69,9	—
PARAGUAY	1990	35,4	48,4	56,8	38,7	30,8	40,2	50,0	62,4	—
PERU	1992	29,1	59,0	66,1	41,1	34,9	51,3	65,6	73,2	—
R. DOMINICANA	1991	17,4	56,4	60,1	50,1	41,5	53,0	57,2	59,2	66,3

Notas: (1) Unión legal o consensual. (2) Estos niveles varían de acuerdo con la estructura del sistema educativo de cada país y la forma como fueron categorizados en el informe. (3) Se refiere al Area Metropolitana.

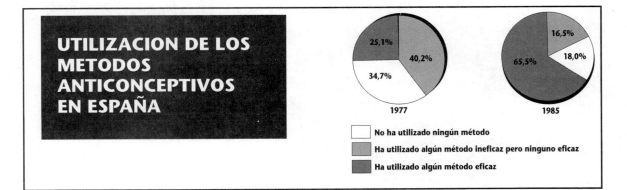

Phrases: Expressing an opinion; Expressing indecision; Disapproving
Grammar: Verbs: infinitive & gerund; Verbs: transitive & intransitive; Subjunctive with **ojalá**
Vocabulary: Media: newsprint; Medicine; Countries

Palabra por palabra / Mejor dicho

6-21 Llene el cuadro con las palabras que faltan. Las palabras de la primera línea son verbos y las de la segunda son sustantivos. Luego escriba cinco oraciones, utilizando tantas palabras del vocabulario como pueda.

V	ayunar	amenazar		abofetear		
S			el castigo		el regalo	la mentira

1. _____
2. _____
3. _____
4. _____
5. _____

6-22 Complete las oraciones siguientes. Utilice **porque, a causa de** y **por** (y la imaginación).

1. En la película *Gilda* Glenn Ford le dio una bofetada a Rita Hayworth _____.

2. La mononucleosis se contagia _____.

3. Vamos a ayunar este viernes _____.

4. Las bañeras *(bathtubs)* pueden ser peligrosas _____.

5. La mafia les había amenazado _____.

6. No pienso castigar nunca a mis hijos _____.

6-23 Llene los espacios en blanco con **hay que, tener que** o **deber** en el tiempo verbal adecuado.

1. Algunos lugares _____ verlos personalmente para apreciarlos.

2. Uno _____ prepararse cuidadosamente para un viaje.

3. Para ir a Cuba _____ tener un permiso especial.

4. Los chicos menores de dieciséis años no _____ viajar solos.

5. Los turistas que viajan en grupo no _____ preocuparse de los planes del día.

6-24 **Consejos para ser feliz.** Escriba tres consejos generales (con **hay que**) y tres específicos (con **tener que / deber**).

Ejemplo: *Hay que saber disfrutar de la vida.*

Tienes que (debes) trabajar menos.

1. _____

2. _____

3. _____

4. _____

5. _____

6. _____

Repaso gramatical

6-25 Escriba **por** o **para** en los espacios en blanco cuando sea necesario.

He venido al consulado norteamericano porque necesito un visado. _____ hablar

con el cónsul me dicen que hay que tener cita previa. Les digo que yo había concertado la mía la semana

pasada y me dejan entrar _____ una puerta giratoria. A continuación, me indican que

pase _____ un detector de metales. _____ fin llego a una sala

bastante grande. Somos unos 20 los que esperamos _____ al cónsul. Con suerte,

llegaré a casa _____ la hora de cenar. Menos mal que he dejado preparada la cena

_____ mis hijos y no tengo que preocuparme _____ esto.

6-26 Explique el significado de **por** y **para** en el fragmento siguiente.

La expresión informal de saludo, usada (1) para dirigirse a personas a las que se trata con familiaridad es "¡hola!" En encuentros fortuitos, (2) por ejemplo, en la calle o en una visita, se dice "¿Qué tal estás?" (3) Para transmitir un mensaje (4) por intermedio de otra persona, la forma corriente es "recuerdos de mi parte a X". (María Moliner, *Diccionario de uso del español*)

1. _____

2. _____

3. _____

4. _____

6-27 Traduzca las oraciones siguientes, prestando atención a las preposiciones **por** y **para.**

1. *Are those flowers for me?*

_____

2. *The ghost was drawn by my little sister.*

_____

3. *Because my dog was afraid of storms, he hid under the bed.*

_____

4. *Carmencita praised me for my work.*

_____

5. *The composition is for Prof. Cruz's class.*

_____

6. *Is there really a relief for migraines?*

_____

7. *I was waiting for the bus when it started to snow.*

_____

6-28 El subjuntivo con conjunciones de **propósito, excepción** y **condición.**

Complete las oraciones siguientes con el tiempo correcto del subjuntivo.

1. Iremos al picnic, a no ser que _____.

2. Lavaré las sábanas, a condición de que _____.

3. A Mariana le pagarán una carrera universitaria, a menos que _____.

4. Rodolfo se puso una peluca *(wig)* para que _____.

5. A mi madre no le importa lo que cuesten los libros, como con tal de que _____.

6. Luis y Alberto serán buenos amigos, siempre que _____.

6-29 Escriba cinco oraciones sobre sus costumbres de ayer y de hoy, utilizando conjunciones de **propósito, excepción** y **condición.**

Ejemplo: *Por las tardes, íbamos a caminar por el parque a menos que lloviera.*

1. _____

2. _____

3. _____

4. _____

5. _____

6-30 Traduzca las siguientes oraciones al español. Tendrá que usar el subjuntivo en las cláusulas subordinadas.

1. *Our grandparents left without our knowing it.*

_____

2. *We must go to the doctor today unless you are feeling better.*

_____

3. *You should invite Ricardo so that he doesn't feel left out.*

_____

4. *Provided that everyone is here on time, we intend to leave for the theater at 6:00 p.m.*

_____

5. *In case you get home before I do, please start dinner.*

_____

6-31 Combine las dos columnas siguientes de acuerdo con el significado de las oraciones. Después tradúzcalas.

1. Yo nunca como pan   a. de manera que haya para todos.
2. Hay bastante pan para la cena b. en caso de que esté cerrada la panadería.
3. Voy a llamar a la panadera c. a no ser que tú te lo comas todo antes.
4. Ha aprendido a hacer pan   d. salvo que sea integral *(whole wheat)*.
5. Vete a comprar pan al supermercado e. para que nos guarde una barra de pan *(baguette)*.
6. Vamos a repartir el pan   f. sin que nadie se lo haya enseñado.

1. _____

_____

2. _____

_____

3. _____

_____

4. _____

_____

5. _____

_____

6. _____

_____

Creación

El otro miembro de la familia. En una hoja aparte, escriba un análisis de la tira cómica. ¿Qué nos dice de la familia moderna? ¿Qué (des)une a sus miembros?

	Phrases:	*Describing people, objects; Expressing irritation; Expressing a wish/desire*
	Grammar:	*Verbs: progressive tenses; Prepositions: **a, de**; Personal pronouns*
	Vocabulary:	*Family members; House; Media: television & radio*

Juego perfecto, Page 273, Track 7

Patria/Nación: Acercamientos

Capítulo 7 — Geografía e historia

REPASO GRAMATICAL
página 54

FIERA PATRIA

Palabra por palabra / Mejor dicho

7-1 Escriba una oración con cada uno de los siguientes pares de palabras.

1. sabor / olor

   _____

2. choque / amanecer

   _____

3. recoger / llevar

   _____

4. querer / entrañable

   _____

5. amar / risa

   _____

6. patria / preguntarse

   _____

7. compartir / asegurarse

   _____

8. llevar / sano/a

   _____

7-2 Escoja la respuesta correcta.

1. Mi profesor me (aconseja / avisa) que consulte la enciclopedia Espasa-Calpe.

2. Ya te he dicho que si pasa algo, me (avises / aconsejes) a cualquier hora.

3. El recepcionista nos ha (aconsejado / avisado) por teléfono que ha llegado un paquete.

4. Me (avisaron / aconsejaron) que había dejado encendidas las luces del carro.

5. Amador quiere que le (aconsejemos / avisemos) sobre sus problemas románticos, pero preferimos no hacerlo.

7-3 Escoja el término correcto en español para expresar la palabra entre paréntesis.

1. En la boda el novio le dijo a la novia que en realidad no la _____. *(loved)*

2. Hace años que nos _____ el pescado y los mariscos. *(love)*

3. Marcelo creía que yo lo _____ pero se equivocaba. *(desired)*

4. A Leticia _____ la manera como Gertrudis se reía. *(loved)*

5. ¿Por qué será que a todo el mundo _____ los viernes? *(love)*

6. Por culpa de sus padres, Adela no se casó con Octavio aunque lo _____. *(loved)*

7-4 Complete las oraciones con **tomar**, **llevar** o **traer.** Conjugue los verbos cuando corresponda. Preste atención al tiempo verbal.

1. Antes yo _____ a mi hermana pequeña conmigo a todas partes; ya no.

2. Florencia, ¿le importa recoger las gafas que dejé en el salón y _____ melas a la cocina?

3. ¿_____ un taxi para venir de tu casa al trabajo? Te ha debido costar carísimo, Bernardo.

4. Déjeme ayudarla. _____ Ud. una de las bolsas y yo _____ la otra.

5. ¡Cómo me duele la rodilla! Voy a _____ me una aspirina ahora mismo.

6. —¿Has _____ tú las entradas? —No, yo no; pensaba que las ibas a _____ tú.

Repaso gramatical

7-5 Subraye la forma entre paréntesis que complete la oración correctamente.

1. En la fiesta (que / la que / la cual) dio el presidente hubo doscientos invitados.

2. Hay muchas trampas contra (que / las cuales / la que) hay que estar alertas.

3. Los jefes, (que / los que / cuyos) regalos eran muy generosos, nos halagaban continuamente.

4. La gente (quien / la cual / que) no te conoce bien cree que eres muy ingenua.

5. En el metro, hombres a (quienes / las cuales / que) no conocía me cedían el asiento.

6. Las rosas, (las que / que / cuyas) hojas estaban ya marchitas, fueron al cubo de la basura.

7. ¿De (quién / cuyos / los cuales) son estos informes?

8. Irene renunció a una carrera brillante, (la cual / lo cual / el cual) no me lo explico.

7-6 Combine estas oraciones, usando el **relativo** que más convenga.

Ejemplo: El castillo estaba al lado de un lago. Visitamos el castillo ayer.

> *El castillo que visitamos ayer estaba al lado de un lago.*

1. Contrataron al candidato. El candidato tenía excelentes referencias.

   _____

2. Las jugadoras no toleran a ese entrenador. Los comentarios de ese entrenador son sexistas.

   _____

3. Juan Alberto siempre nos critica todo lo que hacemos. Eso me molesta mucho.

   _____

4. Mi hermana me llamó. Esta hermana acaba de tener una niña. (¡Ojo! Tengo otras hermanas.)

_____

5. Sofía y Carmen salieron juntas. Ellas se conocieron hace dos días.

_____

6. Leí el cuento en la escuela secundaria. El cuento se titulaba "Paseo".

_____

7-7 Se han presentado dos candidatas para el puesto que su compañía ha anunciado en el periódico. A continuación tiene algunas de sus cualidades. Evalúelas, utilizando algunos de los relativos. Escriba cinco oraciones.

	CANDIDATA 1	**CANDIDATA 2**
Estudios:	escuela secundaria 2000	Empresariales, universidad 1995
Experiencia:	dos años con Microsoft	ocho años con ITT
Lenguas:	francés y español	ruso y alemán
Habilidades:	toca los tambores (_drums_)	pinta acuarelas (_watercolors_)
Premios:	Medalla de oro en natación, Juegos Olímpicos 2004	Secretaria del Año 2001–02

Ejemplo: _La candidata que sabe español podría ayudarnos con los clientes hispanos._

1. _____

2. _____

3. _____

4. _____

5. _____

7-8 Escriba cuatro oraciones que contengan **cláusulas de relativo (restrictivas y no restrictivas)** para hablar de sus compañeros de clases, amigos, etc. Subraye el **pronombre relativo.**

Ejemplo: _Mercedes, a quien ya había conocido en otras de mis clases, me parece simpatiquísima._

1. _____

2. _____

3. _____

4. _____

7-9 Primero, observe la longitud de la oración siguiente. Luego, subraye todos los **pronombres relativos**. ¿Qué relación hay entre una cosa y otra, es decir, entre la longitud de una oración y las cláusulas de relativo?

> Se trata del proceso que se ha llamado liberación de la mujer, iniciado a partir de 1964 en todo el mundo capitalista desarrollado y consistente, tanto en la paulatina disminución del compromiso familiar femenino, por el que antes las mujeres aceptaban concentrar sus esfuerzos en sus hogares, como en el progresivo incremento de su compromiso profesional, por el que hoy las mujeres pasan a concentrar sus esfuerzos prioritarios en el desempeño de alguna profesión que les confiera plena independencia económica. (*El País*, 13 de junio de 1993)

_____

_____

_____

Creación

Escriba en una hoja aparte un breve informe sobre un país hispano para presentar oralmente en clase. Puede referirse a cualquiera de los siguientes aspectos.

1. La geografía: las islas Galápagos, los volcanes, el lago Titicaca, las cataratas del Iguazú, etc.

2. La historia: la colonización, la independencia, la Revolución nicaragüense, etc.

3. Figuras históricas o míticas del pasado o del presente: los Reyes Católicos, Pancho Villa, Che Guevara, la Llorona, la China poblana, etc.

4. La religión, los grupos étnicos, los productos, la economía, etc.

Phrases:	*Sequencing events; Weighing evidence; Hypothesizing*	
Grammar:	*Comparisons: equality, inequality; Verbs: **conocer** & **saber***	
Vocabulary:	*Continents; Countries; Fairy tales & legends*	

TRES HÉROES

Palabra por palabra / Mejor dicho

7-10 Complete los espacios en blanco con una de las palabras del vocabulario. Utilice diferentes tiempos verbales.

1. Al subir las escaleras Doña Eulalia _____ mucho.

2. Ocurrió al _____ en el jardín. Iba _____ y se clavó algo en el pie *(stepped on something)*.

3. El gato _____ sigilosamente a nosotros.

4. Nunca antes _____. Ahora me gustan más los caballos.

5. Unos _____ y otros _____; así son las guerras.

6. ¿Cómo se llamaba el astronauta que clavó *(stuck)* _____ de su país en la luna?

7. A Estela la _____ del trabajo por no cumplir bien sus tareas.

8. Iñaki devolvió el dinero que encontró en la calle. Eso sí que es ser _____.

9. El conjunto de fuerzas aéreas o terrestres se conoce como _____.

7-11 Llene los espacios en blanco, usando una de las expresiones entre paréntesis. Recuerde conjugar el verbo cuando sea necesario.

1. ¿ _____ qué piensas cuando sonríes de ese modo? (En / De / Ø)

2. No sé qué _____ tu sugerencia. (pensar en / pensar de / pensar)

3. No se preocupen. Nosotras _____ una solución. (pensar en / pensar de / pensar)

4. ¿De verdad quieres que te diga lo que _____ ti? (pensar en / pensar de / pensar)

5. (Ellos) _____ averiguarlo lo antes posible. (pensar en / pensar de / pensar)

7-12 Traduzca las oraciones siguientes, prestando atención a **igual** y **mismo/a**.

1. *We always make the same mistake.*

   _____

2. *Isn't her doctor the same as yours?*

   _____

3. *Men and women should be treated the same.*

   _____

4. *My boyfriend and I worked at the same restaurant.*

   _____

5. *Tina and Puri wrote the speech themselves.*

   _____

7-13 Escoja la palabra correcta.

1. Si (luchas / peleas / combates) tanto con Elvira, te va a dejar por otro hombre.

2. Han estado (luchando / peleándose / combatiendo) lejos de su patria.

3. A veces hay que (luchar / combatir / pelearse) por los derechos de los otros.

4. Todos estamos dispuestos a (combatir / luchar / pelear) si hay una revuelta.

5. No logro llevarme bien con mi hermana; siempre (peleamos / combatimos / luchamos) sin motivo alguno.

Repaso gramatical

7-14 Al lado de la forma del presente de subjuntivo escriba la del **imperfecto de subjuntivo**.

1. pidas _____
2. venza _____
3. traigan _____
4. niegues _____
5. sueñe _____

6. venga _____
7. pagues _____
8. dé _____
9. empiecen _____
10. vaya _____

7-15 Vuelva a escribir estas oraciones en el pasado. Utilice **el imperfecto de subjuntivo** en la cláusula subordinada.

Ejemplo: Es asombroso que Mario no se enferme nunca.

Era asombroso que Mario no se enfermara nunca.

1. Esperas que Vicente se acuerde de vuestro aniversario.

   _____

2. Es una lástima que Lucía no termine la tesis.

   _____

3. Dudamos que nos hagan este enorme favor.

   _____

4. Es improbable que vivamos en una tienda de campaña.

   _____

5. Lorenzo y Ángela lamentan que los demás no puedan asistir.

   _____

6. No creo que tu tío se acerque por aquí hoy.

   _____

7. Es necesario que alguien resuelva este conflicto laboral.

   _____

8. Graciela y Eduardo quieren que vosotros sigáis una carrera prestigiosa.

   _____

9. Todos mis amigos me aconsejan que no mienta tanto.

   _____

10. Me parece admirable que Braulio hable tantas lenguas.

    _____

7-16 Escriba en el espacio en blanco la forma del presente de **indicativo** o de **subjuntivo** de los verbos entre paréntesis, según corresponda.

1. Los expertos indican que la economía _____ a tardar en recuperarse. (ir)

2. Nos han dicho que _____ en la bolsa, pero con precaución. (invertir)

3. Hace semanas que los periódicos repiten que el país _____ en una situación magnífica. (encontrarse)

4. Ya te dije que yo todavía no _____ a cuánto está el dólar. Pregúntale a Francisco. (saber)

5. Siempre que la directora del colegio te ve, te repite que _____ mejor. (comportarse)

6. Dime que me _____ una vez más. (querer)

7-17 Conteste las preguntas siguientes, utilizando el **indicativo** o el **subjuntivo** en la cláusula subordinada.

Ejemplo: ¿Qué le dices a un/a amigo/a que está pasando un mal momento?

Le digo que no se preocupe, que todo pasará.

1. ¿Qué le dices a tu compañero/a de cuarto si utiliza tus cosas sin pedirte permiso?

   _____

2. ¿Qué le dices a la gente que te pregunta por tu vida sentimental?

   _____

3. ¿Qué le dices a tu profesor/a si te pide la tarea y no la tienes hecha?

   _____

4. ¿Qué le dices a alguien que no te hace caso?

   _____

5. ¿Qué les dices a tus padres cuando te quedas sin dinero?

   _____

6. ¿Qué le dices a alguien que deja la caquita (excrementos) de su perro en la calle?

   _____

7-18 **Revisión médica.** Escriba ocho oraciones con los **verbos de comunicación** para hablar de la última vez que le hicieron una revisión médica *(check-up)*. Empiece con las instrucciones que le dieron al entrar y termine con lo que le dijo el/la médico/a. Utilice el **subjuntivo** en tres de las oraciones y el **indicativo** en cinco de ellas.

Ejemplo: *El enfermero me repitió que me quitara los calcetines.*

La médica me indicó que los resultados de los análisis de sangre no me los enviarían a casa.

1. _____

2. _____

3. _____

4. _____

5. _____

6. _____

7. _____

8. _____

Creación

Todos somos héroes. En una hoja aparte escriba una historia (real o inventada) en la que usted o alguien que conoce realizó una acción heroica.

Phrases:	*Describing weather; Warning; Congratulating*
Grammar:	*Demonstrative adjs. & prons.; Indirect Commands with **que**; Adjective agreement*
Vocabulary:	*Body; Health; Beach*

LA MALINCHE

REPASO GRAMATICAL
página 60

Palabra por palabra / Mejor dicho

7-19 Primero, subraye las palabras que pertenecen al vocabulario y luego complete las oraciones de forma original.

1. _____ se apoderarán de _____ y no tendremos más remedio que _____.

2. Hubo _____ pero todos salimos ilesos. ¡Qué _____!

3. _____ nos han traicionado y ahora _____.

4. ¿Cómo se mantendrán _____ si no _____?

5. Un ejemplo de represalia es _____.

6. Cuando alguien sufre privaciones de niño/a, luego _____.

7. La decadencia y caída del Imperio Romano _____.

8. ¿Dónde conseguirán las armas _____?

9. Por mucho que insistas, no vamos a apoyarte en _____.

10. En la escuela secundaria yo no aguantaba que _____.

7-20 Traduzca al español las palabras entre paréntesis.

1. ¡Cuidado! Esta mesa no puede _____ mucho peso. *(support)*

2. Margarita y Vicente _____ a toda su familia con su trabajo. *(support)*

3. ¿_____ vosotros a los políticos de derecha o de izquierda? *(Do you support)*

4. Ernesto no _____ que lo llamen mentiroso. *(stand)*

5. Sabía que su mejor amiga lo _____ en esos difíciles momentos. *(would support)*

6. En español no existe una palabra equivalente al adjetivo *supportive*; hay que utilizar el verbo _____ para expresar esa cualidad. *(to support)*

7-21 Escriba en el espacio en blanco las palabras **hecho, dato** o **fecha** según corresponda, y el **artículo definido** o **indefinido** cuando sea necesario.

1. El 12 de diciembre de 1531 es _____ de la aparición de la Virgen de Guadalupe.

2. Es _____ indiscutible que su aparición tuvo importantes consecuencias.

3. Esta empresa garantiza la protección de _____ personales.

4. De _____, pocos libros de historia coinciden en todo.

5. _____ que has puesto está mal; hoy no es 9 de julio.

Unidad III • Capítulo 7
PRÁCTICA ESCRITA

7-22 Escriba un párrafo sobre algún tema político (real o inventado) que contenga palabras de estas secciones. Haga que parezca una noticia para leer por la radio.

_____

_____

_____

_____

_____

Repaso gramatical

7-23 Combine las dos oraciones como muestra el ejemplo. Observe que la segunda contiene un verbo de **petición** o **mandato**.

Ejemplo: Roberto viaja solo. Su mamá no le permite a Roberto...

   Su mamá no le permite a Roberto que viaje solo.

1. Gastamos demasiado en cenas de negocios. La directiva nos ruega

_____

2. Pablito come poco. El pediatra insiste en

_____

3. Buscamos otro trabajo. Isaías y Fernando nos aconsejan

_____

4. Asistís a todas las clases. Los profesores os exigen

_____

5. Anita dice la verdad. Su tía le pide

_____

6. Salimos con ellos. Mi papá nos prohíbe

_____

7. Duermes ocho horas. Tu empleo te impide

_____

8. Pedís pescado. La camarera os sugiere

_____

9. Uds. pagan la multa. La policía les ordena

_____

10. Hablo muy alto. El bibliotecario me ruega

_____

7-24 Imagínese que es el/la jefe de personal *(staff manager)* de una empresa. Mencione cinco cosas que no pueden hacer sus empleados y empleadas. Utilice verbos de **petición** o **mandato** y el **subjuntivo.**

Ejemplo: *Les prohíbo a los/las empleados/as que se lleven materiales de la oficina.*

1. _____

2. _____

3. _____

4. _____

5. _____

7-25 Complete las oraciones siguientes. Preste atención al uso del **presente** y el **imperfecto de subjuntivo.**

Ejemplo: Cuando era pequeña mis maestros me permitían...

que durmiera en clase.

1. Amor mío, te pido de todo corazón que _____.

2. En el hospital donde trabajamos nos han prohibido que _____.

3. Se ruega a todos los fumadores que por favor _____.

4. A veces el mal tiempo nos impedía que _____.

5. Cuando era traviesa *(naughty)* mis padres no me dejaban que _____.

7-26 **Consultorio sentimental.** Dígale a su mejor amigo, que tiene problemas con su novia, lo que debe hacer en las siguientes circunstancias. Utilice verbos de **petición** o **mandato** y el **imperfecto** de **subjuntivo.** El verbo de la cláusula principal debe estar en el condicional.

Ejemplo: Julia, mi novia, se niega a ir a los partidos de fútbol conmigo.

Pues yo en tu lugar, insistiría en que fuera todos los sábados.

1. No quiere conocer a mi familia.

_____

2. Nunca se ofrece a pagar la cuenta.

_____

3. Baila con otros siempre que vamos a una fiesta.

_____

4. Sus amigas siempre están en su apartamento.

_____

5. Prefiere leer un libro que cocinar.

_____

7-27 Describa los dibujos siguientes, utilizando los **verbos** de **petición** o **mandato** en la cláusula principal y **el subjuntivo** en la cláusula subordinada.

Ejemplo: *El guardia no permite que estacione nadie aquí.*

1. _____

2. _____

3. _____

4. _____

5. _____

7-28 Traduzca las oraciones siguientes e indique si son oraciones **reflexivas** o **recíprocas**.

1. Mi vecina y yo no nos hablamos desde hace meses.

   _____

2. Se fueron y no se despidieron de nadie.

   _____

3. ¡Qué coincidencia! Mi hermana y su novio y Luisa y yo nos casaremos el próximo verano.

   _____

4. Los buenos amigos nunca se traicionarán.

   _____

5. Pero ¿por qué no os lleváis bien?

   _____

7-29 Complete estas oraciones con la expresión **el uno al otro** o una de sus variantes. Preste atención a la **preposición** que debe usar entre uno y otro.

1. Los políticos liberales y los conservadores no confían _____.

2. Las madres y las hijas se necesitan _____.

3. Esa senadora y su esposo se preocupan mucho _____.

4. Con las nuevas formas de hablar los hombres y las mujeres demostrarán más respeto _____.

5. Elena, Sandra y tú os quejáis _____ constantemente.

6. El candidato ganador y el derrotado se saludaron _____.

7-30 Usando **oraciones recíprocas**, mencione seis acciones que según el protocolo una figura política y su esposo/a deben o no hacer en público.

Ejemplo: *No deben insultarse delante de las cámaras de televisión.*

Se deben mostrar cariñosos el uno con la otra.

1. _____

2. _____

3. _____

4. _____

5. _____

6. _____

Creación

En defensa propia. A Ud. lo/la han acusado de algo que no ha hecho, o bien alguien ha interpretado mal sus acciones o palabras. En una hoja aparte, escriba una carta para defenderse de esas acusaciones. La carta debe tener tres párrafos: en el primero explique cómo se ha enterado de lo que le imputan; en el segundo, exponga la razón de sus actos o palabras, y si es inocente, presente una coartada *(alibi)*; y en el tercero, examine las consecuencias que esos rumores pueden tener para su reputación.

Phrases:	*Apologizing; Asserting & insisting; Self-reproaching*
Grammar:	*Verbs: conditional; Verbs: future; Articles*
Vocabulary:	*Personality; Game cards; Quantity*

Geografías, Page 276, Track 8

Capítulo 8

Represiones: Denuncias y resistencias

PRESO SIN NOMBRE, CELDA SIN NÚMERO

REPASO GRAMATICAL
página 62

Palabra por palabra / Mejor dicho

8-1 Complete las oraciones siguientes con palabras del vocabulario. Incluya el **artículo definido** o **indefinido** cuando sea necesario. Recuerde usar las contracciones.

1. Dicen que de _____ al amor sólo hay un paso.

2. _____ de la candidata política ocurrió ayer a las tres de la madrugada.

3. (Nosotros) _____ a las diez, y a medianoche se oyeron unos golpes en la puerta que nos _____ a todos.

4. En los bebés _____ excesivo puede ser síntoma de aburrimiento, de hambre o de enfermedad.

5. Cuando éramos refugiados, comíamos mal y por eso nos sentíamos muy _____.

6. Hay gente que no puede soportar _____.

7. ¿Era joven o viejo _____ que vino? No lo sé; sólo me fijé en que en el uniforme tenía NYPD.

8. No quiere trabajar más en _____. Dice que resulta muy _____.

9. Rezaremos _____ por su alma. Que en paz descanse.

10. Goya pintó dos versiones de un mismo cuadro: *La maja vestida* y *La maja* _____.

11. _____ de seguridad muy seria nos prohibió entrar en la Embajada.

8-2 Escoja la palabra correcta.

1. ¿Tiene (sentido / sensación / sentimiento) recurrir a la violencia para mantenerse en el poder?

2. Tenía (la sensación / el sentido / el sentimiento) de que alguien me observaba.

3. Al caer se dio contra la pared y perdió (la sensación / el sentido / el sentimiento).

4. Su (sensación / sentido / sentimiento) de patriotismo era tan fuerte que continuó luchando aunque estaba herido de muerte.

8-3 Escriba ocho oraciones relacionadas con las ilustraciones siguientes. Utilice **sentido, sensación** o **sentimiento** en cada una de ellas.

1.

2.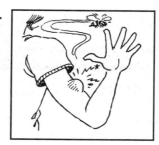

3.

4.

5.

6.

7.
$$\sqrt{12.6}\ (r^2)\pi$$
$$x - \cos.^+4.13$$
$$= \frac{4}{27} \cdot 59.8^{10}$$

8.

Ejemplo: *¿Tiene sentido cómo ha hecho el cálculo?*

1. _____

2. _____

3. _____

4. _____

5. _____

6. _____

7. _____

8. _____

Repaso gramatical

8-4 Llene el espacio en blanco con el tiempo y modo correspondiente de los verbos entre paréntesis.

Timerman no conocía a los hombres que lo _____ (secuestrar).

En su casa no había joyas que _____ (valer) millones, ni libros que

_____ (tratar) de temas subversivos. Los únicos objetos que

_____ (tentar) a los secuestradores fueron su reloj y un encendedor que

su esposa le _____ (regalar).

8-5 Complete las oraciones a continuación. Tenga cuidado con el modo y el tiempo del verbo en las cláusulas adjetivales.

1. ¿Hay algo que _____?

2. Gaspar tenía una amiga que _____.

3. ¿Conoces a alguien que _____?

4. Jorge necesitaba un libro que _____.

5. ¿Hay un lugar en el que _____?

6. No conocíamos a ningún mecánico que _____.

7. Había unas zapatillas deportivas que _____.

8. Están buscando un billete de avión que _____.

8-6 Escriba un párrafo para describir al/a la candidato/a ideal para un puesto de guardaespaldas *(bodyguard)*. Utilice verbos diferentes en cada oración. Siga el ejemplo.

Ejemplo: *Tendría que ser alguien que fuera muy fuerte.*

_____

_____

_____

_____

8-7 Escriba las siguientes formas del **imperfecto de subjuntivo,** empleando la otra terminación.

Ejemplo: tuvieran   *tuviesen*

comieses   *comieras*

1. desfiláramos   _____

2. sintieras   _____

3. quedaran   _____

4. afeitara   _____

5. vierais   _____

6. pudiese   _____

7. fuesen   _____

8. jurases   _____

9. siguieseis   _____

10. probásemos   _____

8-8 Escriba oraciones que contengan una cláusula adjetival (con **subjuntivo** o **indicativo**). Hable de Ud. mismo/a y de su mundo.

Ejemplo: *Voy a un gimnasio que me queda muy cerca de casa.*

              Nunca me haría socia de un gimnasio que no tuviera (tuviese) sauna.

1. _____

2. _____

3. _____

4. _____

5. _____

Creación

Imagínese que Ud. sufre de algún tipo de fobia: claustrofobia, agorafobia, hidrofobia, aracnofobia (*fear of spiders*). En una hoja aparte, explique desde cuándo ha tenido esa fobia y lo que hace para superar el sentimiento de terror.

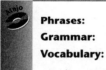

Phrases:	*Asking & giving advice; Describing health; Weighing alternatives*
Grammar:	*Article: definite; Demonstrative adjectives; Verbs: transitive & intransitive*
Vocabulary:	*Face; Gestures; Medicine*

EPIGRAMA

Palabra por palabra / Mejor dicho

8-9 Definiciones. Escriba en el espacio en blanco la palabra correcta del vocabulario.

_____ 1. Telón sobre el que se proyectan las imágenes del cinematógrafo o de otro aparato de proyecciones.

_____ 2. Intranquilidad, desasosiego, desazón, ansiedad.

_____ 3. Herramienta *(tool)* compuesta de una cabeza, por lo común de hierro, y un mango *(handle)*.

_____ 4. Marchar en orden y formación ante alguna autoridad.

_____ 5. En vano, inútilmente.

_____ 6. Que tiene muchas ganas y necesidad de comer.

_____ 7. Derecho a manifestar las ideas de uno públicamente.

_____ 8. Ser fantástico que se representaba bajo la forma de mujer, y a quien se atribuían poderes mágicos y el don de adivinar el futuro.

8-10 Llene el espacio en blanco con una de las opciones siguientes. No repita ninguna. Preste atención al sujeto de la oración.

rechazaré	no quiso	se negará a
rechazan	no quisieron	me niego a
rechazaste	no quisiste	se niegan a

1. _____ poner el aire acondicionado cuando hace 20 grados centígrados.

2. ¿Sabías que en algunos bares _____ las propinas *(tips)*?

3. ¿Por qué _____ Ud. alquilar un coche en el aeropuerto ayer?

4. No entiendo por qué Sonia Flores _____ cantar en público.

5. ¿Ya no te acuerdas? Ayer _____ ir a la exposición conmigo.

6. No _____ su proposición sino que la aceptaré.

7. Generalmente mis hijas _____ hablar en inglés conmigo.

8. Aunque Cecilia y Elisa _____ ayudarnos, otros muchos sí lo hicieron.

9. Matilde, ¿por qué _____ nuestra invitación? ¿Tenías otros planes?

8-11 Complete las oraciones siguientes con **abajo, bajo** o **debajo de,** según corresponda. ¡Ojo a las contracciones!

1. ¿Has visto la película *Cantando* _____ *la lluvia*?

2. No, pero ponte _____ el paraguas porque te estás mojando.

3. El ensayo trata de la represión cultural _____ la dictadura de Franco.

4. ¿Quién vivía dos pisos más _____?

5. Deberán estar _____ la supervisión paterna hasta que cumplan 18 años.

6. Y siguieron tan contentas calle _____.

Repaso gramatical

8-12 Transforme estas oraciones afirmativas en negativas o viceversa.

1. Nunca íbamos a ningún partido de fútbol los domingos.

   _____

2. Yo no lo quiero tampoco.

   _____

3. No teníamos nada que comer.

   _____

4. Hasta Germán se negó a hacerlo.

   _____

5. Espero que nadie venga con nosotros.

   _____

6. Ninguno de mis amigos estará en la biblioteca.

   _____

7. A Claudia no le gustaban ni el azul ni el rojo.

   _____

8. Hoy vamos a comprarte algún libro.

   _____

8-13 Traduzca las oraciones al español.

1. *He never wanted to try anything new.*

   _____

2. *Not even Santa Claus was happy about the snow.*

   _____

3. *Esteban bought some tapes, but I didn't buy any.*

   _____

4. *We went to the movies, too.*

   _____

5. *Irma also always did as she pleased.*

   _____

8-14 Llene el espacio en blanco con el **pronombre** correspondiente.

1. Arturo viajaba antes con un ordenador portátil, pero ahora no _____ lleva.

2. Visitaremos a tus familiares y _____ entregaremos la carta y los regalos.

3. Aunque firmaron una tregua *(truce)*, no parece que _____ respetarán.

4. ¿La mala noticia? Ya _____ _____ hemos dado a todo el mundo.

5. ¿El coche, dices? No volveremos a prestár-_____ _____ jamás en la vida.

6. Tatiana, habla más alto. Es difícil oír-_____.

7. A Soledad y a Julia no _____ gusta el diseño moderno, tanto como a vosotras.

8. ¿A sus sobrinos _____ van a ver antes de Navidad?

9. La bebida, ¿ _____ traes tú o quieres que _____ traiga yo?

10. A Emilio y a Domitila nos _____ encontramos ayer en el supermercado.

8-15 Conteste las oraciones siguientes con **pronombres** de **objeto directo** o **indirecto** y subráyelos.

1. Y tú, ¿cuándo vas a venir a visitarme?

   _____

2. Oye, ¿de verdad que no me recuerdas?

   _____

3. A que no has llamado *(I bet you have not called)* a tu agente de bolsa *(stockbroker)* recientemente.

   _____

4. Si vieras a alguien famoso en la calle, ¿qué le dirías?

   _____

5. ¿Dónde tienes guardadas las gafas nuevas?

   _____

6. ¿Les hiciste un regalo a Juan Felipe y a Laura por su aniversario?

   _____

7. ¿Conoces bien a Pablo y a Nuria?

   _____

8. ¿No le gustaban a Rosana las romerías?

   _____

8-16 Traduzca las oraciones siguientes, prestando atención a los pronombres de **objeto directo** e **indirecto** y a **lo.**

1. *I saw her, but she did not see me.*

   _____

2. *The job advertised in the paper? They should not apply for it.*

   _____

3. *I am very tired, Arantxa. Aren't you, too?*

   _____

4. *Who told her to wait? I don't know; it was not me.*

   _____

5. *Giovanna and Gina, are you both Italian? —Yes, we are.*

   _____

6. *We were waiting for you. (sing.)*

   _____

7. *I knew they were not going to pay for it (meal).*

   _____

8. *She likes it (swimming) and I do, too.*

   _____

9. *Just give it (the check) to us. (sing.)*

   _____

8-17 Lea con atención el siguiente poema de un escritor romántico español (Gustavo Adolfo Bécquer) y luego diga a qué puede referirse el pronombre **lo** que aparece en el primer verso. El poema no lo dice, por eso Ud. debe averiguarlo.

Cuando me **lo** contaron sentí el frío
de una hoja de acero en las entrañas° *a cold sharp blade piercing my innermost being*
me apoyé contra un muro, y un instante
la conciencia perdí de dónde estaba.° *I did not know where I was.*

Cayó sobre mi espíritu la noche;° *Night fell on my spirit*
en ira y piedad se anegó el alma°... *my soul drowned in rage and pity*
¡Y entonces comprendí por qué se llora,
y entonces comprendí por qué se mata!

Pasó la nube de dolor°... con pena *The painful moment passed as a cloud*
logré balbucear° breves palabras... *I managed to stammer a few words*
¿Quién me dio la noticia?... Un fiel° amigo *loyal*
¡Me hacía un gran favor!... Le di las gracias.

_____

_____

_____

8-18 Conteste estas preguntas, utilizando el **futuro de probabilidad** y los nombres de sus compañeros/as de clase. En clase, compare sus respuestas con las de un/a compañero/a.

Ejemplo: ¿A quién le gustará la música *country*?

A Eugenio le gustará ese tipo de música.

1. ¿Quién sabrá la letra de "Guantanamera"?

_____

2. ¿Quién será el/la más sensato/a de la clase?

_____

3. ¿Quién coleccionará máscaras?

_____

4. ¿Quiénes serán capaces de preparar un plato típico mexicano?

_____

5. ¿A quién le encantará disfrazarse en Halloween?

_____

6. ¿Quiénes se sentarán cerca de la pantalla cuando van al cine?

_____

7. ¿Quiénes escucharán canciones de protesta?

_____

8. ¿A quiénes les fascinarán todavía los cuentos de hadas?

_____

9. ¿Quiénes no querrán cenar a las 10:00?

_____

10. ¿Quién no sabrá bailar "La Macarena"?

_____

8-19 Ricitos de oro *(Goldilocks)*. Imagínese que Ud. es uno de los osos del famoso cuento y acaba de llegar a la cabaña después de un paseo por el bosque. Reaccione ante lo que encuentra, utilizando el **futuro perfecto** de **probabilidad.**

Ejemplo: una puerta abierta

   ¿Quién habrá dejado la puerta abierta?

1. un tazón de leche vacío

_____

2. una silla rota

_____

3. las velas *(candles)* encendidas

_____

4. una cama destendida *(not made)*

_____

5. unos rizos rubios

_____

8-20 Escriba lo que haría Ud. en estas circunstancias, usando **el condicional simple** en sus respuestas.

Ejemplo: Está perdido/a en una ciudad que no conoce.

Buscaría a un policía.

1. Está en una fiesta y alguien le ofrece cocaína.

   _____

2. Está en una reunión y ve que alguien tiene una pistola.

   _____

3. Caminando por la playa encuentra una billetera con mucho dinero.

   _____

4. Alguien que tiene el síndrome de abstinencia *(withdrawal)* le pide ayuda.

   _____

5. Está solo/a en casa y muy enfermo/a.

   _____

6. Un detective del FBI lo/la detiene en el aeropuerto.

   _____

8-21 Escriba lo que habría hecho Ud. en las siguientes circunstancias.

Ejemplo: Mi amigo Felisberto se marchó de la fiesta cuando aparecieron las primeras drogas.

Yo me habría marchado también./ Yo me habría quedado en la fiesta.

1. Esther encontró unos polvos sospechosos en el baño de su residencia y no se lo comunicó a la administración.

   _____

2. A Jorge le presionaron para que usara esteroides, pero él se negó a hacerlo.

   _____

3. Ernesto y Andrés compraron las drogas sintéticas (o de diseño) que les ofrecieron en la discoteca.

   _____

4. La semana pasada los estudiantes protestaron contra las restricciones impuestas a las "fraternidades."

   _____

5. Gabriela se molestó cuando su madre le preguntó si estaba usando la píldora anticonceptiva.

   _____

Creación

Sin piedad *(No mercy).* Las figuras políticas suelen ser el blanco *(target)* de muchos de los chistes que se escuchan en la televisión o en la calle. ¿Cree Ud. que es bueno para la sociedad la crítica despiadada *(merciless)* de sus dirigentes? ¿Por qué sí o por qué no? ¿Debería haber excepciones? ¿Cuáles? ¿Para qué sirve el humor político? En una hoja aparte escriba una composición sobre este tema, dando ejemplos concretos.

Phrases:	*Asserting & insisting; Weighing the evidence; Agreeing & disagreeing*
Grammar:	*Verbs: conditional; Relatives: antecedent; Verbs: **conocer** & **saber***
Vocabulary:	*Personality; Body; Animals*

UN DÍA EN LA VIDA

Palabra por palabra / Mejor dicho

8-22 Subraye la palabra que no pertenezca al grupo.

1. cura   iglesia   sacerdote   padre

2. oración   plegaria   pecado   rezo

3. empeorar   enfermar   mejorar   decadencia

4. puesto que   como   desde   porque

5. ignorar   averiguar   desconocer   no enterarse

8-23 Complete el cuadro con las palabras que faltan. Las palabras de arriba son sustantivos y las de abajo, verbos.

S	la	la averiguación	el mejoría		la confianza
V	esperar			preocuparse	

8-24 Complete las oraciones siguientes, utilizando palabras del vocabulario. Escriba el artículo definido cuando sea necesario.

1. A primera vista Jorge parece una persona pretenciosa pero _____ no lo es.

2. ¿_____ (tú) algo? — No, todavía no, pero seguiré preguntando.

3. Un otorrinolaringólogo trata las enfermedades de garganta, nariz, y _____.

4. En la última carrera la corredora se quedó sin _____.

5. _____ no lo sabía, no hice nada.

6. _____ es lo último que se pierde, como dice el refrán.

7. _____ el cambio de gobierno las condiciones sociales y laborales han empeorado.

8. ¿Quién _____ de que os hayan castigado?

8-25 Escoja la respuesta correcta.

1. Ana está (repasando / revisando / reseñando) el manuscrito antes de mandárselo a la casa editorial.

2. Vamos a (repasar / revisar / reseñar) nuestros apuntes mañana a las ocho. ¿Quieres reunirte con nosotros?

3. No quiero que (reseñes / revises / repases) mi guión cinematográfico porque eres demasiado crítico.

4. Si no (revisamos / reseñamos / repasamos) este capítulo antes del examen, no sacaremos buenas notas.

Repaso gramatical

8-26 Vuelva a escribir estas oraciones en el **tiempo progresivo** cuando sea posible. Recuerde que puede usar otros verbos además de **estar.**

1. Mientras yo <u>hacía</u> los ejercicios de traducción, los demás <u>veían</u> la televisión.

   _____

2. Estaba tan cansada que <u>dormí</u> hasta las tres de la tarde.

   _____

3. Mis compañeros me <u>han molestado</u> toda la tarde.

   _____

4. Ojalá <u>vengan</u> mis abuelos a mi graduación.

   _____

5. Mis padres esperan que yo <u>aprenda</u> mucho en esta universidad privada.

   _____

6. <u>Habían buscado</u> un regalo para cuando yo me graduara.

   _____

7. Después de graduarme, me <u>iré</u> de vacaciones.

   _____

8-27 **¡Pasajeros al tren!** Usando la **forma progresiva,** diga lo que están haciendo los personajes del dibujo.

Ejemplo: *Algunos viajeros están esperando la salida del tren de las 4:00 de la tarde.*

1. _____

2. _____

3. _____

4. _____

5. _____

6. _____

8-28 Interrogatorio. Escriba ocho oraciones, continuando la siguiente conversación telefónica entre dos amigos. Utilice los **tiempos progresivos** en algunas de las oraciones.

—Hola, Miguel Angel, ¿dónde estuviste esta mañana?

—Entre las 10:00 y las 12:00 estuve resolviendo unos asuntos en el banco.

_____

_____

_____

_____

_____

_____

_____

8-29 Una entrevista de trabajo. Conteste estas preguntas, utilizando los mismos verbos empleados en las preguntas. Preste atención a la estructura de **gustar** y otros verbos afines.

Ejemplo: —Antes de empezar, ¿le apetece un café? ¿Un té?

—No, gracias; ahora mismo no me apetece nada.

1. ¿Cuántos meses le faltan para terminar los estudios?

_____

2. ¿Le importaría a su familia que Ud. trabajara los fines de semana?

_____

3. ¿Por qué le interesa el puesto de contable *(accountant)*?

_____

4. ¿A qué países le encantaría viajar como nuestro representante?

_____

5. ¿Cuánto le gustaría ganar al año?

_____

6. ¿Cuándo le apetecería conocer al resto del equipo?

_____

8-30 Complete las oraciones siguientes con el **pronombre** apropiado y un final original.

1. En este momento _____ nos encantarían _____ .

2. _____ Almudena _____ sobra _____ .

3. ¿_____ te fascinó _____ ?

4. La verdad es que a nadie _____ gustaría que _____.

5. A _____ no les agrada que nosotras _____.

6. Vendisteis todas las _____ y no _____ quedó ninguna para mí.

8-31 **¡Se acabó!** Después de salir varias semanas con un/a chico/a, Ud. se dio cuenta de que no estaban hechos el uno para la otra. Escriba cinco oraciones, contrastando lo que les gustaba y lo que no.

Ejemplo: *Pues mira, a él le encantaban los programas infantiles de TV, y a mí no.*

1. _____

2. _____

3. _____

4. _____

5. _____

Creación

En una hoja aparte, explique la presencia de la religión en su vida o en la historia contemporánea. ¿Es más o menos importante ahora que en otras épocas? ¿Y en los Estados Unidos que en otros países?

Phrases:	Comparing & contrasting; Denying; Expressing time relationships	
Grammar:	Article: definite; Comparison: adjectives; Verbs: subjunctive with **que**	
Vocabulary:	Cultural periods & movements; Media: television & radio; Religions	

Los comedores de la solidaridad, Page 279, Track 9

Capítulo 9

Tomar las armas

REPASO GRAMATICAL
página 67

Palabra por palabra / Mejor dicho

9-1 Relacione una de las palabras de la derecha con una de la izquierda.

_____ 1. el comienzo   a. entrenarse

_____ 2. los partidarios   b. dispuesto/a

_____ 3. el cese de hostilidades   c. reunión pública para reclamar o protestar

_____ 4. el atentado   d. las letras iniciales

_____ 5. ejercitarse   e. la tregua

_____ 6. la manifestación   f. el paro laboral

_____ 7. listo/a   g. el principio

_____ 8. conducir   h. guiar o dirigir hacia un lugar

_____ 9. la huelga   i. el disparo

_____ 10. la sigla   j. los que forman parte de un grupo o lo apoyan

_____ 11. la pistola   k. ataque contra la vida o integridad física de alguien

9-2 Escoja la palabra que complete la oración correctamente.

1. Muchos inocentes han (matado / muerto) en la guerra.

2. Un psicópata (mató / murió) a cincuenta y siete personas en un centro comercial.

3. ¿Cuándo (se murió / mató) el panda del zoológico?

4. Me voy a acostar. (Me muero / Muero) de sueño.

5. Mucha gente (muere / se mueren) de cáncer todos los años.

6. ¿(Matarían / Morirían) a Griselda en el campo de concentración?

7. Si intentamos huir, nos van a (matar / morir).

8. Isabel (se muere / muere) por ver a su marido.

9-3 Traduzca las palabras entre paréntesis según corresponda. Use dos verbos cuando sea posible.

1. La verdad es que no comprendemos lo que (Ud.) _____. *(you mean)*

2. No pudimos deducir lo que _____ esa palabra. *(it meant)*

3. ¡No te enfades conmigo! No _____ eso. Te lo prometo. *(I meant)*

4. Este premio _____ mucho para mí. Muchas gracias. *(it means)*

Repaso gramatical

9-4 Complete las oraciones siguientes, utilizando **el pluscuamperfecto de subjuntivo.** Siga el ejemplo.

Ejemplo: Los pescadores no habían pescado nada ese mes.

Era raro que *los pescadores no hubieran pescado nada ese mes.*

1. Habían vuelto muy cansados de faenar toda la noche.

   No nos sorprendió que _____.

2. Los pescadores habían recogido las redes *(nets)*.

   No esperábamos que _____.

3. Debido a un desastre ecológico no había quedado ni un pez vivo.

   Era posible que _____.

4. Se había descubierto la causa del desastre marino.

   Los periódicos negaron que _____.

5. No habían podido evitar la destrucción causada por la marea negra *(oil slick)*.
   Ojalá que _____.

9-5 Antes de llenar los espacios en blanco, decida si debe emplear el indicativo o el subjuntivo e indíquelo. Después decida el tiempo verbal correspondiente. Por último, escriba en el espacio en blanco la forma correcta del verbo que está entre paréntesis.

1. ind. _____ subj. _____ tiempo verbal _____

   Si (tú) _____ frío, ponte un jersey. (tener)

2. ind. _____ subj. _____ tiempo verbal _____

   Mira, Pilar, te apreciaríamos más, si no _____ tanto. (quejarse)

3. ind. _____ subj. _____ tiempo verbal _____

   Si les _____ miedo las películas de terror, no irían a verlas. (dar)

4. ind. _____ subj. _____ tiempo verbal _____

   Antonio y Montserrat actúan como si _____ enamorados. (estar)

5. ind. _____ subj. _____ tiempo verbal _____

   Yo creo que la conoceríamos si (ella) _____ en nuestra compañía. (trabajar)

6. ind. _____ subj. _____ tiempo verbal _____

Si Andrea _____, habría estudiado odontología. (poder)

7. ind. _____ subj. _____ tiempo verbal _____

Si alguien _____ durante la clase, luego no nos dejaban salir al recreo. (hablar)

8. ind. _____ subj. _____ tiempo verbal _____

Magdalena lloraba como si lo _____ todo. (perder)

9. ind. _____ subj. _____ tiempo verbal _____

Si el Papa _____, mi madre me lo habría dicho. (morirse).

10. ind. _____ subj. _____ tiempo verbal _____

Habríamos contratado a un detective si _____ saber quién lo hizo. (querer)

9-6 Complete las oraciones condicionales a continuación. ¡Cuidado con los tiempos verbales!

1. Subiríamos a la cumbre (top) del Chimborazo si _____.

2. César subía las escaleras del palacio como si _____.

3. Ayunaríamos durante el Ramadán si _____.

4. Yo te habría llamado inmediatamente si _____.

5. Los sábados paseábamos por el Jardín Botánico si _____.

6. Te quedabas callado en la escuela si _____.

7. A mí siempre me duele la cabeza si _____.

8. La violencia se reduciría muchísimo si _____.

9-7 **Consejos de amigo.** Flor, una amiga suya, va a ir a pasar un mes en un programa tipo *Outward Bound*. Ud. ya ha participado en ese programa y quiere darle algunos consejos. Utilice **oraciones condicionales** y verbos distintos.

Ejemplo: *Flor, si te encuentras con un oso* (bear), *no corras.*

1. _____

2. _____

3. _____

4. _____

5. _____

9-8 Traduzca las oraciones condicionales siguientes. Preste atención a la correspondencia temporal.

1. *If I had saved 100,000 dollars, I would have bought a huge boat.*

_____

2. *You would have screamed too, if you had seen a shark while swimming.*

_____

3. *If we ate at six, we would be able to take a walk at seven.*

_____

4. *If they gave us more freedom, we would behave better!*

_____

5. *If I were you, I wouldn't argue with my superiors.*

_____

9-9 Lea el párrafo siguiente y luego escriba cinco **oraciones condicionales** para decir lo que podría haber sucedido. ¿Qué estructura debe utilizar?

El jueves Edgardo se despertó media hora tarde. El despertador eléctrico no sonó porque esa noche había habido una tormenta enorme y desde entonces no había corriente eléctrica en la casa. Ese mismo día perdió el avión de las 9:00 de la mañana y no llegó a Mayagüez hasta las 3:00 de la tarde. A las 4:00 tenía una entrevista de trabajo en el centro de la ciudad, pero por causa del tráfico no llegó a la oficina donde tenía la entrevista hasta las 4:30. Durante la entrevista se dio cuenta de que con las prisas se había dejado el currículum vitae en casa. Lógicamente, nunca le ofrecieron el puesto.

1.
2.
3.
4.
5.

Ejemplo: *Si el despertador hubiera funcionado, Edgardo habría llegado a tiempo a Mayagüez.*

1. _____

2. _____

3. _____

4. _____

5. _____

9-10 Reaccione ante las ilustraciones siguientes. Utilice las **oraciones condicionales** que requieren el uso del **subjuntivo**.

Ejemplo: *Si hiciera buen tiempo esta tarde, iríamos a la playa.*

Si hubiera hecho buen tiempo ayer, habríamos pasado el día en la playa.

1. _____

2. _____

3. _____

4. _____

5. _____

9-11 Detectives por un minuto. Lea el párrafo siguiente y luego escriba cinco oraciones con el **pluscuamperfecto de subjuntivo,** expresando sus conjeturas o sospechas sobre el caso.

Joaquina, la secretaria, había encontrado el cadáver de su jefe en la oficina. La última persona que lo había visto con vida era Felipe Suárez, pero a la hora del asesinato Felipe estaba cenando con su amante. La policía sabía que no se trataba de un suicidio, porque la bala que le atravesó el corazón al jefe se la habían disparado por la espalda.

Ejemplo: *Si yo hubiera llevado este caso, habría sospechado de Joaquina.*

1. _____

2. _____

3. _____

4. _____

5. _____

Creación

En una hoja aparte, escriba una composición sobre el poema de José Fernández de la Sota. ¿Qué expresa? ¿Cree que tiene relación con alguna lectura del libro de texto? ¿Está de acuerdo con el poeta o no?

Ojalá (que) con el tiempo
sólo quede lo bueno, que los años
arrasen° la memoria de los días   echar por tierra, destruir
de miseria y que el viento,
igual que se llevó nuestras promesas,
se lleve las palabras alevosas°   traicioneras, maliciosas
con que nos golpeamos
hasta hacernos sangrar.
Que el corazón descanse y que la lluvia
borre° la última huella   haga desaparecer
de la última batalla.

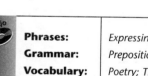

Phrases:	*Expressing indecision; Denying; Stating a preference*
Grammar:	*Prepositions:* **para**; *Verbs: future; Verbs: subjunctive with* **ojalá**
Vocabulary:	*Poetry; Time expressions; Dreams & aspirations*

NOTICIA DE UN SECUESTRO

Palabra por palabra / Mejor dicho

9-12 Definiciones. Defina en español los términos siguientes con una oración.

1. el chantaje

   _____

2. el/la rehén

   _____

3. el informe

   _____

4. el acuerdo

   _____

5. pésimo/a

   _____

6. el suministro

   _____

9-13 Elimine la palabra que no pertenezca al grupo. Utilice un diccionario si no sabe o no conoce alguno de los términos.

1. el progreso   el avance   el desarrollo   el suministro
2. el bando   el chantaje   el grupo   la pandilla
3. plantear   preguntar   cuestionar   acordar
4. quizás   sin embargo   pero   no obstante
5. primordial   principal   pésimo   importante

9-14 Identifique los **delitos** (D) y los **crímenes** (C).

1. _____ Un hombre entra a robar un banco y mata al guardia.

2. _____ Unos delincuentes le roban la cartera a una mujer bien vestida. Ella se desmaya (*faints*).

3. _____ Unos terroristas secuestran (*hijack*) un avión y toman como rehenes a los pasajeros.

4. _____ Un empleado crea una cuenta falsa en un banco y se escribe a sí mismo unos cheques de su compañía por más de 100.000 dólares. Con el dinero se compra una casa en Marbella.

5. _____ En una pelea un hombre mata al amante de su mujer.

6. _____ Unos jóvenes de 16 años compran cerveza en una tienda norteamericana.

9-15 Escoja la palabra correcta.

1. (Sólo / Único / Solo) comía pasteles de guayaba.

2. Su (sólo / único / solo) consuelo era la música.

3. Por esos lugares creo que es mucho mejor no viajar (única / sola).

4. Hasta ahora (sólo / solo) he estado en tres países latinoamericanos.

5. Las (solas / solamente / únicas) personas que lo saben bien son los historiadores.

9-16 Subraye la palabra que complete correctamente la oración.

1. Anoche llegué tarde a casa y tuve (una discusión / un argumento) con mis padres.

2. No entendí nada de la obra de teatro. Parecía no tener (discusión / argumento) y los personajes eran extrañísimos.

3. (Los argumentos / Las discusiones) para liberalizar las drogas tienen muchas implicaciones legales y médicas.

4. (El argumento / La discusión) de la novela *Rayuela* es muy complejo/a.

5. No hay (discusión / argumento). No irás.

Repaso gramatical

9-17 Cambie estas oraciones de la voz activa a la voz pasiva. Preste atención al tiempo verbal de la oración activa y a la concordancia entre el sujeto y el participio pasado.

Ejemplo:

Los nazis   robaron   muchas obras de arte.

Muchas obras de arte fueron robadas por los nazis.

Pablo Picasso, *Guernica*, 1937

1. Aviadores alemanes bombardearon la ciudad de Guernika en 1937.

   _____

2. Todos los estudiantes conocen a Pablo Picasso, pintor de *Guernica*.

   _____

3. Los turistas que visitan el Museo Reina Sofía admiran esta pintura de Picasso

   _____

4. Durante su traslado a este museo, protegieron el cuadro para que no se deteriorara.

   _____

5. Picasso no quiso que llevaran su obra a España hasta después de la muerte de Franco.

   _____

6. Los expertos han estimado el valor de este cuadro en muchos millones de dólares.

   _____

7. Muy pronto van a publicar una colección de ensayos sobre el *Guernica*.

   _____

8. Han expuesto esta obra en muchos museos del mundo.

   _____

9-18 Escoja la respuesta correcta.

1. Adán y Eva _____ del Paraíso por Dios.

   a. fueron expulsados   b. se los expulsó   c. están expulsados

2. Eso no _____ nadie.

   a. es hecho a   b. se le hace a   c. se hace

3. El último álbum de Les Luthiers _____ en los estudios de Hispavox.

   a. fueron grabados   b. fue grabada   c. se grabó

4. Los resultados de su investigación _____ en una conferencia internacional.

   a. serán divulgados   b. estarán divulgados   c. divulgarán

5. ¿Cuándo _____ el extraño objeto volador por última vez?

   a. fue visto   b. estaba visto   c. se ve a

6. Hace siglos que _____ el castillo del Alcázar.

   a. se construyó a   b. se construyó   c. ha sido construido

7. _____ pero no _____.

   a. Se sabe/se dice   b. Es sabido/ es dicho   c. Está sabido/está dicho

8. _____ aceite en la sartén y _____ los ajos.

   a. Está puesto/están fritos   b. Es puesto/son fritos   c. Se pone/se fríen

9. Una vez que los ajos _____ fritos, sácalos de la sartén.

   a. sean   b. estén   c. hayan

10. _____ le informará únicamente _____ ganador.

    a. Se /al   b. Se/ por el   c. Se/Ø

9-19 Subraye las **oraciones pasivas** con **ser** y **se** que aparecen en el fragmento siguiente y luego indique cuál es el sujeto, el verbo y el agente de tres de ellas.

El Ateneo ha sido uno de los centros intelectuales y políticos más importantes no sólo de Madrid, sino de toda España. En sus primeros días fue la sede del pensamiento liberal. Durante el reinado de Fernando VII fue clausurado, pero abrió posteriormente sus puertas. El Ateneo se trasladó al lugar actual en 1884, donde fue frecuentado por los escritores "fin de siglo", realistas y modernistas. En 1924 fueron de nuevo clausuradas las actividades literarias, científicas y artísticas. *(Madrid. Sociedad Española de Librería, 1984.)*

_____

_____

_____

_____

9-20 Escriba el resultado de las acciones siguientes con **estar** + **participio.** Preste atención a la concordancia.

Ejemplo: La lluvia nos mojó toda la ropa.

Ahora toda nuestra ropa está mojada.

1. Por causa de una tormenta se han inundado las calles de la ciudad.

_____

2. Ya avisamos a los bomberos y a la Cruz Roja.

_____

3. Hemos protegido algunas casas con sacos de arena.

_____

4. No se han resuelto los problemas causados por la lluvia.

_____

5. Entre todos hemos barrido las calles.

_____

6. Hemos tomado la decisión de mudarnos de estado.

_____

9-21 Imagínese que tiene que leer en voz alta el siguiente párrafo en español. Para asegurarse de que sabrá cómo decir los números, a continuación *(below)* escriba con palabras todas las cifras.

> El sistema educativo de Bogotá, conformado por la oferta del sector oficial y privado desde el grado 0° hasta el grado 11°, en el año 2002 atendió a 1.513.328 niños y jóvenes, es decir, que el sistema educativo distrital tiene la capacidad de atender a 98.2 niños de cada 100 en edad de asistir al colegio, de los cuales 54% fueron financiados por el Distrito. En el sector educativo no oficial se estimó una capacidad de 695.836 niños y jóvenes.
> *http://www.sedbogota.edu.co/SED/seducativo/edubogota/sector_educativo.html*

_____

_____

_____

_____

_____

Creación

Animales políticos. ¿Le interesa lo que pasa en su país o en el mundo? ¿Habla con sus compañeros de estos temas? ¿Y en su casa? ¿Puede expresar libremente su ideología política o se siente censurado/a a veces? ¿Dónde? ¿Cuándo? En una hoja aparte, escriba una composición sobre este tema.

Phrases:	*Agreeing & disagreeing; Linking ideas; Writing a conclusion*
Grammar:	*Adverbs; Negation:* **no, nadie, nada***; Verbs: present*
Vocabulary:	*Violence; Countries; Media: newsprint*

LA VUELTA A CASA

Palabra por palabra / Mejor dicho

9-22 Escriba una oración original con cada uno de los términos siguientes. Las oraciones deben tener cinco palabras como mínimo.

1. el fracaso

_____

2. orgulloso/a

_____

3. la vuelta

_____

4. el ama de casa

_____

5. la visión

_____

6. decepcionar

_____

7. segura de sí misma

_____

8. enfrentarse con

_____

9. por nuestra cuenta

_____

10. unirse a

_____

11. culpar

_____

9-23 Subraye la palabra que mejor complete la oración.

1. No (nos parece a / nos parece / aparece) bien irnos sin avisar a los dueños.

2. La doctora (parece / se parece a / aparece) enojada. ¿No crees?

3. No (parecía / se parecía / aparecía) posible que fuera a nevar.

4. José María (parece / aparece / se parece a) por aquí cuando quiere.

5. ¡Vaya! ¡Por fin (te pareces a / pareces / apareces)! Estábamos realmente preocupados.

6. Dicen que mi hermana y yo (nos parecemos / aparecemos) mucho. Somos como dos gotas de agua.

7. ¿(Les parece / Se parece a / Aparece) aceptable nuestra oferta?

8. ¿Qué (le pareció / se pareció a / apareció) el documental?

9-24 Escriba en el espacio en blanco **retirar, retirarse** o **jubilarse.** En algunos casos deberá conjugar los verbos.

1. En los restaurantes caros los camareros siempre _____ la silla para que nos sentemos.

2. Desde que _____, mis tías están contentísimas.

3. Para escapar del ruido nosotros _____ a un lugar deshabitado.

4. ¿Cuánto dinero desea _____ de su cuenta de ahorros?

5. El tigre estuvo acechando (*lying in wait*) a la presa (*prey*), pero luego _____.

Repaso gramatical

9-25 Primero prestando atención a la concordancia y al significado de las palabras, combine los sustantivos de la primera columna con los adjetivos de la segunda. Luego escriba oraciones con cinco de los sustantivos y sus adjetivos correspondientes. No separe los sustantivos de los adjetivos.

Ejemplo: guerrilleras—salvadoreñas / antiguas

¿Cuántas de las antiguas guerrilleras salvadoreñas son diputadas hoy día?

a. escritora
b. chistes
c. muchacho
d. sociedad
e. carácter
f. cultura
g. autores

1. _____ competitivo / nuestro
2. _____ japonés / adolescente
3. _____ latinoamericanos / contemporáneos
4. _____ obscenos / muchos
5. _____ sexista / clasista
6. _____ occidental / actual
7. _____ feminista / mexicana

1. _____

2. _____

3. _____

4. _____

5. _____

9-26 Subraye todos los adjetivos que contiene el párrafo siguiente y luego explique por qué se han usado en esa posición u orden.

El té verde chino contiene cierta sustancia que puede prevenir el cáncer o reducir el tamaño de los tumores cancerosos, según un estudio que publica el último número de la revista científica *Nature*. El trabajo parece confirmar los estudios estadísticos efectuados con anterioridad, que parecían indicar que ese té puede ayudar a prevenir el cáncer. El estudio muestra la presencia en el té verde de un producto químico que inhibe una enzima relacionada con el cáncer. (*La Tribuna de Salamanca*, 5 de junio de 1997)

_____

_____

_____

_____

_____

_____

9-27 El párrafo siguiente es una descripción del famoso cuadro de Salvador Dalí que reproducimos aquí. Seleccione los adjetivos de la lista siguiente y escríbalos en el espacio correspondiente. Preste atención a la concordancia y al tipo de adjetivo. (Y, por supuesto, al cuadro.)

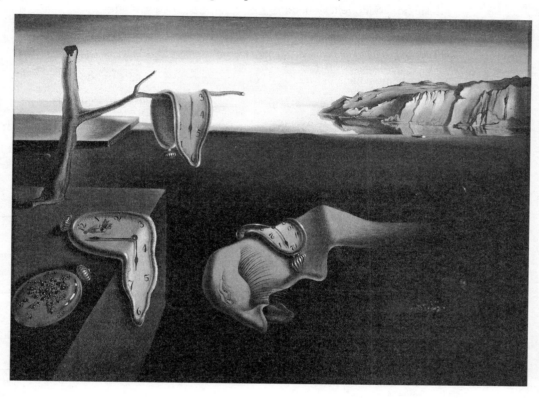

Salvador Dalí,
*La persistencia
de la memoria.*

relativo	pálida	largo	azul	personal
mecánico	detallista	ceñido	alargada	desnudo
clara	elástico	primer	tercer	derretido

La persistencia de la memoria nos muestra la técnica _____ y la claridad de líneas

de Salvador Dalí. Se trata de un paisaje de Cadaqués bañado en una luz _____ y

_____. La playa está ocupada por lo que parecen ser dos grandes edificios sin

ventanas, uno de los cuales tiene un techo _____. En el centro, en el

_____ plano, una caracola de mar (*conch shell*), _____, se

convierte en una mujer que adopta las características de un caballo, puesto que el objeto

_____, el reloj, pasa a ser una silla de montar. Mirando con detenimiento el árbol

_____, vemos a una mujer con un vestido _____ y

_____ que muestra en su brazo-rama otro reloj _____. Un

_____ reloj cuelga de la construcción; junto a él, otro está cubierto por un enjambre de hormigas. Nos damos cuenta de que el tiempo es _____ y _____, y de que presenciamos un sueño _____ del pintor, un sueño que no acabamos de comprender porque no podemos penetrar en el subconsciente de su mente. (*Cien obras maestras de la pintura,* Barcelona: Shorewood Publishers/Círculo de Lectores, 1965, p. 212)

9-28 Escriba la **preposición** que falta en estas oraciones.

1. Cuando hables con Ainhoa, pregúntale _____ su hermano.

2. Dedico esta canción a la gente _____ Sonora.

3. Hemos estado reflexionando _____ lo que pasó.

4. Lo siento pero _____ mañana no estará arreglado el reloj.

5. _____ tú, todavía hay remedio. ¿No es verdad?

6. Nos hemos quejado muchas veces _____ la actitud de Melisa.

7. Supongo que Sara se casaría _____ el novio de toda su vida.

8. Ayudaremos a Manuel _____ superar esta crisis _____ todas nosotras.

9-29 Escriba oraciones que incluyan estas **preposiciones** y **pronombres** sobre sus recuerdos de la escuela secundaria.

1. en mí

    _____

2. de Uds.

    _____

3. a sí misma

    _____

4. contigo

    _____

5. salvo yo

    _____

6. hacia ti

    _____

Creación

En una hoja aparte, comente: (a) la situación actual de la mujer en el ejército de su país, (b) la participación femenina en alguna guerra o (c) el papel destacado de alguna figura femenina durante un período de crisis o inestabilidad política. (Por ejemplo: Juana de Arco, Domitila Barrios de Chúngara, Florence Nightingale, Harriet Tubman,...)

Phrases:	*Writing a news item; Weighing alternatives; Hypothesizing*	
Grammar:	*Prepositions:* **por** & **para**; *Prepositions:* **a**; *Verbs: preterite & imperfect*	
Vocabulary:	*Work conditions; House; Numbers*	

La monja alférez, Page 281, Track 10

De acá para allá

Capítulo 10   *Lengua e identidad*

DIME CÓMO HABLAS Y TE DIRÉ DE DÓNDE ERES

REPASO GRAMATICAL página 72

Palabra por palabra / Mejor dicho

10-1   Llene los espacios en blanco con una palabra del vocabulario. Incluya el artículo definido o indefinido cuando corresponda.

1. ¿Cuál es _____ para la clase de matemáticas?

2. _____ de los mayas les han interesado siempre mucho.

3. Mañana me van a presentar a una duquesa. ¿Qué término debo usar para _____ a una persona de la nobleza?

4. Elena y Álvaro desean conocer la rutina _____ de otros países.

5. ¡Nunca he oído _____ más grande!

6. Si tú _____, yo te corregiré.

7. ¿Crees que entre Argentina y México hay más _____ que diferencias?

8. Nos sentimos muy a gusto aquí; _____ los González detestan el lugar.

9. El petróleo contiene hidrocarburos, _____, compuestos formados por átomos de hidrógeno y carbono.

¿Te interesa el origen de las palabras?

Sábana fue una palabra nueva que, llegada del nuevo continente, sirvió para denominar las coberturas de lino que cubrían los lechos en la España del siglo XV.

El huracán era un fenómeno atmosférico desconocido en Europa, pero pronto se incorporó la palabra al argot de los marineros.

10-2 Subraye los términos que mejor completen la oración. Preste atención al sujeto gramatical.

1. Algunos alumnos no estudiaron la lección y ahora (son confusos / están confundidos).

2. Las indicaciones de la receta *(recipe)* (eran confusas / estaban confundidas).

3. Los turistas no sabían español y (eran confusos / estaban confundidos).

4. No he entendido tus razonamientos pues (son confusos / están confundidos).

10-3 Conteste las siguientes preguntas con oraciones completas.

1. ¿Quién(es) lo/la trata(n) bien y quién(es) mal?

_____

_____

2. ¿De qué trataban dos artículos o libros que ha leído recientemente? (Puede usar programas de televisión o películas.)

_____

_____

3. Mencione dos cosas que esté tratando de hacer últimamente para sentirse mejor (física o mentalmente).

_____

_____

Repaso gramatical

10-4 Escriba preguntas, sustituyendo las palabras subrayadas. Emplee los **interrogativos.**

Ejemplo: Mis vecinos compraron un gato <u>ayer</u>.

  <u>¿Cuándo</u> compraron un gato?

1. <u>Mis hermanas</u> lo saben.

_____

2. Los conocieron <u>en Marbella</u>.

_____

3. Vinieron <u>en coche</u>.

_____

4. Hoy es <u>lunes</u>.

_____

5. No trabajan <u>por la mañana</u>.

_____

6. Compramos <u>el sombrero azul y el traje verde</u>.

_____

7. No fueron al cine <u>porque llovía.</u>

_____

8. Su reloj es <u>aquél.</u>

_____

9. *Embarrassed* se dice "<u>avergonzado/a</u>" en español.

_____

10. Oyeron hablar de <u>Elia.</u>

_____

10-5 Natalia, una niña a la que está cuidando *(baby-sitting)*, tiene muchas preguntas que Ud. debe contestar. Continúe el diálogo del ejemplo, escribiendo seis oraciones más. Utilice diferentes **interrogativos.**

Ejemplo: *Natalia: — ¿Por qué no puedo jugar con cerillas (matches)?*

Ud.: — Porque es peligroso. Te puedes quemar y quemar la casa.

_____

_____

_____

_____

_____

10-6 Imagínese que es una persona muy optimista (o pesimista). Escriba tres oraciones **exclamativas** que muestren su optimismo (o pesimismo). Las oraciones deben tener cinco palabras como mínimo.

Ejemplo: *¡Qué compañeros más amables tengo!*

1. _____

2. _____

3. _____

10-7 Escriba cinco oraciones **interrogativas** o **exclamativas,** usando las palabras del vocabulario.

Ejemplo: *Él cree que abrir un paraguas dentro de la casa trae mala suerte. ¡Qué disparate!*

1. _____

2. _____

3. _____

4. _____

5. _____

10-8 Escriba cuatro oraciones **interrogativas** y cuatro **exclamativas,** refiriéndose a cada una de las ilustraciones siguientes. Las oraciones deben tener cinco palabras como mínimo.

1.

2.

3.

4.

1. _____

   _____

2. _____

   _____

3. _____

   _____

4. _____

   _____

10-9 Escriba cinco oraciones **interrogativas** o **exclamativas,** combinando las palabras de las dos columnas. Las oraciones deben tener cinco palabras como mínimo.

A	B
la farmacia	qué
tres exámenes	cómo
cinco mil quetzales	quién(es)
mis compañeros	dónde
mañana	cuál(es)
el mexicano	por qué
en autobús	cuándo
dos partidos	cuánto(s)/a(s)
bien	
tener prisa	
la lluvia	
soñar	
el jueves	

1. _____

2. _____

3. _____

4. _____

5. _____

10-10 Llene el espacio en blanco con la forma correcta de la nacionalidad. Preste atención también a la concordancia. Busque las ciudades que no conozca en los mapas que aparecen en el libro de texto, página xx.

Ejemplo: *Ángela nació en Las Vegas y es norteamericana.*

1. Si Germán nació en Cuzco, entonces será _____.

2. Mi familia es de Barcelona. Todos somos _____.

3. Ojalá mi hijo nazca en La Habana y sea _____.

4. Liliana es de Acapulco; es _____.

5. María Antonieta y Tania son _____ porque nacieron en Medellín.

6. Mi padre es de Valparaíso; es _____.

7. Nosotros nacimos en Quito; somos _____.

8. Rogelio es de San Juan y Laura de San José; él es _____
   y ella, _____.

10-11 Preste atención a la posición de los adjetivos al traducir estas expresiones.

1. *beautiful, blue dishes*

_____

2. *interesting and controversial ideas*

_____

3. *French silk suits and ties*

_____

4. *good and bad scenes*

_____

5. *American and European monetary systems*

_____

6. *better Japanese cameras*

_____

7. *some delicious desserts*

_____

8. *several tedious and boring assignments*

_____

9. *older and wiser teachers*

_____

10. *famous foreign actors*

_____

En España se hablan otras lenguas además del español.

INGLÉS	CATALÁN	ESPAÑOL
Hello / Good-bye	Hola / Adeu	Hola / Adiós
My name is . . .	El meu nom és…	Me llamo…
How much is it?	Quant costa?	¿Cuánto cuesta?
I am looking for . . .	Estic buscant…	Estoy buscando…
We would like to have dinner.	Volem sopar.	Queremos cenar.
What is today's special?	Quin es el plat del dia?	¿Cuál es el plato del día?

Creación

En una hoja aparte, escriba sobre alguna ocasión en que no entendió lo que alguien le dijo (en otra lengua o en la suya propia) y las consecuencias que tuvo, o un episodio cuando alguien no lo/la entendió a Ud. A continuación tiene un ejemplo.

¡Qué lío!

Elsa, una cubana que visitaba España por primera vez, fue a un restaurante y preguntó por el baño para lavarse las manos antes de sentarse a comer. El camarero, algo sorprendido, le contestó que allí no había baño. Les tomó unos minutos de más preguntas y aclaraciones hasta que ella se dio cuenta de que "el baño" es el lugar para bañarse mientras que el salón que tienen en sitios públicos para otro tipo de necesidades se llama "el servicio". ¡Al menos en esa ciudad!... pues en otras se puede decir "aseos", "retretes", "sanitarios", etc.

	Phrases:	*Expressing a need; Pointing out a person or object*
	Grammar:	*Possessives; Progressive tenses; Indirect commands; Verbs: preterite & imperfect*
	Vocabulary:	*Food; Means of transportation; Sickness*

Palabra por palabra / Mejor dicho

10-12 Las palabras siguientes están relacionadas o derivan de las del vocabulario. Escríbalas en el espacio en blanco, según corresponda. Después traduzca esas palabras, teniendo en cuenta el contexto en que aparecen.

bromear	chistosa	alborotar	el aprovechamiento	aconsejar
aventaja	acontece	exigía	unos bromistas	la pretensión

1. "Por fin le sacaron el alfiler que _____ le habían clavado en un glúteo a mi compañera de curso".

2. "Néstor Kichner _____ en 36 puntos a Carlos Menem en intención de voto para la segunda vuelta de las elecciones".

3. "La agrupación de música tropical Agua Bella dispuesta a _____ Europa".

4. "Para que usted esté bien informado de lo que _____ en México, suscríbase a nuestros servicios de Noticias".

5. "Una multitud _____ el fin de la ocupación militar en Irak".

6. "Déjate _____ sobre qué libro debes leer este verano".

7. "[Se solicitan] ayudas para _____ de energías renovables en Castilla-La Mancha".

8. "Esta película está padrísima y muy _____; no se la pueden perder".

9. "No se puede _____ con la desgracia ajena".

10. "La presente Memoria tiene _____ de recoger las actividades más significativas realizadas a lo largo del año 2004".

10-13 Escoja la palabra que complete la oración correctamente.

1. Santa Teresa de Ávila fundó (la / el) orden de las Carmelitas Descalzas.

2. Hay que añadir los ingredientes en (este / esta) orden.

3. (El / La) Orden de Protección a las víctimas de la violencia doméstica fue aprobada por todos los grupos políticos.

4. Cuando le des (un / una) orden a un perro, hazlo con una palabra corta.

5. No importa (la / el) orden de los elementos dentro del conjunto.

6. Julio, ¿estás enfermo o estás (pretendiendo / fingiendo)?

7. No (pretendemos / fingimos) decirle a nadie lo que debe hacer.

8. Rolls-Royce (pretende / finge) vender mil automóviles este año.

9. Sabíamos que estaba (fingiendo / pretendiendo) ser alguien diferente.

10. (Un chiste / una broma) "verde" se dice en inglés *a dirty joke*.

Repaso gramatical

10-14 Escriba la forma correcta del **subjuntivo** o del **indicativo,** según corresponda.

1. Mientras Miguel no _____, yo no estaré tranquila. (llegar)

2. Cuando Miguel _____, yo me tranquilicé. (llegar)

3. Pensamos estudiar para la clase de ciencias políticas hasta que _____ la biblioteca. (cerrar)

4. En cuanto todos _____ aquí, vamos a empezar la discusión. (estar)

5. A Jorge lo dejaron libre después de que lo _____. (interrogar)

6. A Jorge lo dejarán libre después de que lo _____. (interrogar)

7. Te lo diré tan pronto como (yo) lo _____. (saber)

8. Me lo dijo tan pronto como ella lo _____. (saber)

9. Podrás regresar a tu país cuando (ellos) te _____ el pasaporte. (devolver)

10. Pudiste regresar a tu país cuando (ellos) te _____ el pasaporte. (devolver)

11. Siempre nos llaman cuando _____ una amenaza de bomba. (haber)

12. No firmes el testamento antes de que _____ la abogada. (venir)

10-15 Complete las oraciones a continuación. La segunda cláusula debe tener un sujeto diferente a la primera. ¡Cuidado con los modos verbales!

1. Mi padre comió antes de que _____.

2. Luis nos va a regalar su coche cuando _____.

3. Siempre se van a acostar después de que _____.

4. Los alumnos se callaron tan pronto como _____.

5. Podemos ayudarlas hasta que _____.

10-16 **¡Emergencia!** Leonardo acaba de recibir una llamada urgente de Rogelio. Leonardo le repite todo lo que oye a Ismael, un amigo suyo que está de visita en ese momento. Escriba la parte de la conversación que Leonardo repite. Cuidado con el modo del verbo.

ROGELIO:	Aló, Leonardo. Oye, te llamo porque ha habido un accidente espantoso a la vuelta de la esquina.
LEONARDO:	*Ismael, dice Rogelio que acaba de ocurrir un accidente aquí cerca.*
ROGELIO:	Un autobús chocó contra un árbol.
LEONARDO:	1. _____
ROGELIO:	Necesitan ayuda porque hay mucha gente herida.
LEONARDO:	2. _____
ROGELIO:	Llamen a una ambulancia y a la policía.
LEONARDO:	3. _____
ISMAEL:	Ahora mismo.
ROGELIO:	Avisen al vecino del sexto piso, que es médico.
LEONARDO:	4. _____
ISMAEL:	Por supuesto, lo haremos.
ROGELIO:	Traigan algunas frazadas.
LEONARDO:	5. _____
ISMAEL:	¿Dónde están?
LEONARDO:	En mi cuarto.
ROGELIO:	Dense prisa. Adiós.
LEONARDO:	6. _____
ISMAEL:	De acuerdo. Vámonos ya.

10-17 Haga predicciones sobre el futuro de los siguientes niños y niñas del dibujo, utilizando **cláusulas adverbiales de tiempo.** Utilice diferentes **conjunciones** en cada oración.

Ejemplo: *Cuando Carmencita (not shown) cumpla ocho años, su papá le regalará un piano.*

1. _____

2. _____

3. _____

4. _____

5. _____

6. _____

7. _____

10-18 Ponga estas oraciones en el **estilo indirecto.** Utilice diferentes **verbos de comunicación** y los tiempos verbales del pasado.

1. No tardes mucho.

_____

2. Es posible que nos lo hayan ocultado.

_____

3. Me lo suponía.

_____

4. Sus comentarios causaron un escándalo.

_____

5. Nunca más montaré a caballo.

   _____

6. Todavía no me he enterado.

   _____

7. Si lo supiera, te lo diría.

   _____

8. Ojalá vuelvan sanos y salvos.

   _____

10-19 Las oraciones siguientes, que proceden de la novela *El libro de los recuerdos* de Ana María Shua, 1994, están en el estilo indirecto. Vuelva a escribirlas en el estilo directo.

1. "Silvestre declaró que en esa casa no se iba a hablar nunca más el Otro Idioma, que tenían que hablar solamente castellano".

   _____

2. "La tía Judith dijo que nadie la ayudó a bajar las escaleras con las valijas".

   _____

3. "Todos dicen que la primera mujer de Pinche se llamaba Marita".

   _____

4. "La paciente contó que ella había escuchado la historia directamente de Claudia".

   _____

5. "Tío Silvestre decía que si el tío Pinche hubiera tenido un poco más de confianza en sí mismo, podría haber ganado mucha plata".

   _____

6. "Tía Judith decía que el tío Ramón nunca se emborrachaba porque sabía tomar".

   _____

Creación

El mundo del futuro. Cuando Rubén se despertó, pensó que sería un día como cualquier otro, pero al salir de casa, vio vehículos raros que estaban volando por el aire y otras cosas que no había visto nunca, excepto en películas. Según leyó en un anuncio luminoso, era el 1° de abril del 2100. En una hoja aparte, describa algunas de las nuevas cosas (y personas) que vio Rubén y sus reacciones ante ellas.

Phrases:	Comparing and contrasting; Weighing the evidence; Describing the past
Grammar:	Comparisons: inequality; Negation: **no, nadie, nada;** Verbs: preterite & imperfect
Vocabulary:	Means of transportation; Clothing; Stores and products

EL SPANGLISH ENFRENTA A ACADÉMICOS Y LINGÜISTAS

Palabra por palabra / Mejor dicho

10-20 Combine cada una de las palabras de la columna A con una de la columna B. Las palabras de la columna B son sinónimas o antónimas de las de la A.

A	B
_____ desatar	1. el pasado
_____ pasajero/a	2. el límite
_____ la jerga	3. ligeramente
_____ analfabeto/a	4. eliminar
_____ la frontera	5. discutible
_____ el porvenir	6. liberar
_____ controversial	7. duradero/a
_____ descartar	8. lengua especial que usan ciertos grupos
_____ gravemente	9. no saber leer ni escribir

Ahora escriba tres oraciones. Utilice tres palabras diferentes del vocabulario en cada oración.

1. _____

2. _____

3. _____

10-21 Escoja la palabra que complete correctamente la oración.

1. ¿Qué (lengua / lenguaje) aprendieron sus primos primero?

2. El (idioma / lenguaje) médico tiene muchos términos del latín.

3. ¿Puedes (comprobar / probar / probarse) si la respuesta es correcta o no?

4. El científico pudo (probar / probarse / comprobar) su teoría sobre la electricidad del corazón.

5. Susana, ¿vas a (comprobar / probar / probarte) este vestido o no?

6. ¿Te importa si (compruebo / me pruebo / pruebo) tu pizza?

7. Los del Río van a San Juan el año (próximo / siguiente).

8. Al día (próximo / siguiente) del huracán, José compró un seguro para la casa.

Repaso gramatical

10-22 Combine las dos oraciones que aparecen en cada número, utilizando oraciones comparativas **de igualdad.**

Ejemplo: Los bolivianos comen bien. Los norteamericanos comen bien también.

Los bolivianos comen tan bien como los norteamericanos.

1. El quechua es una lengua bastante compleja. El náhuatl también es una lengua compleja.

   _____

2. Los incas conocían perfectamente sus territorios. Los gauchos conocían perfectamente sus territorios también.

   _____

3. Él le da mucha importancia a la tradición oral. Yo también le doy mucha importancia a la tradición oral.

_____

4. Han viajado mucho por el Cono Sur. Yo también he viajado mucho por el Cono Sur.

_____

5. Apreciamos el folklore regional. También apreciamos el folklore nacional.

_____

10-23 Escriba un párrafo, demostrando su conocimiento geográfico de un determinado país o región. Incluya cinco **comparaciones de igualdad / desigualdad** o **superlativos.**

Ejemplo: *En las montañas de Colorado hay tanta nieve como en las de Utah.*

_____

_____

_____

_____

_____

_____

_____

_____

10-24 Escriba cinco oraciones, comparando cómo era Ud. en su infancia y adolescencia con cómo es ahora. Utilice diferentes **expresiones de comparación** y el **superlativo absoluto** y **relativo.** Emplee los verbos **ser** y **estar** sólo una vez.

Ejemplo: *En el octavo grado yo estudiaba mucho menos que ahora.*

Cuando estaba en la escuela primaria yo estaba gordísima.

1. _____

2. _____

3. _____

4. _____

5. _____

10-25 Combine las dos oraciones con **el relativo** que más convenga.

1. Sus abuelos no sabían leer ni escribir. Sus abuelos le enseñaron muchas cosas.

   _____

2. El hijo mayor de Maite acaba de sufrir un terrible accidente. Te hablé de él ayer.

   _____

3. Los que reciben una educación tienen más opciones en la vida. Esto es lógico.

   _____

4. Antonio es asmático. Antonio no fuma.

   _____

5. Arnaldo y Eduardo estaban jugando con unas pelotas. Las pelotas eran de goma *(rubber)*.

   _____

6. Todos los invitados llegaron muy puntuales. Esto sorprendió a la anfitriona.

   _____

10-26 Traduzca estas oraciones de **relativo.** En algunos casos tendrá que añadir una preposición delante del **relativo.**

1. *I don't know whom you are talking about.*

   _____

2. *That is the professor to whom we gave the gift.*

   _____

3. *Those who arrived early got the best seats.*

   _____

4. *Rafael told me that the girl he dreamed about last night was you.*

   _____

5. *The bakery next to which there is a garage belongs to my uncle.*

   _____

6. *We do not understand what you are saying.*

   _____

7. *These animals, most of which are not in cages, seem very content.*

   _____

8. *These students, who all know Spanish very well, are going to study in Quito.*

   _____

9. *Javier refused to tell us about his plans, which was very annoying.*

   _____

10. *This parking lot near which there is a shopping center is always full.*

   _____

Creación

En una hoja aparte, escriba un cuentito sobre un/a turista con problemas, debido al uso de un cognado falso (**embarazada, constipado/a, carpeta, grosería, lectura, intoxicado/a**).

Phrases:	Apologizing; Asking and giving advice; Expressing a need
Grammar:	Relatives: **que**; Verbs: passive with **se**; Possessive adjectives: **mi(s), tu(s)**
Vocabulary:	Body parts; Health: diseases & illnesses; Stores & products

Hispanos en Estados Unidos, Page 284, Track 11

Capítulo 11

Desarraigos

MUJER NEGRA

REPASO GRAMATICAL
página 77

Palabra por palabra / Mejor dicho

11-1 Ordene las letras para formar palabras de esta sección. Después, vuelva a ordenar las letras subrayadas para formar otra palabra del vocabulario.

1. as<u>r</u>ire _____
2. esr<u>a</u>bel<u>r</u>e _____
3. depa<u>c</u>re _____
4. r<u>o</u>avlid _____
5. sitoget _____
6. <u>r</u>evta<u>s</u>ara _____
7. rcaro<u>d</u>er _____
8. quesob _____

11-2 Escriba cinco oraciones de seis palabras o más, usando las palabras que encontró en el ejercicio 11-1.

1. _____
2. _____
3. _____
4. _____
5. _____

11-3 Defina las palabras siguientes en español.

1. leña _____
2. hueso _____
3. tierra _____
4. testigo _____
5. sierra _____

11-4 Conteste las preguntas siguientes con oraciones completas y usando palabras del vocabulario.

1. ¿Te gustaría conocer Buenos Aires?

   _____

2. ¿Quieres que hagamos camping en la playa?

   _____

3. ¿Necesitas dinero para empezar el negocio de importación y exportación?

   _____

4. ¿Vas a construir tu casa nueva de ladrillos *(bricks)*?

_____

5. ¿Les apetecería a tus amigos peruanos visitar otra vez el lugar donde nacieron?

_____

Repaso gramatical

11-5 ¡Inocentes! Traduzca el párrafo siguiente, prestando atención al uso de los **posesivos** en contraste con los **artículos definidos.** Busque en un diccionario las palabras o expresiones que no conozca.

His parents were asleep in their room one night, curled up together, when they heard a noise. They opened their eyes and raised their heads, alarmed. There was a blurry figure with a candle in his hand standing before them. "Put your hands up," he said. "Nothing will happen to you if you keep your mouths shut and do as I say. I order you to come and hug me. Booo! APRIL FOOLS!!" *(¡Inocentes!)* their teenage son yelled.

_____

_____

_____

_____

_____

11-6 **Nuevos papás.** Complete el diálogo siguiente entre dos de los papás de la ilustración. Escriba seis oraciones más. Use tanto **pronombres** como **adjetivos posesivos.**

—Oye, Gustavo, ¿cuándo empezaron a comer comida sólida tus gemelos *(twins)*?

—Pues mira, mis nenes empezaron a comerla a los seis meses pero los de mi hermano a los ocho. ¿Y tu hija?

1. _____

2. _____

3. _____

4. _____

5. _____

6. _____

11-7 Traduzca las oraciones siguientes, usando **ojalá.** Cuidado con los tiempos del subjuntivo.

1. *I wish my grades were better.*

   _____

2. *We wish we had had a baby girl instead of another boy.*

   _____

3. *They hope he finishes law school before he turns thirty.*

   _____

4. *I hope he has arrived by the time we get there.*

   _____

5. *We were hoping he would grow taller.*

   _____

11-8 Exprese sus deseos sobre hechos pasados, presentes y futuros, usando diversos tiempos del **subjuntivo** con **ojalá.** Escriba cinco oraciones. A continuación tiene un ejemplo: la canción titulada "Ojalá" del cantautor cubano Silvio Rodríguez; en ella nos habla de sus deseos de olvidar un amor infiel.

Ojalá

Ojalá pase algo que te borre de pronto
una luz cegadora, un disparo de nieve,
ojalá por lo menos que me lleve la muerte
para no verte tanto, para no verte siempre,
en todos los segundos, en todas las visiones.
Ojalá que no pueda tocarte ni en canciones.

1. _____

2. _____

3. _____

4. _____

5. _____

11-9 **¿Todo listo?** Maga, su perra, va a pasar unos días en casa de sus padres. Ud. quiere asegurarse de que va a estar contenta y, como es un animalito muy mimado y de gustos muy especiales, les escribe una lista de seis deseos y recomendaciones a sus padres. Atención al uso de **ojalá** y al de los **posesivos.**

Ejemplo: *Maga no soporta el frío, así que no olviden conectarle su manta eléctrica por la noche. ¡Ojalá pueda dormir tranquilita!*

_____

_____

_____

_____

_____

_____

_____

Creación

En una hoja aparte, comente los efectos que pueden tener la guerra, la cárcel, el exilio, etc. en las relaciones familiares y personales. ¿Cómo pueden cambiar estas experiencias a las personas que las viven?

Phrases:	*Describing health; Expressing an opinion; Hypothesizing*
Grammar:	*Negation:* **no, nadie, nada;** *Personal pronoun:* **mismo/a;** *Verbs:* **ser** & **estar**
Vocabulary:	*Family members; Personality; Sickness*

Palabra por palabra / Mejor dicho

11-10 Escriba palabras relacionadas con las que aparecen a continuación, o derivadas de ellas.

> **Ejemplo:**   canción: cantar, cantante, cancionero

1. persona _____

2. estacionar _____

3. cobardía _____

4. adivinar _____

5. destino _____

11-11 **Malas costumbres.** Llene los espacios en el párrafo siguiente con una de las palabras del vocabulario. Recuerde conjugar los verbos cuando sea necesario.

Desde que era pequeña mi prima Maru se comía las uñas *(bit her nails)*. Ella sabía que tenía que

_____ hacerlo. A los diecinueve años le resultaba muy embarazoso, y con

frecuencia _____ en el baño para hacerlo. Era especialmente penoso en su trabajo

de vendedora, porque tenía que _____ a ver clientes. Un día su

_____ le dijo que era hora de cambiar y que si no lo lograba tendría que

_____ la firma. Maru sabía que hablaba en serio y no quiso correr el riesgo de

quedarse sin empleo. Decidió que era una oportunidad para demostrar la fuerza de su

_____ .

11-12 Conecte con una línea las palabras de la columna A con las que tengan el mismo significado de la columna B.

A	B
1. dejar	a. aceptar
2. salir de	b. ir tras alguien
3. dejar de	c. don Quijote
4. carácter	d. inferir
5. personaje	e. temperamento
6. estacionar	f. olvidar
7. cobardía	g. no hacer algo más
8. suponer	h. ir afuera
9. asumir	i. falta de valor
10. perseguir	j. aparcar

Repaso gramatical

11-13 Ponga esta narración en el pasado. Preste atención al uso del **pretérito, imperfecto** y **pluscuamperfecto.**

Tanto en el norte como en el sur del continente americano, los exploradores europeos <u>encuentran</u> una población autóctona a la que <u>llaman</u> "indios" (porque Colón <u>cree</u> haber llegado a la India). Los colonos ingleses <u>vienen</u> con sus familias y <u>viven</u> al margen de las tribus indias —con frecuencia nómadas— a las que <u>van</u> expulsando poco a poco de sus tierras. Los conquistadores españoles, en cambio, <u>llegan</u> solos al Nuevo Mundo y <u>se mezclan</u> con mujeres nativas, pertenecientes a culturas desarrolladas y muy avanzadas, como <u>son</u> la maya, la inca y la azteca.

_____

_____

_____

_____

_____

_____

_____

_____

11-14 Explique el uso de cinco de los tiempos verbales en el siguiente fragmento.

El helicóptero <u>seguía volando</u> casi al ras de las copas de los árboles. Finalmente, a las cuatro, <u>se inició</u> la marcha en absoluto silencio. <u>Salíamos</u> apenas del Bosque, cuando las filas <u>comenzaron</u> a engrosarse. Todo el Paseo de la Reforma <u>estaba</u> cubierto por una multitud. Y de aquellas decenas y después cientos de miles sólo <u>se oían</u> pasos. El silencio <u>era</u> más impresionante que la multitud. Ninguna manifestación <u>me había llegado</u> tanto. <u>Sentí</u> un nudo en la garganta y <u>apreté</u> fuertemente los dientes. (Elena Poniatowska, *La noche de Tlatelolco*, México: Era, 1971, pág. 60)

_____

_____

_____

_____

11-15 **Al llegar aquí...** Escriba una composición sobre cómo era su vida antes y después de mudarse a esta ciudad o país. Como es algo que ocurrió en el pasado, debe emplear el **pretérito**, el **imperfecto**, el **presente perfecto** o el **pluscuamperfecto**.

_____

_____

_____

_____

_____

_____

11-16 **Las aventuras de Garbancito.** Primero lea el párrafo completo para entender el argumento del cuento. Luego escriba en el espacio en blanco la forma del **pretérito** o del **imperfecto** del verbo indicado, según corresponda.

Como ese día su mamá _____ (estar) muy ocupada, Garbancito

_____ (ir) a hacer la compra. Por el camino, (él) _____ (ir) cantando la canción que sus padres le habían enseñado:

Tachín, tachón, tachán,
mucho cuidado con lo que hacéis;
tachín, tachón, tachán,
a Garbancito no lo piséis.°   *do not step on him*

Cuando Garbancito _____ (llegar) a la tienda, le _____ (decir)

al tendero que _____ (querer) un gramo de sal. Como Garbancito

_____ (ser) tan pequeño (del tamaño de un garbanzo), el tendero no lo

_____ (poder) ver. Garbancito _____ (volver) a pedir el gramo

de sal y otra vez el tendero _____ (mirar) alrededor sin ver a nadie. Por fin, Gar-

bancito le _____ (gritar): Garbancito soy, debajo del mostrador estoy.

11-17 Escriba otra de las aventuras de Garbancito, basándose en lo que muestra la ilustración que sigue.

_____

_____

_____

_____

_____

_____

_____

_____

_____

_____

_____

_____

_____

_____

_____

_____

_____

_____

_____

_____

11-18 Primero, subraye los verbos en el poema siguiente, escrito por el poeta nicaragüense Rubén Darío en 1908. Luego, explique el uso de dos verbos en **pretérito**, dos en **imperfecto** y dos en **presente**.

A Margarita Debayle

Margarita, está linda la mar,
y el viento
lleva esencia sutil de azahar:°   *orange blossom*
tu aliento.
Margarita, te voy a contar un cuento.

Este era un rey que tenía
un palacio de diamantes,
una tienda° hecha del día   *tent*
y un rebaño° de elefantes,   *herd*
un kiosko de malaquita,°   *malachite[1]*
un gran manto de tisú°   *cape of silk and gold*
y una gentil princesita,
tan bonita,
Margarita,
tan bonita como tú.

Una tarde la princesa
vio una estrella aparecer;
la princesa era traviesa°   *vivacious*
y la quiso ir a coger.
La quería para hacerla
decorar un prendedor,°   *brooch*
con un verso y una perla,
y una pluma° y una flor.   *feather*

Las princesas primorosas°   *hermosas*
se parecen mucho a ti:
cortan lirios,° cortan rosas,   *lilies*
cortan astros. Son así.

Pues se fue la niña bella,
bajo el cielo y sobre el mar,
a cortar la blanca estrella
que la hacía suspirar.°   *sigh*

Y siguió camino arriba,
por la luna y más allá;
mas lo malo era que ella iba
sin permiso de papá.

Cuando estuvo ya de vuelta
de los parques del Señor,°   *Lord's fields*
se miraba toda envuelta
en un dulce resplandor.°   *shine*
Y el rey dijo: "¿Qué te has hecho?

Te he buscado y no te hallé;
y ¿qué tienes en el pecho,
que encendido° se te ve?"   *bright*

La princesa no mentía.
Y así, dijo la verdad:
"Fui a cortar la estrella mía
a la azul inmensidad."°   *sky*

Y el rey clama: "¿No te he dicho
que el azul no hay que tocar?
¡Qué locura! ¡Qué capricho!
El Señor se va a enojar".
Y dice ella: "No hubo intento;°   *It was not premeditated*
yo me fui no sé por qué;
por las olas y en el viento
fui a la estrella y la corté".

Y el papá dice enojado:
"Un castigo has de tener:
vuelve al cielo y lo robado
vas ahora a devolver".

La princesa se entristece
por su dulce flor de luz,
cuando entonces aparece
sonriendo el Buen Jesús.

Y así dice: "En mis campiñas°   *fields*
esa rosa le ofrecí:
son mis flores de las niñas
que al soñar piensan en mí".

Viste el rey ropas brillantes
y luego hace desfilar°   *parade*
cuatrocientos elefantes
a la orilla de la mar.

La princesa está bella,
pues ya tiene el prendedor
en que lucen, con la estrella,
verso, perla, pluma y flor.

[1] mineral verde que se usa en objetos de lujo

_____

_____

_____

_____

11-19 Resuma la última película que haya visto. Preste atención al uso del **pretérito**, del **imperfecto** y del **pluscuamperfecto**.

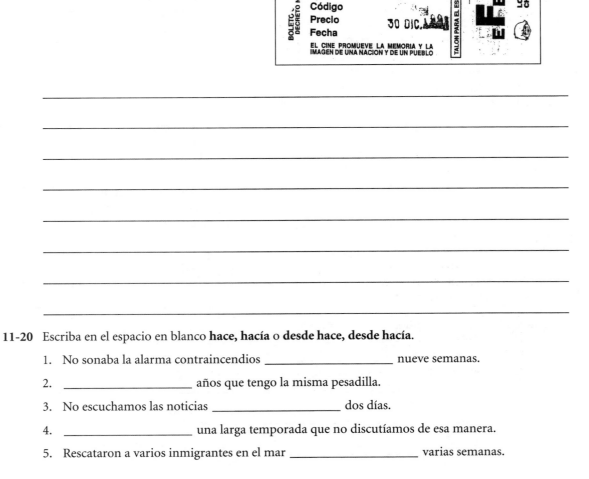

_____

_____

_____

_____

_____

_____

_____

_____

11-20 Escriba en el espacio en blanco **hace, hacía** o **desde hace, desde hacía**.

1. No sonaba la alarma contraincendios _____ nueve semanas.

2. _____ años que tengo la misma pesadilla.

3. No escuchamos las noticias _____ dos días.

4. _____ una larga temporada que no discutíamos de esa manera.

5. Rescataron a varios inmigrantes en el mar _____ varias semanas.

11-21 Traduzca las oraciones siguientes, prestando atención al uso de **hace** y **hacía.**

1. *How long have you been the boss?*

   _____

   _____

   _____

2. *They have been persecuting the fugitives for a year.*

   _____

   _____

   _____

3. *How long have they been hidden there?*

   _____

   _____

   _____

4. *It had been months since somebody had challenged me.*

   _____

   _____

   _____

5. *How long ago did you guess it?*

   _____

   _____

   _____

Creación

En una hoja aparte, escriba una composición sobre algo que habría querido que alguien hubiera hecho por Ud. (para ayudarlo/a) o bien sobre algo que le gustaría que alguien hiciera por Ud. ahora o en el futuro.

Phrases:	Asking for & giving; Denying; Encouraging; Expressing a need
Grammar:	Relatives: antecedent; Demonstratives; Interrogatives
Vocabulary:	Fairy tales & legends; Family members; Leisure; Religion

Palabra por palabra / Mejor dicho

11-22 Las palabras que aparecen abajo son antónimas de algunas palabras o expresiones del vocabulario. Escriba éstas últimas en la línea correspondiente y luego úselas en una oración. Si no sabe los antónimos, búsquelos en un diccionario.

1. _____ meter _____

2. _____ local _____

3. _____ despedirse _____

4. _____ anticuado _____

5. _____ encender _____

6. _____ largo tiempo _____

7. _____ terminar _____

8. _____ irse _____

9. _____ familiar _____

10. _____ añadir _____

11-23 Escriba en el espacio en blanco la palabra del vocabulario que mejor complete la oración. Cuidado con el tiempo de los verbos. Incluya los artículos definidos o indefinidos cuando corresponda.

1. Hemos tenido que volver a escribir _____ varias veces y aún no estamos contentos con el resultado.

2. Anoche le tuve que decir a mi compañera de cuarto que _____ la luz, pues eran las cuatro de la mañana.

3. Cuando mis padres me dijeron que me había ganado la beca, _____ a llorar.

4. Ese chico es _____. _____ habla con nadie y cada vez que le presto mis notas de clase tarda mucho en _____.

5. Hoy día es necesario pasar algún tiempo estudiando en _____.

6. ¡Qué delicia ese primer día de primavera cuando por fin podemos _____ el abrigo.

7. Acabo de darme cuenta de que no hay nada de beber en casa y ahorita llega la gente. Vamos a ver si Lorenzo puede ir _____ refrescos.

8. De pequeña mi sobrina era muy tímida y le daba vergüenza _____ nos.

9. ¿Vida de perros? Yo me paso el día trabajando, limpiando, haciendo cosas. No tengo ni _____ de descanso, y mis animales _____ no hacen otra cosa que comer, dormir y jugar.

10. Siempre es mejor venderle el carro a _____, que a un amigo.

Repaso gramatical

11-24 Complete las oraciones siguientes. Preste atención al tiempo y modo verbales.

1. Habrían tenido miedo si _____.

2. Te habrías reído tanto como yo si _____.

3. Habríamos roto el cristal de emergencia si _____.

4. Habrían extendido el servicio de autobuses públicos si

   _____.

5. Habríais traído un reloj despertador si _____.

11-25 Conteste las preguntas con oraciones completas.

1. Si no estuvieras haciendo este ejercicio, ¿qué estarías haciendo ahora?

   _____

2. Si no bebieras Coca-Cola, ¿qué beberías?

   _____

3. Si no estudiaras en esta universidad, ¿en qué otra universidad estudiarías?

   _____

4. Si pudieras vivir en un país hispanohablante, ¿en cuál vivirías?

   _____

5. Si te permitieran cambiar algo de tu apartamento, ¿qué cambiarías?

   _____

11-26 Imagínese lo que le diría a un/a compañero/a de cuarto que no es muy ordenado/a. Escriba cinco **oraciones condicionales** con **subjuntivo**.

Ejemplo: *¡Si no lo dejaras todo tirado por el suelo, nuestro apartamento no parecería una pocilga (pigsty)!*

1. _____

2. _____

3. _____

4. _____

5. _____

11-27 Escriba cinco **oraciones condicionales** para hablar de sus costumbres, su vida o sus ideas.

Ejemplo: *Si a mí no me gustara vivir en la ciudad, me mudaría al campo.*

1. _____

2. _____

3. _____

4. _____

5. _____

11-28 Complete las oraciones siguientes y luego tradúzcalas.

1. Este queso huele como si _____

_____

2. _____ como si no se hubiera acostado.

_____

3. _____ como si a mí no me importara.

_____

4. Monserrat conduce como si _____

_____

5. _____ como si lo hubieran hecho ellas.

_____

6. Mi amiga Estrella viste como si _____

_____

11-29 Llene los espacios en blanco con la preposición **por** o **para**.

1. Yo sufrí mucho _____ ser tímida.

2. _____ triunfar hay que ser o muy anticuada o muy moderna.

3. Soy como soy _____ mis padres.

4. ¿Va uno al infierno _____ ver películas pornográficas?

5. _____ nuevos ricos, ellos son bastante refinados.

6. El matrimonio ya no es _____ siempre.

7. En la universidad es difícil encontrar estacionamiento _____ el coche.

8. El servicio doméstico es necesario _____ las mujeres que trabajan y tienen hijos.

9. Lucía cambió su coche _____ un modelo más nuevo.

10. Estoy cocinando una paella _____ la cena de esta noche.

11. María Elena vivía _____ entonces en la calle Recoletos.

12. _____ mí que las echaron de la casa _____ no pagar la renta.

13. Una tarde me los encontré _____ el centro y me dijeron que estaban _____ mudarse muy pronto.

14. Se negó a viajar en barco _____ la misma razón que yo.

11-30 Explique por qué se ha usado **por** o **para** en el párrafo siguiente.

> <u>Por</u> eso, en aquella época se consideraba normal que las mujeres no trabajasen más que <u>por</u> causa excepcional. Las chicas de entonces se desmayaban a menudo, lo que reforzaba la idea de su inadecuación <u>para</u> todo trabajo. Pero hoy, en cambio, esta situación se ha invertido <u>por</u> completo. Tanto es así que lo que preocupa es cuántos nuevos puestos de trabajo habrán de crearse <u>para</u> poder satisfacer la insaciable demanda femenina de empleo. *(El País semanal,* 13 de junio, 1993, pág. 18*)*

1. _____

2. _____

3. _____

4. _____

5. _____

11-31 Escriba tres oraciones con **por** y tres con **para** y luego tradúzcalas al inglés. O bien busque las oraciones en un periódico en español y explique la razón de su uso.

1. _____

2. _____

3. _____

4. _____

5. _____

Creación

En una hoja aparte, escriba un párrafo, relatando un incidente de confusión *(mix-up)* telefónica. Describa la situación y lo que hizo para resolverla.

Phrases:	*Warning; Talking on the phone; Expressing compulsion*
Grammar:	**If** *clauses; Progressive tenses; Indirect commands*
Vocabulary:	*Telephone; Upbringing; Time of day*

No me llames extranjero, Page 287, Track 12

Capítulo 12

En primera persona

¡AY PAPI, NO SEAS COCA-COLERO!

REPASO GRAMATICAL
página 80

Palabra por palabra / Mejor dicho

12-1 Subraye las palabras del vocabulario y luego complete las frases siguientes de manera original.

1. Ya en mi infancia había decidido que _____.

2. El ramo de flores no llegará el día de su cumpleaños pero, en fin, _____.

3. La caja está totalmente vacía _____.

4. En cuanto consigamos bastante dinero _____.

5. El esfuerzo de estar a dieta _____.

6. Conrado y Carla tardaban en _____ por lo menos _____.

7. Cuelga el traje _____.

8. La estatua era muy pesada y _____.

9. El puesto que me han ofrecido _____.

12-2 Escoja la palabra o expresión que complete la oración correctamente.

1. Por más que estudio no (logro / tengo éxito en) entender la física.

2. A los treinta años Felipe ya había (logrado / tenido éxito en) su carrera política.

3. Para (lograr / tener éxito) la suerte es muy importante.

4. Beatriz (logró / tuvo éxito en) encontrar un puesto después de dos meses.

5. El estéreo viejo tenía un sonido magnífico y (trabajaba / funcionaba) muy bien.

6. ¿(Trabaja / Funciona) Ud. en la oficina del señor Ramírez?

7. ¡Cómo (trabajó / funcionó) Demetrio! ¡Qué burro!

8. Por suerte, mi coche siempre ha (trabajado / funcionado) bien.

9. ¡Su jefe quería que mi hermano (trabajara / funcionara) hasta los domingos!

10. Es importantísimo que todo (trabaje / funcione) a la perfección.

Repaso gramatical

12-3 Escriba los diez mandatos más frecuentes que escuchó Ud. durante la infancia. Emplee la segunda persona singular de los **mandatos afirmativos** y **negativos**.

Ejemplo: *Pepito, no corras que te vas a caer.*

Pepita, vete a tu cuarto ahora mismo.

1. _____

2. _____

3. _____

4. _____

5. _____

6. _____

7. _____

8. _____

9. _____

10. _____

12-4 Escriba cinco consejos de orientación para los nuevos empleados de su firma. Utilice los **mandatos afirmativos** y **negativos** de Ud. y Uds.

Ejemplo: *No falte(n) nunca a las reuniones.*

1. _____

2. _____

3. _____

4. _____

5. _____

12-5 En inglés los mandatos son iguales para todas las personas gramaticales, mientras que en español hay varias posibilidades. Esto plantea un problema a la hora de traducir una oración del inglés al español. *Drink Coke* se puede traducir como **bebe, beba, beban, bebed.** Si Ud. tuviera que inventar un anuncio en español para promocionar algo en la televisión o en una revista, ¿qué persona gramatical utilizaría? Dé tres ejemplos de anuncios (para tres productos diferentes) y explique su respuesta.

1. _____

   _____

2. _____

   _____

3. _____

   _____

12-6 Busque **los mandatos** en las instrucciones siguientes para prevenir las caries (*cavities*) y escríbalos en el espacio en blanco. También escriba el infinitivo que corresponde al mandato.

Ejemplo: No olvide la limpieza dental profesional.

no olvide (Ud.), olvidar

Evite alimentos que tengan mucha azúcar. Coma frutas y vegetales con un alto contenido de fibra. No coma inmediatamente antes de acostarse, ya que se produce menos saliva mientras dormimos. Cepíllese los dientes y use hilo dental diariamente. Use enjuagues con flúor o acuda a su dentista para que le dé tratamiento con flúor. (*Más*, primavera 1990, pág. 36)

1. _____

2. _____

3. _____

4. _____

5. _____

12-7 Combine las oraciones que aparecen a continuación. Empiece con la frase entre paréntesis.

Ejemplo: Carolina no llega a tiempo a ningún sitio. (Yo quiero...)

Yo quiero que Carolina llegue a tiempo a todas partes.

1. ¿Lo compramos hoy? (¿Quiere Ud.... ?)

_____

2. Vosotros nunca hacíais vuestra parte del trabajo. (Me enojaba mucho...)

_____

3. ¿Llamo a Carla para que venga con nosotras al cine? (¿Te gustaría que... ?)

_____

4. Uds. se divirtieron muchísimo en el laboratorio. (Espero que...)

_____

5. Carmela y su marido van a heredar una fortuna. (No creo que...)

_____

6. Su perro está muy sucio y se rasca (*scratches*) constantemente. (No me sorprende...)

_____

12-8 Rufina (o Rufino) ha ido a consultar a un cirujano plástico porque quiere cambiar su aspecto físico. Continúe el diálogo siguiente, utilizando **verbos de deseo y emoción**. Preste atención al uso del **subjuntivo.** Escriba ocho oraciones

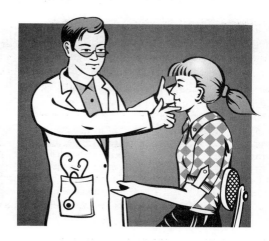

Ejemplo: Cirujano: —¿Quiere que le haga la nariz más pequeña?

Rufina: —No, el tamaño está bien pero preferiría que fuera más fina.

1. _____

2. _____

3. _____

4. _____

5. _____

6. _____

7. _____

8. _____

Creación

Escriba en una hoja aparte una carta a los Reyes Magos, diciendo lo que desea que le traigan y por qué se merece tales regalos.

■ LA CALLE OPINA

¿Que te han traído los Reyes Magos?

JESÚS BOIGUES

«Una moto, un ordenador, unas zapatillas y puzles»

▶▶ «Una moto y otros regalitos», afirma ilusionado, destacando entre otros «un ordenador, unas zapatillas y puzles de 'Los tres cerditos' y de 'Blancanieves'».

ANDRÉS BOIGUES

«El Rey que más me gusta es Gaspar»

▶▶ «El Rey que más me gusta es Gaspar», manifiesta el tercero de los trillizos, quien coincide con sus hermanos en que el mejor regalo de esta Navidad ha sido «una moto».

JUAN CARLOS BOIGUES

«La moto es lo que más me ha gustado de todo»

▶▶ Como a su hermano, los Reyes no le han fallado en su segundo año de vida: «La moto es lo que más me ha gustado», afirma al frente de su nuevo vehículo.

Queridos Reyes Magos :

Phrases:	*Describing the past; Attracting attention; Planning a vacation*	
Grammar:	*Subjunctive with **ojalá**; Possessives; Demonstrative adjectives*	
Vocabulary:	*Automobile; Camping; Clothing*	

LA HISTORIA DE MI CUERPO

Palabra por palabra / Mejor dicho

12-9 Complete las oraciones de modo original, usando palabras del vocabulario.

1. Las decisiones son un gran dilema para mí. Me cuesta mucho trabajo

_____.

2. Cuando le conté el chisme a mi compañera,

_____.

3. Su madre es dermatóloga, es decir, es médica de _____.

4. Dicen que es malo tomar demasiado sol y _____.

5. Tengo que comprarme un coche en seguida; no me importa _____.

6. De niña a mí no me gustaba jugar con _____.

7. ¿Qué hacen este domingo? _____.

8. Antonio y Enrique no comen carbohidratos y por eso _____.

9. Me he gastado una fortuna en esta crema hidratante para _____.

10. Estos dos escritorios _____.

12-10 Escoja la palabra o la expresión que mejor complete la oración

1. ¡Ay, me (lastima / duele / hace daño) muchísimo el hombro!

2. Uno puede (doler / lastimar / hacerse daño) hasta con la hoja de un papel.

3. Osvaldo le (dolió / hizo daño / se lastimó) a Martina sin querer.

4. Hacía tiempo que no me (dolía / lastimaba / hacía daño) la vesícula (*gall-bladder*).

5. Déjalo, ya lo hago yo; no quiero que te (lastimes /duelas / hagas daño).

12-11 Conteste las preguntas siguientes. Preste atención a las palabras del vocabulario.

1. ¿Qué o quién te ha hecho mucho daño?

_____

2. ¿Qué te hace falta para estar en contacto constante con tus amigos/as?

_____

3. ¿Faltas a clase a menudo? ¿A qué no faltas jamás?

_____

4. ¿Qué hay que hacer para no quemar la comida?

_____

5. ¿Cómo escoges tus clases?

_____

12-12 Usando palabras del vocabulario, escriba una anécdota de cinco o seis oraciones sobre una experiencia que lo/la haya dejado asombrado/a.

_____

_____

_____

_____

_____

_____

_____

_____

Repaso gramatical

12-13 Complete las oraciones de modo original. Observe que el sujeto es un **infinitivo**.

Ejemplo: _Ser_ el/la menor de la familia es maravilloso porque todos te miman.

1. Casarse muy joven es _____ porque _____.

2. Gastar mucho dinero en una boda me parece _____ porque

   _____.

3. Ir a Kenia de luna de miel será _____ porque_____

   _____.

4. Tener más de cinco hijos resultaría _____ porque _____

   _____.

5. Cambiar los pañales a menudo es _____ porque _____

   _____.

12-14 Complete las oraciones con un **infinitivo**.

Ejemplo: _Encontrar_ al hombre de tus sueños no es fácil.

1. _____ resulta inaceptable para mis padres.

2. _____ es necesario para los jóvenes de hoy.

3. _____ es importante para las mujeres contemporáneas.

4. _____ debe ser estupendo.

5. _____ no me gusta.

12-15 Explique el uso de los **infinitivos** en estos versos de Rubén Darío.

> Juventud, divino tesoro,
> ¡ya te vas para no volver!,
> cuando quiero llorar no lloro
> y a veces lloro sin querer.

1. _____

2. _____

3. _____

12-16 Usando la **forma progresiva**, describa detalladamente (con al menos cinco oraciones) el día o momento en que Ud. nació. Imagíneselo. Recuerde que no todas las acciones se pueden expresar con una estructura progresiva

Ejemplo: *Ese día estaba lloviendo.*

Mi padre estaba examinando a un paciente.

_____

_____

_____

_____

_____

12-17 Usando el **gerundio**, explique cómo hace Ud. las siguientes acciones.

Ejemplo: despertarse

Me despierto cantando.

1. salir de clase

_____

2. entrar al mar

_____

3. ir al dentista

_____

4. ver una película de terror

_____

5. despedirse de alguien

_____

6. adelgazar *(to lose weight)*

_____

7. bañarse con agua fría

_____

8. recibir las notas

_____

12-18 Exprese en español lo que muestran las fotografías siguientes. Note la diferencia entre las acciones y los estados. Traduzca las oraciones al inglés.

1.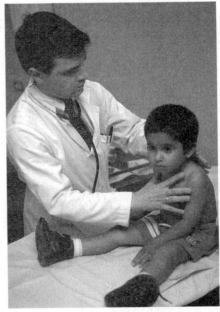

2.

4.

3.

1. _____

_____

2. _____

_____

3. _____

_____

4. _____

_____

12-19 Busque en un diccionario las palabras siguientes. ¿Cómo se traducirán al español como **gerundios, adjetivos** y **cláusulas de relativo?**

	GERUNDIO	ADJETIVO	CLÁUSULA DE RELATIVO
Ejemplo: *smiling*	*sonriendo*	*sonriente*	*que sonríe*
1. *demanding*			
2. *pleasing*			
3. *smoking*			
4. *revealing*			
5. *loving*			
6. *irritating*			
7. *embarrassing*			
8. *increasing*			

Creación

En una hoja aparte escriba al menos cinco oraciones, comentando los contrastes culturales que se encuentran en el siguiente texto de Jorge Ramos. ("Amelia y San Guivi" en *La otra cara de América: Historias de los inmigrantes latinoamericanos que están cambiando a Estados Unidos.* México: Mondadori, 2003)

Uno de los ejemplos más significativos que tengo sobre el proceso de adaptación me lo dio Amelia, una amiga mexicana, hace ya varios años. El cuento va así. Aquí en Estados Unidos estaba a punto de celebrarse el Día de Acción de Gracias o *Thanksgiving.* Amelia, recién llegada pero muy interesada en la próxima fiesta, quería saber lo que yo planeaba para el día de San Guivi.

—¿San Guivi?—le pregunté con cara de asombro.

—Sí, San Guivi, el santo ese al que recuerdan aquí, me contestó.

Pues resulta que Amelia, sin saber entonces nada de inglés, había convertido *Thanksgiving* en San Guivi, sólo porque fonéticamente son palabras muy parecidas. Esa fue la manera en que ella adaptó a su mundo—lleno de santos católicos—la más tradicional celebración laica de este país.

Phrases:	*Describing people; Expressing an opinion; Repeating*
Grammar:	*Adjectives; Comparisons; Past participle: agreement*
Vocabulary:	*Calendar; Countries; Fairytales & Legends; Media*

IN BETWEEN

Palabra por palabra / Mejor dicho

12-20 Haga el crucigrama siguiente. **¡Ojo!** La mayoría de las palabras, pero no todas, son del vocabulario de esta lectura.

Horizontales

3. perído del tiempo

5. lástima

6. entretiene

7. no asistir

8. certidumbre, seguridad

11. las dan en clase

13. señal de carino

14. el mes más cruel

Verticales

1. que no es barato

2. metal para hacer joyas

4. ser etéreo que asusta

8. que juega al amor

9. no retener

10. que no es difícil

12. líquido

15. artículo definido femenino

12-21 Escoja seis palabras del vocabulario y escriba un párrafo en que aparezcan todas. Subráyelas.

_____

_____

_____

_____

_____

12-22 Haga un círculo alrededor de la oración que mejor represente el significado de la original.

1. Te extraño mucho.

   a. Te ves muy raro.　　　　　　　　　　　b. Te echo mucho de menos.

2. ¿Se deshicieron del barco por fin?

   a. ¿Vendieron el barco?　　　　　　　　　b. ¿Se les rompió el barco?

3. Ella le hizo una caricia al perro.

   a. Ella le dio un abrazo al perro.　　　　　b. Ella tocó afectuosamente al perro.

4. Los huérfanos le inspiran compasión.

   a. Los huérfanos le inspiran lástima.　　　b. Los huérfanos le inspiran simpatía.

5. El niño soltó el papalote (kite), que se fue volando.

   a. El niño perdió el papalote.　　　　　　b. Al niño le faltó el papalote.

Repaso gramatical

12-23 Escoja la forma del verbo que mejor complete las siguientes oraciones. Explique por qué ha escogido esa forma y tiempo.

1. Acción Familiar quiere que los abortos _____ prohibidos legalmente.

   a. fueran　　　　b. serían　　　　　c. sean　　　　　d. serán

   _____

2. Hacía dos años que _____ por esa causa cuando la oposición ganó.

   a. ha trabajado　　b. trabajaba　　　c. trabajaría　　　d. trabajara

   _____

3. Si descubren al padre, lo _____ responsable.

   a. harán　　　　b. hayan hecho　　c. harían　　　　d. habrán hecho

   _____

4. Ellos _____ al bebé cuando nació.

   a. adoptaran　　b. adoptarán　　　c. adopten　　　d. adoptaron

   _____

5. El portavoz había sugerido que las madres solteras _____ a luz en sitios lejos de su lugar de residencia.

   a. dieron　　　b. diesen　　　　c. hubieran dado　　d. habían dado

   _____

6. Muchas mujeres no _____ tener hijos aunque estuvieran bien casadas.

   a. quieren　　　b. querrán　　　　c. querrían　　　d. quisieron

   _____

7. Ella ha sufrido un gran trauma con el aborto pero se _____.

   a. recuperaba　　b. recuperará　　　c. habrá recuperado　　d. recuperaría

   _____

8. No es justo que las mujeres solteras tengan que ocultarse para dar a luz, ni que sus hijos _____ en hospicios.

a. acabaran   b. acabaron   c. acaben   d. acababan

9. ¿Qué preferiría un bebé no querido, _____ o no?

a. nacer   b. nacería   c. nacía   d. naciera

10. Si la gente de Acción Familiar hubiera sido menos radical, _____ mayor apoyo.

a. tendría   b. tuviera   c. tiene   d. habría tenido

12-24 Busque en un periódico en español cinco oraciones distintas que contengan **dos cláusulas** y explique la correspondencia temporal.

Ejemplo: *La fiesta de fin de curso fue la culminación de todas las celebraciones que habíamos tenido a lo largo del semestre.*

Fue: una vez en particular.

Habíamos tenido: acción en el pasado anterior a otra también pasada.

1. _____

_____

2. _____

_____

3. _____

_____

4. _____

_____

5. _____

_____

12-25 En marzo del 2002, las cifras de la población de origen hispano en Estados Unidos eran las siguientes:

Total: 37,4 millones   Porcentaje de la población del país: 13,3%

De origen mexicano: el 66,9% de los hispanos residentes en EEUU

Comente esas cifras y los gráficos siguientes con cinco oraciones que contengan **dos cláusulas**.

Ejemplo: *No me sorprendería que más de la mitad de la población de California fuera de origen hispano para el año 2025.*

POBLACIÓN HISPANA POR NACIONALIDAD

Nacionalidad	Millions
México	25.1
P.R.	3.2
Cuba	1.4
Centro y Sur América	5.3
otros	2.4

Source: Curent Population Survey, March 2002.

12-26 Complete el siguiente poema de Lourdes Casal (1937-1981), una escritora cubana que pasó veinte años en Nueva York, con los verbos que aparecen a continuación. Lea con cuidado las oraciones para decidir qué verbo necesita escribir en cada espacio en blanco. Preste atención al modo y tiempo verbales que deberá emplear.

estar   ser   cargar *(to carry)*

marcar   regresar   permanecer *(to remain)*

"Para Ana Veldford"
Nueva York es mi casa.
Soy ferozmente leal a esta adquirida patria chica.
Por Nueva York soy extranjera ya en cualquier otra parte.

Pero Nueva York no _____ la ciudad de mi infancia,
no fue aquí que adquirí las primeras certidumbres,

no _____ aquí el rincón de mi primera caída

ni el silbido lacerante que _____ las noches.

Por eso siempre _____ al margen,
una extraña entre estas piedras,
aun bajo el sol amable de este día de verano,
como ya para siempre permaneceré extranjera,

aun cuando _____ a la ciudad de mi infancia.

_____ esta marginalidad inmune a todos los retornos,

demasiado habanera para ser neoyorkina,
demasiado neoyorkina para ser,
aun volver a ser
cualquier otra cosa.

Creación

¿Se ha sentido Ud. alguna vez entre la espada y la pared *(between a rock and a hard place)*? Explique la situación y cómo se resolvió finalmente. Por último, dele consejos a alguien que pueda encontrarse en una situación similar basándose en lo que aprendió con esa experiencia. Escriba su anécdota en una hoja aparte.

Phrases:	*Expressing intention and irritation; Requesting or ordering; Encouraging*	
Grammar:	*Subjunctive: agreement; Compound tenses; Imperative*	
Vocabulary:	*Automobile; University; Stores & products*	

En mi viejo San Juan, Page 290, Track 13

Cultura popular: Creencias y vivencias

Capítulo 1   El tiempo libre

...QUE COMIERON... ¿QUÉ?

Dick Reavis

Introducción

A pesar de los siglos transcurridos, algunas de las costumbres alimenticias de las Américas antes de la llegada de Colón se han conservado hasta nuestros días. A continuación vas a oír hablar de una muy particular que no se ha adoptado todavía ni en Estados Unidos, ni en otros países también amantes de la comida tradicional mexicana. Ya verás por qué.

Antes de escuchar la narración, haz los ejercicios preparatorios siguientes. Estos te ayudarán a entender mejor lo que vas a oír.

Ya lo sabes

1-1 Contesta las preguntas siguientes.

1. ¿Por qué es tan común que se enfermen los turistas en el extranjero? ¿Qué es la "venganza de Moctezuma"?

_____

_____

_____

2. ¿Sabes qué precauciones hay que tomar para no enfermarse del estómago en un país extranjero? Menciona algunas.

_____

_____

_____

3. ¿Probaste gusanos, tierra, arena o cualquier otra cosa extraña cuando eras pequeño/a?

_____

_____

_____

Narración

 TRACK 2 Ahora escucha atentamente la siguiente narración. Presta atención al contenido y a la pronunciación. Escúchala dos veces o tantas como lo necesites.

Después haz los ejercicios que aparecen a continuación.

¿Te enteraste?

> **PALABRAS ÚTILES: agarrar** to get hold of **crudo/a** raw **escozor** stinging sensation **masticar** to chew **morder** to bite **pulgada** inch

1-2 Escoge la respuesta correcta según lo que acabas de oír.

1. Un "gusano" es...
   a. un tipo de pescado.
   b. un tipo de ave.
   c. un tipo de insecto.
   d. un tipo de invertebrado.

2. Los verdaderos conocedores de la comida mexicana aprecian los gusanos porque...
   a. son baratos.
   b. son nutritivos.
   c. son un plato auténtico prehispánico.
   d. son deliciosos.

3. Los primeros en comer gusanos fueron...
   a. los indígenas.
   b. los españoles.
   c. los atletas.
   d. los turistas.

4. Los gusanos...
   a. le dan asco al narrador y no los prueba.
   b. muerden al narrador.
   c. hacen que el narrador los vomite.
   d. le encantaron al narrador.

1-3 Si la oración es verdadera, escribe **V.** Si es falsa, escribe **F,** y corrígela para que sea verdadera.

_____ 1. El narrador está en San Diego.

_____ 2. Los primeros gusanos que comió el narrador estaban tostados.

_____ 3. Para conocer la historia de México hay que comer gusanos, según el narrador.

_____ 4. El narrador se mete los dedos en la boca porque es una costumbre pre-hispánica.

_____ 5. La mesera no quería servirle gusanos vivos porque causan enfermedades.

1-4 Expresa tu opinión al contestar las preguntas siguientes.

1. ¿Qué te abre el apetito? ¿Qué te lo quita? Menciona cuatro cosas.

_____

_____

2. En muchos restaurantes hispanos sirven las gambas (*shrimp*) con cabeza o el lechón (*suckling pig*) entero. ¿A ti te importa la apariencia o presentación de una comida? ¿En qué casos específicos?

_____

_____

_____

3. ¿Has oído las expresiones siguientes? ¿Qué crees que significan? ¿Conoces otros refranes o expresiones sobre la comida?

    a. Donde comen dos, comen tres.   b. Comer con los ojos.   c. Sin comerlo ni beberlo.

    a. _____

    b. _____

    c. _____

4. Dice un proverbio chino que "por cada nueva comida que probamos, tenemos un día más de vida". ¿Lo crees? ¿Piensas ponerlo en práctica o no? ¿Por qué sí/no?

_____

_____

_____

Capítulo 2

Ritos, ceremonias y celebraciones

LAS PARRANDAS PUERTORRIQUEÑAS

Introducción

En torno a la Navidad hay multitud de ritos: el árbol, el belén o nacimiento *(Nativity scene)*, las posadas mexicanas, el roscón de Reyes... Pero no siempre coinciden los de un país con los de otro. Como podrás comprobar en el diálogo siguiente, Anamari tiene que explicarle varias tradiciones puertorriqueñas a Alicia porque ésta no las conoce.

Antes de escuchar el diálogo, haz los ejercicios preparatorios siguientes. Estos te ayudarán a entender mejor lo que vas a oír.

Ya lo sabes

2-1 Contesta las preguntas siguientes.

1. ¿Sabes cómo se celebra la Navidad en otros países? Menciona alguna tradición navideña que conozcas.

_____

_____

_____

2. ¿Se hace algo especial en tu ciudad los días de fiesta o los domingos?

_____

_____

_____

3. ¿Qué dirían tus padres si tus amigos los despertaran cantando a las cinco de la mañana?

_____

_____

_____

Diálogo

Ahora escucha atentamente el siguiente diálogo. Presta atención al contenido y a la pronunciación. Escúchalo dos veces o tantas como lo necesites.

Después haz los ejercicios que aparecen a continuación.

¿Te enteraste?

2-2 Completa las oraciones siguientes según lo que acabas de oír.

1. Las parrandas tienen lugar...

   a. en (lugar) _____

   b. entre (tiempo) _____

2. Las parrandas consisten en...

   a. _____

   b. _____

3. Tres cosas que hacen los puertorriqueños con los regalos de Navidad que no se hacen en Estados Unidos son...

   a. _____

   b. _____

   c. _____

2-3 Expresa tu opinión al contestar las preguntas siguientes.

1. ¿Sabes qué temperatura hace normalmente en Puerto Rico en diciembre? ¿Y en otros países latinoamericanos, según la cultura? ¿Con qué asociará la Navidad algunos de estos países: con el frío o con el calor?

   _____

   _____

2. Imagínate que Anamari está casada con un norteamericano y vive con él y con sus hijos en los Estados Unidos. ¿Cuándo recibirán los regalos de Navidad sus hijos: el 25 de diciembre, el 6 de enero o ambos días? ¿Por qué?

   _____

   _____

3. Si recibes un regalo para Navidad (o para tu cumpleaños) que no te gusta mucho o que realmente no necesitas, ¿qué haces con él?

   _____

   _____

4. Los dos dibujos siguientes presentan dos reacciones distintas ante la Navidad. ¿Hacia cuál te inclinas tú? ¿Por qué?

_____

_____

Capítulo 3

Espacios de vida

CUIDADO CON EL CHOCOLATE DE CHIAPAS

Mariano Cárcer Didier

Introducción

Thomas Gage, un fraile irlandés que viajó por el Nuevo Mundo a principios del siglo XVII, nos ha dejado por escrito el relato de sus aventuras por la Nueva España (hoy día México). En la anécdota que vas a escuchar, se mencionan diversos cargos religiosos: obispo, sacerdote, predicador, prior, canónigo, capellán y fraile. Dentro de este grupo, el que tiene más autoridad es el primero.

Antes de escuchar la narración, haz los ejercicios preparatorios siguientes. Estos te ayudarán a entender mejor lo que vas a oír.

Ya lo sabes

3-1 Contesta las preguntas siguientes.

1. ¿Has entrado alguna vez en una iglesia o catedral católica? ¿Dónde fue? ¿Qué impresión te causó? (Si nos referimos al edificio, escribimos la primera letra de "iglesia" en minúscula; si es a la institución, en mayúscula: "Iglesia.")

   _____

   _____

   _____

2. ¿A qué va una persona a un centro religioso? Menciona dos cosas.

   _____

   _____

   _____

3. ¿Qué haces cuando te sientes muy débil?

_____

_____

_____

Narración

Ahora escucha atentamente la siguiente narración. Presta atención al contenido y a la pronunciación. Escúchala dos veces o tantas como lo necesites.

Después haz los ejercicios que aparecen a continuación.

¿Te enteraste?

> **PALABRAS ÚTILES: alboroto** disturbance, commotion **alma** *lit.* soul, *fig.* person **atreverse** to dare **envenenado** poisoned **excomunión** excommunication **flaqueza** weakness **jícara** cup **misa** mass

3-2 Escoge la(s) respuesta(s) correcta(s) según lo que acabas de oír.

1. Las criadas iban a la iglesia a
   a. oír misa.
   b. atender a los sacerdotes y predicadores.
   c. servir a sus amas.

2. Quienes se tomaban un chocolate bien caliente en la catedral eran
   a. las mujeres de la ciudad de Chiapas.
   b. el narrador y sus amigos.
   c. los monaguillos *(altar boys)*.

3. Beber chocolate durante las ceremonias religiosas
   a. causaba mucho alboroto.
   b. estaba permitido en caso de debilidad física o enfermedad.
   c. iba contra los 10 mandamientos.

4. El obispo decidió excomulgar a
   a. todas las señoritas.
   b. todas las principales damas del pueblo.
   c. todos los que comieran o bebieran durante la misa.

5. El obispo consiguió lo que se propuso.
   a. Sí, inmediatamente.
   b. No, nunca lo consiguió.
   c. Sólo en la catedral.

6. Tras la muerte del obispo, el narrador teme
   a. ser envenenado.
   b. ser elegido obispo.
   c. quedarse a vivir con una familia de Chiapas.

HAI EXCOMUNION
RESERVADA A SU SANTIDAD
CONTRA QUALESQUIERA PERSONAS,
QUE QUITAREN, DISTRAXEREN, O DE OTRO QUALQUIER MODO
ENAGENAREN ALGUN LIBRO,
PERGAMINO, O PAPEL
DE ESTA BIBLIOTHECA,
SIN QUE PUEDAN SER ABSUELTAS
HASTA QUE ESTA ESTÉ PERFECTAMENTE REINTEGRADA.

3-3 **Expresa** tu opinión al contestar las preguntas siguientes.

1. ¿En qué otros sitios o circunstancias no se puede o suele comer? Da dos ejemplos y explica el porqué de la prohibición.

   _____

   _____

   _____

2. ¿Generalmente son fiables los testimonios e historias de los viajeros y aventureros? Explica.

   _____

   _____

3. ¿Podría ser la anécdota que cuenta Gage un ejemplo de "leyenda urbana"? ¿Por qué sí/no?

   _____

   _____

4. Describe una costumbre extravagante de otro periodo histórico y coméntala.

   _____

   _____

   _____

5. Analiza la rebeldía femenina que presenta el texto. ¿En qué consiste? ¿Qué efectos tiene?

   _____

   _____

6. ¿Tiene alguna importancia el chocolate en tu vida?

   _____

   _____

Encuentros y desencuentros

Capítulo 4   *Ellos y nosotros*

EL MACHISMO

Introducción

Las palabras "machismo, machista, machote, machota y marimacho" se derivan de "macho". Las dos primeras se emplean a veces en otras lenguas, entre ellas el inglés. No obstante, mucha gente considera que el tipo de ideología, comportamiento y actitud que denotan es sólo característico de la cultura hispana. Entonces, ¿en qué se diferencia una persona sexista de una machista?

Antes de escuchar la narración, haz los ejercicios preparatorios siguientes. Estos te ayudarán a entender mejor lo que vas a oír.

Ya lo sabes

4-1 Contesta las preguntas siguientes.

1. Escribe cinco adjetivos que te vienen a la mente cuando escuchas la palabra "machismo" o "machista".

   _____

   _____

   _____

2. ¿Son sinónimos los términos "machista", "chauvinista" y "sexista"? ¿Cómo los entiendes tú?

   _____

   _____

   _____

3. Haz una pequeña descripción del hombre típico norteamericano según lo presentan los medios de comunicación.

   _____

   _____

   _____

Narración

TRACK 5 Ahora escucha atentamente la siguiente narración. Presta atención al contenido y a la pronunciación. Escúchala dos veces o tantas como lo necesites.

Después haz los ejercicios que aparecen a continuación.

¿Te enteraste?

PALABRAS ÚTILES: relacionar con to relate to **prepotencia** overbearing pride of one's power **potencia (sexual)** sexual prowess **caballeresco/a** gentlemanly **estudiosos/as** scholars

4-2 Escoge la(s) respuesta(s) correcta(s) según lo que acabas de oír.

1. Se pueden encontrar comportamientos y prácticas machistas en...
   a. México.
   c. los Estados Unidos.
   b. Cuba.
   d. todo el mundo.

2. Según algunos autores, uno de los aspectos positivos del machismo es...
   a. la procreación de hijos varones.
   c. la masculinidad.
   b. la protección de la familia.
   d. la conquista de muchas mujeres.

3. El narrador relaciona el machismo con...
   a. la potencia sexual.
   c. el parranderismo.
   b. el donjuanismo.
   d. la fertilidad.

4. El hombre machista típico es...
   a. caballeresco con las mujeres y agresivo con los hombres.
   b. amable con los hombres y violento con las mujeres.
   c. irresponsable.
   d. promiscuo.

5. Marcelo Fernández-Zayas considera que el machismo y... no se excluyen mutuamente.
   a. la homosexualidad.
   c. el sentido de inferioridad.
   b. la exhibición del cuerpo.
   d. los aspectos positivos.

4-3 Expresa tu opinión al contestar las preguntas siguientes.

1. Para ti, ¿es lo mismo "machismo" que "masculinidad"? Explica.

   _____

   _____

   _____

2. ¿Puede una mujer ser machista? Razona tu respuesta.

   _____

   _____

   _____

3. En tu opinión, ¿cómo debe ser el hombre ideal? ¿Y la mujer ideal?

   _____

   _____

   _____

4. El que un hombre abra la puerta para que pase una mujer, ¿es una señal de machismo **o de cortesía?**
   ¿Qué reglas de cortesía no deben mantenerse en la época contemporánea porque **implican una**
   desigualdad entre los hombres y las mujeres?

   _____

   _____

   _____

5. Busca en Internet la palabra "machismo" o "machista". ¿Qué es lo que has **encontrado?**
   ¿Te sorprende o te lo esperabas?

   _____

   _____

   _____

Capítulo 5

Ellas y ellos

CUPIDO AL DIVÁN

Rafael Molano

Introducción

"Cupido" es el dios del amor y se le suele representar como a un niño con alas y con los ojos vendados. "Un diván" es una especie de sofá sin respaldo en el que se echaban los/las pacientes cuando iban a la consulta de un/a psiquiatra. Con estas dos palabras el autor alude a una encuesta realizada sobre las cualidades que tenemos en cuenta a la hora de buscar pareja *(couple, partner)*.

Antes de escuchar la narración, haz los ejercicios preparatorios siguientes. Estos te ayudarán a entender mejor lo que vas a oír.

Ya lo sabes

5-1 Contesta las preguntas siguientes.

1. ¿De verdad crees que el amor es ciego?

   _____

   _____

   _____

2. ¿Crees que nos enamoramos de alguien con quién tenemos muchas cosas en común o que, como dicen, "los opuestos se atraen"?

   _____

   _____

   _____

3. ¿Tienen tus amigos características similares o son muy distintos?

   _____

   _____

   _____

4. ¿En qué aspectos de la vida nos condiciona la cultura en que vivimos? (Piensa en los valores éticos, los ideales, los gustos, los horarios...)

   _____

   _____

   _____

**Línea Romántica
1-900-555-4411**

¡Consiga la pareja de sus sueños!

Para responder a la línea romántica

Si usted ve un anuncio que le atrae, simplemente marque el número: 1-900-555-4411 y siga la instrucciones que oirá en el teléfono. Cuando se le indique, marque los cuatro números que aparecen al final del anuncio. Se le cargará a su cuenta $1.98 por el primer minuto y $.98 por cada minuto adicional. Los costos aparecerán en su cuenta telefónica.

5. ¿Qué opinas de las líneas telefónicas románticas? ¿Te parece posible encontrar pareja por medio de Internet?

_____

_____

_____

Narración

TRACK 6 Ahora escucha atentamente la siguiente narración. Presta atención al contenido y a la pronunciación. Escúchala dos veces o tantas como lo necesites.

Después haz los ejercicios que aparecen a continuación.

¿Te enteraste?

> **PALABRAS ÚTILES: castidad** chastity   **no inmutarse** not to be concerned / not to be moved by   **pretendientes** suitors   **puntaje** rating   **aporte** finding

5-2 Escoge la respuesta correcta según lo que acabas de oír.

1. La encuesta realizada aporta información sobre las parejas de...
   a. Estados Unidos.
   b. Colombia, Venezuela, Brasil.
   c. muchos países del mundo.

2. La elección de la otra persona está condicionada por...
   a. la cultura.   b. la edad.   c. el sexo.

3. Hombres y mujeres de todo el mundo dan la misma importancia a...
   a. la castidad.   b. la atracción mutua.   c. la inteligencia.

4. El estudio confirma que los hombres las prefieren a ellas...
   a. atractivas.   b. deportistas.   c. independientes.

5. Las mujeres, en cambio, los prefieren a ellos...
   a. cariñosos.   b. aventureros.   c. ricos.

5-3 Selecciona de la lista siguiente las cuatro cualidades más importantes según el estudio. Después marca las cuatro más importantes para ti. (E = estudio; Y = yo)

1. ___ ___ sentido del humor

2. ___ ___ deseo de hogar e hijos

3. ___ ___ buena apariencia física

4. ___ ___ comprensión y bondad

5. ___ ___ atracción mutua y amor

6. ___ ___ fidelidad

7. ___ ___ afinidad en creencias religiosas

8. ___ ___ afinidad en temas políticos

9. ___ ___ posibilidad de ganar mucho dinero

10. ___ ___ buena salud

11. ___ ___ refinamiento y limpieza

12. ___ ___ inteligencia

13. ___ ___ educación

14. ___ ___ personalidad atractiva

Capítulo 6

En familia

Sergio Ramírez

Introducción

La presencia de los padres en las actividades atléticas de sus hijos es un hecho habitual en numerosos países. Pero durante los partidos no sólo la actuación de los hijos es objeto de escrutinio e interés, sino también la de los padres.

Antes de escuchar el diálogo, haz los ejercicios preparatorios siguientes. Estos te ayudarán a entender mejor lo que vas a oír.

Ya lo sabes

6-1 Contesta las preguntas siguientes.

1. ¿Qué sabes del béisbol? Menciona tres cosas. (Por ejemplo, un partido no puede acabar en un empate *(tie)*).

   _____

   _____

   _____

2. Numerosas películas se centran en un deporte específico: el boxeo, el baloncesto, etc. ¿Cómo son los héroes de estas películas? ¿Triunfan siempre?

   _____

   _____

   _____

3. ¿En qué actividades deportivas participaste de niño/a? ¿Qué papel desempeñaron tus padres en estas actividades?

   _____

   _____

   _____

4. ¿Cuándo sobran las palabras?

   _____

   _____

   _____

Diálogo

Ahora escucha atentamente el diálogo siguiente. Presta atención al contenido y a la pronunciación. Escúchalo dos veces o tantas como lo necesites.

Después haz los ejercicios que aparecen a continuación.

¿Te enteraste?

> **PALABRAS ÚTILES: juego de pelota** baseball game (en el Caribe y América Central dicen **juego** en vez de **partido**) **guante** glove **pata** earpiece for eyeglasses **amarrar** to tie **marcar** to score **portaviandas** dinner pail

6-2 Escoge la(s) respuesta(s) correcta(s) según lo que acabas de oír.

1. Sergio Ramírez, autor de este cuento,
   a. tuvo un papel importante en el gobierno nicaragüense.
   b. ha escrito también novelas.
   c. habla de béisbol en todas sus obras.
   d. es un excelente autor contemporáneo.

2. El padre del niño
   a. asiste a todos los juegos del equipo de su hijo.
   b. se ha dedicado a enseñarle a su hijo a lanzar la pelota.
   c. quiere ser el entrenador de su hijo.
   d. le lleva la comida a los entrenamientos.

3. Lo que revela la extracción humilde de esta familia es/son
   a. el carro.
   b. el guante de béisbol.
   c. las gafas.
   d. el uniforme del hijo.

4. Lamentablemente el lanzador *(pitcher)* no consigue un "juego perfecto" porque
   a. un jugador llegó a la primera base.
   b. un jugador de su equipo cometió un error.
   c. tenía mucha hambre.
   d. era muy tímido.

6-3 Expresa tu opinión al contestar las preguntas siguientes.

1. ¿Para quiénes es el juego narrado por Ramírez un juego perfecto? ¿Para los protagonistas, los nicaragüenses, los fanáticos del béisbol, los lectores... ? Explica.

   _____

   _____

   _____

   _____

2. Al jugar al béisbol, ¿está el hijo cumpliendo los sueños, tanto de su padre como los suyos? Explica.

   _____

   _____

   _____

   _____

3. ¿Habría sido diferente la reacción si, en lugar de ser el padre, hubiera sido la madre la que estaba esa tarde en el estadio?

_____

_____

_____

_____

4. ¿Sería mejor que los niños aprendieran a tocar un instrumento musical en lugar de dedicarse a los deportes (durante la niñez)? Explica.

_____

_____

_____

_____

Patria/Nación: Acercamientos

Capítulo 7   Geografía e historia

GEOGRAFÍAS

Mario Benedetti

Introducción

Los emigrantes y exiliados no solamente pierden su país cuando se alejan de él sino que lo pierden también con el paso del tiempo, al ir olvidando muchas cosas. En este cuento Mario Benedetti nos habla de un juego para mantener viva la memoria.

Antes de escuchar la narración haz los ejercicios siguientes. Estos te ayudarán a entender mejor lo que vas a oír.

Ya lo sabes

7-1 Contesta las preguntas siguientes.

1. Menciona tres detalles que recuerdas claramente de tu casa o de tu niñez.

   _____

   _____

   _____

2. ¿Cuáles son algunos de tus juegos favoritos?

   _____

   _____

   _____

3. ¿Qué recuerdas con facilidad? ¿Los nombres de la gente, los números, los olores?

   _____

   _____

   _____

Narración

Ahora escucha atentamente la narración siguiente. Presta atención al contenido y a la pronunciación. Escúchala dos veces o tantas como lo necesites.

Después de haber escuchado la narración, estás listo/a para hacer los ejercicios que aparecen a continuación.

¿Te enteraste?

> **PALABRAS ÚTILES: pavadas** silly things (expresión típica del Cono Sur) **darse por vencido** to give up **perdedor** loser **trampas** dirty tricks **andamios** scaffolding **escombros** rubble

7-2 Escoge la respuesta correcta según lo que acabas de oír.

1. Los dos amigos juegan a las geografías
   a. todos los días.
   b. todas las semanas.
   c. algunas veces.
   d. rara vez.

2. Los dos amigos son originarios de
   a. Ecuador.
   b. Colombia.
   c. Paraguay.
   d. Uruguay.

3. Ahora viven en
   a. París.
   b. Roma.
   c. Madrid.
   d. Londres.

4. Una categoría que no es válida en el juego es/son
   a. los monumentos.
   b. los detalles personales.
   c. los hechos históricos.
   d. las figuras públicas.

5. El amigo del narrador
   a. es Aries.
   b. siempre pierde.
   c. es mal perdedor.
   d. juega sucio.

6. La amiga de los jugadores
   a. no quiere jugar.
   b. dice que todo ha cambiado.
   c. lleva muchos años en París.
   d. dice que ella les ganaría el juego.

7. Al oír lo que la amiga dice de Montevideo, los jugadores
   a. celebran el progreso.
   b. critican los cambios.
   c. se deprimen.
   d. se alegran de no estar allí.

7-3 Expresa tu opinión al contestar las preguntas siguientes.

1. ¿Es ganar lo más importante cuando juegas? Explica.

   _____

   _____

   _____

2. ¿Crees que la infancia nos determina radicalmente? ¿Hasta qué punto establece nuestros gustos, aficiones, pasatiempos? ¿Qué cosas aprendiste tú de niño?

   _____

   _____

   _____

   _____

3. ¿Te parece bueno o malo olvidar? ¿Cómo sería la vida si no existiera el olvido?

_____

_____

_____

_____

4. ¿Es normal que los adultos jueguen con sus amigos? ¿Cuál es el propósito de estos juegos?

_____

_____

_____

_____

Capítulo 8

Represiones: Denuncias y resistencias

LOS COMEDORES DE LA SOLIDARIDAD

Teki

Introducción

El informe que vas a escuchar presenta los esfuerzos y logros de unas mujeres peruanas. Éstas han resuelto el problema de la alimentación diaria para todas las familias de su vecindad. Preparan la comida reuniendo lo poco que cada una de ellas puede contribuir y luego la reparten. En otras partes de Latinoamérica, como por ejemplo en Chile, esta práctica se conoce también como "la olla común". La labor de estas mujeres nos enseña que la cooperación en tiempos difíciles es crucial.

Antes de escuchar el informe de Teki, haz los ejercicios preparatorios siguientes. Estos te ayudarán a entender mejor lo que vas a oír.

Ya lo sabes

8-1 Contesta las preguntas siguientes.

1. Menciona dos programas que existan en tu país para dar de comer a los pobres y explica cómo o quién los subvenciona.

   _____

   _____

   _____

2. ¿Cómo le explicarías a una persona extranjera lo que es un *potluck*? ¿Cuál es su propósito? ¿Ahorrar dinero?

   _____

   _____

   _____

3. Escribe tres consejos para no malgastar la comida.

   _____

   _____

   _____

4. ¿Has cooperado con otros para obtener algo? Explica.

   _____

   _____

   _____

Informe

Ahora escucha atentamente el informe siguiente. Presta atención al contenido y a la pronunciación. Escúchalo dos veces o tantas como lo necesites.

Después haz los ejercicios que aparecen a continuación.

¿Te enteraste?

> **PALABRAS ÚTILES: abaratar** to reduce the price **socias** members **talleres** workshops **ingresos** income

8-2 Escoge la respuesta correcta, según lo que acabas de oír.

1. En Perú hay _____ comedores populares.
   a. 1.978   b. 7.000   c. 600   d. 2.500

2. La elaboración de menús, las compras y la organización de los turnos de cocina es responsabilidad
   a. de las socias más pobres.
   b. del Comité.
   c. de la Asamblea General.
   d. de la presidenta.

3. Preparar comidas para un grupo resulta _____ que para una sola familia.
   a. menos nutritivo   b. menos pesado
   c. más divertido   d. más barato

4. Las mujeres que participan en los comedores populares
   a. aprenden a cocinar.
   b. saben preparar un menú bajo en calorías.
   c. se vuelven más seguras e independientes.
   d. trabajan luego mejor en grupos.

5. Estas organizaciones en que las mujeres cocinan para un grupo
   a. surgieron en Canadá en 1978.
   b. no funcionan muy bien.
   c. las han copiado en Perú.
   d. son propias de algunas comunidades indígenas latinoamericanas.

8-3 Expresa tu opinión al contestar las preguntas siguientes.

1. ¿Podrían funcionar bien en los EEUU los comedores populares? Explica.

   _____

   _____

   _____

2. ¿Por qué se critica tanto en los Estados Unidos el programa de ayuda social denominado *welfare*?

   _____

   _____

   _____

3. ¿Has tenido que cocinar alguna vez para un grupo de personas? ¿Qué prepararías si tuvieras que hacerlo? ¿Cuánto dinero estarías dispuesto/a a gastarte? Menciona dos tipos de bebidas que servirías.

   _____

   _____

   _____

Capítulo 9

Tomar las armas

LA MONJA ALFÉREZ

Introducción

Hoy día nos parece normal y justo que, tanto las mujeres como los hombres luchen contra las limitaciones impuestas a su sexo/género. Pero ¿se consideraba también normal y justo en otras épocas y en otras sociedades? La monja alférez, en los escritos autobiográficos que nos ha dejado, explica cómo consiguió en el siglo XVI hacer lo que deseaba, aunque no le estaba permitido por ser mujer.

Antes de escuchar la narración, haz los ejercicios preparatorios siguientes. Estos te ayudarán a entender mejor lo que vas a oír.

Ya lo sabes

9-1 Contesta las preguntas siguientes.

1. ¿Por qué razón son famosas algunas mujeres anteriores al siglo XX? Da por lo menos dos ejemplos.

_____

_____

_____

_____

2. ¿Es la ropa una manifestación de la opresión o de la liberación sexual? ¿Crees que algún día los hombres podrán llevar vestidos?

_____

_____

_____

3. ¿Por qué los militares son juzgados en un tribunal militar y no civil? ¿Por qué a los ciudadanos de un mismo país se les trata de diferente manera?

_____

_____

_____

_____

Narración

Ahora escucha atentamente la siguiente narración. Presta atención al contenido y a la pronunciación. Escúchala dos veces o tantas como lo necesites.

Después haz los ejercicios que aparecen a continuación.

¿Te enteraste?

> **PALABRAS ÚTILES: recorrer** to travel, go all over (+ place)   **unirse a** to join   **altivo/a** haughty   **monja** nun   **recompensa** reward

9-2 Escoge la(s) respuesta(s) correcta(s) según lo que acabas de oír.

1. La monja alférez nació en España en...
   a. 1653.
   b. 1529.
   c. 1592.
   d. 1635.

2. Ella era natural de...
   a. Erauso.
   b. San Sebastián.
   c. Guamanga.
   d. el Nuevo Mundo.

3. Como soldado del ejército español luchó en...
   a. España.
   b. Chile.
   c. Perú.
   d. Rusia.

4. Tenía fama de ser una persona...
   a. antisocial.
   b. religiosa.
   c. valiente.
   d. ambiciosa.

5. Murió en...
   a. la hoguera *(stake)*.
   b. el océano Atlántico.
   c. la cárcel.
   d. no se sabe.

9-3 Expresa tu opinión al contestar las preguntas siguientes.

1. ¿Qué te pareció lo más sorprendente de esta figura femenina? Explica por qué.

   _____

   _____

   _____

2. Tanto el rey de España como el Papa aprobaron *(approved)* el carácter y las costumbres de Catalina de Erauso. ¿Cómo se explicaría esto? ¿Estarían el rey y el Papa a favor de la emancipación femenina?

   _____

   _____

   _____

3. Lee la siguiente cita de Mary Elizabeth Perry y luego di si estás de acuerdo con la autora o no.

"Catalina rehusó la feminización y adoptó sólo cualidades masculinas [...] Luchó como un hombre para proteger su honor como lo habría hecho un hombre. Consciente de las restricciones que imponía el género en su vida, no intentó cambiar la injusticia entre los géneros. En lugar de esto decidió cambiarse a sí misma, negar su cuerpo, repudiar el convento, el hábito y la sumisión que se esperaba de ella como mujer, y construirse una personalidad masculina que borrara completamente su identidad como mujer." (*Ni espada rota ni mujer que trota. Mujer y desorden social en la Sevilla del Siglo de Oro*, Barcelona: Grijalbo-Mondadori, 1993, pág. 133).

_____

_____

_____

_____

4. En su época Catalina de Erauso no podía ser juzgada por un tribunal civil por ser monja. Es decir que le correspondía un tribunal religioso, no civil. ¿Existe todavía esta práctica en tu país? ¿Te parece raro, normal, justo? Coméntalo.

_____

_____

_____

_____

5. ¿Qué es el travestismo?¿En qué circunstancias hoy día una persona de un sexo utilizaría ropa o accesorios que se asocian con el sexo contrario?

_____

_____

_____

_____

6. ¿Por qué causa tanta risa en las películas el que un hombre se vista de mujer (*Mrs. Doubtfire*) y no tanto el que una mujer se vista de hombre? ¿Qué nos demuestra esta reacción diferente del público?

_____

_____

_____

_____

De acá para allá

Capítulo 10 Lengua e identidad

HISPANOS EN ESTADOS UNIDOS

Luis Rojas Marcos

Introducción

El término "*Hispanics*" fue creado por el gobierno estadounidense para censar bajo una misma categoría a todas las personas que procedían de países latinoamericanos. Pero una encuesta realizada en 1997* reveló (a) que el 85% prefería emplear otros términos: "latino/a", "mexicano/a", "mexicano-americano/a", "latinoamericano/a"... y (b) que no había acuerdo en el término que podría sustituir a hispano/a. Casi diez años después, el término "hispano" todavía se sigue empleando, aunque no sea del agrado de todo el mundo. Éste es el término que utiliza Luis Rojas Marcos, psiquiatra y ex presidente del Sistema de Sanidad y Hospitales Públicos de Nueva York, en la narración siguiente.

Antes de escuchar la narración, haz los siguientes ejercicios preparatorios, que te ayudarán a entender mejor lo que vas a oír.

Ya lo sabes

10-1 Contesta las preguntas siguientes.

1. Busca la definición de hispano/a en una enciclopedia o en Internet y escríbela a continuación. ¿Es una definición cultural, racial o lingüística?

   _____

   _____

2. ¿Qué sabes de los hispanos que viven en Estados Unidos?

   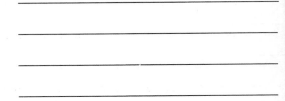

El festival de la Calle 8 en Miami.

*(http://falcon.cc.ukans.edu/~droy/)

3. Fuera de clase, ¿tienes la oportunidad de hablar español con gente hispana? Si no la tienes, ¿te gustaría tenerla? ¿Dónde? Explica por qué.

_____

_____

_____

Narración

Ahora escucha atentamente la narración siguiente. Presta atención al contenido y a la pronunciación. Escúchala dos veces o tantas como lo necesites.

Después de haber escuchado la narración, estás listo/a para hacer los ejercicios que aparecen a continuación.

¿Te enteraste?

10-2 Escoge la(s) respuesta(s) correcta(s) según lo que has oído.

1. Cada año hay un _____ más de hispanos en Estados Unidos.
   a. 4, 7%   b. 0, 3%   c. 1, 5%   d. 42%

2. En el 2003 había _____ de hispanos que vivían en Nueva York.
   a. 300.000   b. ocho millones   c. dos millones   d. cuatro millones

3. En comparación con la población no hispana, la hispana _____.
   a. no es tan joven   b. vive más años   c. no estudia   d. no se divorcia tanto

4. Según el autor, cada día hay más hispanos _____.
   a. exiliados y refugiados en EEUU   c. que no reconocen sus raíces hispanas
   b. que no se quieren asimilar   d. que viven entre EEUU y su país de origen

5. Los hispanos hablan español entre ellos cuando _____.
   a. discuten   b. trabajan   c. se divierten   d. están en casa

6. No hablar inglés con soltura perjudica a los hispanos a la hora de _____.
   a. solicitar un trabajo   c. completar sus estudios
   b. recibir asistencia médica   d. votar

10-3 Expresa tu opinión al contestar las preguntas siguientes.

1. ¿Qué costumbres o creencias deberían mantener los hispanos que emigran a EEUU y cuáles deberían abandonar? Menciona dos ejemplos.

_____

_____

_____

2. ¿Debe cambiar la nacionalidad de un/a inmigrante al cambiar éste/a de país de residencia? ¿Por qué sí o por qué no?

_____

_____

_____

3. ¿Crees que Estados Unidos llegará algún día a ser oficialmente un país bilingüe? Explica por qué sí o por qué no.

_____

_____

_____

4. El doctor Luis Rojas Marcos nació en España. En tu opinión, ¿son los españoles también hispanos o no? ¿Por qué sí o por qué no? ¿Y los vascos, catalanes, gallegos, etc.?

_____

_____

_____

Capítulo 11

Desarraigos

NO ME LLAMES EXTRANJERO

Rafael Amor

Introducción

Identificar a alguien como extranjero/a supone, además de etiquetarlo/la *(label him/her)*, distanciarse de él/ella. En el poema "No me llames extranjero" Rafael Amor nos anima a deshacernos de ese término, recordándonos que todos somos miembros de la misma especie de *homo sapiens* y que tenemos mucho en común a pesar de las diferencias lingüísticas y culturales que nos separan.

Antes de escuchar el poema, haz los ejercicios preparatorios siguientes. Estos te ayudarán a entender mejor lo que vas a oír.

Ya lo sabes

11-1 Contesta las preguntas siguientes.

1. Describe una situación en la que te hayas sentido como un/a extranjero/a en tu propia casa o país.

   _____

   _____

   _____

2. ¿Cuándo sientes solidaridad con otras personas aun cuando sean extranjeras? Menciona tres ocasiones diferentes.

   _____

   _____

   _____

3. ¿Qué tres cosas nos diferencian a unos/as de otros/as? Escríbelas por orden de importancia.

   _____

   _____

   _____

4. ¿Qué aspiraciones y deseos tenemos en común todos los seres humanos? Menciona tres.

   _____

   _____

   _____

Poema

 TRACK 12

Ahora escucha atentamente el poema siguiente. Presta atención al contenido y a la pronunciación. Escúchalo dos veces o tantas como lo necesites.

Después haz los ejercicios que aparecen a continuación.

¿Te enteraste?

> **PALABRAS ÚTILES: acunar** to rock, cradle **cobijar** to protect, shelter **zarpar** to sail **pañuelo** handkerchief **borroso/a** blurred, teary-eyed

11-2 Escoge la(s) respuesta(s) correcta(s) según lo que acabas de oír.

1. En la primera estrofa el poeta dice
   a. que su madre nació en otro país.
   b. que se ha olvidado de la lengua materna.
   c. que su madre le contaba cuentos cuando era pequeño.
   d. que todos hemos recibido el amor y el cariño de una madre.

2. El poeta reconoce que
   a. ha pasado hambre en el nuevo país.
   b. tiene mucho frío.
   c. la suerte cambia y podemos terminar en la misma situación que él.
   d. no hay pan de trigo en el nuevo país.

3. Todos tenemos
   a. gente que nos echa de menos en otros lugares.
   b. amores en otros puertos.
   c. los ojos llenos de lágrimas.
   d. pañuelos que no usamos.

4. El poeta cree que hubo un tiempo en el que
   a. no había fronteras geográficas.
   b. la palabra "extranjero" no existía.
   c. había más robos y guerras que ahora.
   d. no había países.

5. El hijo del poeta y el de la otra persona
   a. juegan con una paloma.
   b. hablan la misma lengua.
   c. respetan la bandera.
   d. son como hermanos.

6. El hermano del poeta y el de la otra persona
   a. murieron luchando por la misma causa.
   b. se mataron el uno al otro.
   c. eran amigos de toda la vida.
   d. querían ser libres.

11-3 Expresa tu opinión al contestar las preguntas siguientes.

1. ¿Estás de acuerdo con el mensaje de este poema? Explica por qué sí o por qué no.

_____

_____

_____

_____

2. ¿Por qué dice "mírame bien a los ojos"? ¿Puedes saber si alguien dice la verdad o miente simplemente con mirarle a los ojos? ¿Cómo? ¿Hay "miradas que matan"?

_____

_____

_____

_____

3. Según el poema, los niños tienen menos prejuicios que los adultos. ¿Estás de acuerdo con esta suposición? Explica por qué sí o por qué no.

_____

_____

_____

_____

4. Este poema ha servido de letra a una canción. ¿Qué tipo de música le pondrías tú a la canción? ¿Quién la debería cantar? ¿Por qué?

_____

_____

_____

_____

Capítulo 12

En primera persona

EN MI VIEJO SAN JUAN

Daniel Santos

Introducción

Se puede decir sin lugar a dudas que ésta es la canción más popular de Puerto Rico, debido a que gran parte de la población se ha mudado a vivir a Estados Unidos. En ella se expresan el amor a la patria y la tristeza por estar lejos de ella, sentimientos éstos comunes a los emigrantes y exiliados de cualquier parte del mundo.

Antes de escuchar la letra de la canción, haz los ejercicios preparatorios siguientes. Estos te ayudarán a entender mejor lo que vas a oír.

Ya lo sabes

12-1 Contesta las preguntas siguientes.

1. ¿Dónde está Puerto Rico y qué sabes de la historia de ese país? ¿Sabes por qué también llaman a la isla Borinquen?

   _____

   _____

   _____

2. ¿Hay alguna canción que te conmueva y te haga llorar?

   _____

   _____

   _____

3. ¿Qué sientes cuando vuelves a tu casa de visita o a pasar el verano? ¿Cómo te afectan los cambios (en tu casa, ciudad, amigos...)?

   _____

   _____

   _____

Canción recitada

TRACK 13 Ahora escucha atentamente la letra de la canción siguiente. Presta atención al contenido y a la pronunciación. Escúchala dos veces o tantas como lo necesites.

Después haz los ejercicios que aparecen a continuación.

¿Te enteraste?

> **PALABRAS ÚTILES: forjé** soñé **cuitas** problemas **palmar** grupo de palmas, árbol típico de las islas del Caribe **blanqueó** se puso blanco

12-2 Escoge la(s) respuesta(s) correcta(s) según lo que acabas de oír.

1. El autor de la canción
   a. es muy joven.
   b. es una persona madura.
   c. es un viejo.
   d. está enfermo.

2. Para el autor, Puerto Rico es
   a. su Borinquen querida.
   b. su diosa del mar.
   c. su reina del palmar.
   d. la tierra de su amor.

3. Según la canción, en su país el autor
   a. se pasaba el día durmiendo.
   b. pescaba junto al mar.
   c. trabajaba la tierra.
   d. estaba enamorado.

4. El autor no vuelve a Borinquen. ¿Por qué?
   a. No sabemos.
   b. No tuvo deseos hasta ahora.
   c. El amor de su juventud no quería verlo.
   d. No quería morirse.

5. Al final de la canción el autor
   a. no ha perdido la esperanza de encontrar a su amor.
   b. promete volver a la isla antes de morir.
   c. se conforma con (settles for) sus recuerdos.
   d. está por fin en su "Puerto Rico del alma".

12-3 Expresa tu opinión al contestar las preguntas siguientes.

1. Hoy día muchas familias viven separadas cuando el esposo o esposa se va a trabajar a otro país donde puede ganar más dinero y mandárselo a sus familiares. Inventa la historia de la familia en su país natal.

_____

_____

_____

_____

_____

_____

_____

_____

Héctor Poleo, *La noche ha regresado,* 1947

2. Compara los sentimientos expresados en esta canción con las de "las fotografías" (audio capítulo 10). ¿Son reacciones similares al alejarse de los seres queridos?

_____

_____

_____

_____

_____

_____